한국
The History of Adult Educational Thought in Korea
사회교육사상사

| 오혁진 저 |

학지사

이 저서는 2012년 정부(교육부)의 재원으로 한국연구재단의 지원을 받아
수행된 연구임(NRF-2012S1A5A2A01017157)

••• 저자 서문 •••

　한국연구재단에 이 제목의 연구제안서를 낸 지 짧게는 3년 6개월, 좀 더 길게는 한국 사회교육사 연구에 본격적으로 참여한 지 10여 년간의 결실로『한국 사회교육 사상사』를 출간하게 되었다. 지난 2012년에『신(新)사회교육론』을 출간한 지 3년만 이다.『신사회교육론』은 한국에서 '사회교육' 개념의 학문적, 이념적 의의를 정립 하기 위한 것이 목적이었다. 그 책을 통해 필자는 '평생교육'과 '사회교육'이 혼돈 스럽게 사용되는 한국의 특수한 현실 속에서 '사회교육'을 대체한 '평생교육' 개념 의 학문적 부적합성과 '사회교육' 개념의 학문적 가능성을 제시한 바 있다. 그것은 모호하게 '사회교육학'을 '평생교육학'으로 대체하는 것이 아니라 '평생교육학(또 는 별도로 평생학습학)'과 '사회교육학'을 구별하고 전통적인 실천 학문으로서의 '사회교육학' 연구를 위한 계속적인 노력을 해야 한다는 입장을 반영하는 것이었 다. 필자가 그런 입장을 취한 까닭은 이전까지 '사회교육'을 위해 달려 왔는데 어 느 순간 '사회교육'이 '평생교육'인 것처럼 되어 있는 상황 때문이다. 필자는 '사 회교육학'과 '평생교육학'은 별개의 것이며, 필자로서는 '평생교육학'에 전혀 관심 이 없는 바는 아니었으나 아무래도 사회교육학을 연구하는 것이 본업이라고 생각 했다. 아울러 그 책에서는 세계 각국의 사회교육 역사 속에 나타난 사회교육 원형 의 전통적 이념을 간략히 되새기고 현대 사회에서 사회교육학이 연구해야 할 과제도 제시하였다.

한편 이번에 발간하는 『한국 사회교육사상사』는 우리나라 사회교육사상이 역사적으로 어떻게 전개되어 왔으며, 각 시대별 특질과 시대를 초월하는 보편적인 특질이 무엇인가를 보다 구체적으로 밝힘으로써 한국 사회교육사를 이해함은 물론 사회교육학의 이론과 실천에 도움을 얻기 위해 준비하였다. 필자는 그저 사회교육이 지금까지 그래왔던 것처럼 앞으로도 계속 정체성을 인정받으며 발전해 나가기를 기대하는 마음으로 이 책을 썼다. 그리고 한국의 '사회교육'이 '평생교육'의 애매모호함 때문에 개념적, 학문적인 면에서 부당한 대우를 당하거나 교육이념 면에서 보존해 왔던 소중한 역사적 자산을 잃지 않기를 기대하는 마음으로 연구하였다. 이 책은 '평생교육'과는 별개의 한국 사회교육의 사상적 흐름을 파악하기 위함이다. '평생교육학', 더 정확하게 '평생학습학'은 '평생학습학'대로 할 일이 있고 '사회교육학'은 '사회교육학'대로 고유하게 할 일이 있기 때문이다.

사상이란 본래 사람이 갖고 제시하는 것이라는 점에서 필자는 『한국 사회교육사상사』를 사회교육 관련 주요 인물 중심으로 접근하였다. 이 책에서 다룬 사회교육사상가들은 우리나라 역사상 구한말부터 21세기 초입까지의 120여 년에 걸쳐 교육학계와 역사학계 등에서 이미 상당한 검증을 받았으며, 더 나아가 오늘날의 사회교육학 연구 주제에 대해 시사점을 줄 수 있는 대표적인 인물들이라고 할 수 있다. 말하자면 그들은 각 시대 한국 사회교육사상의 진수를 보여 준 최고봉과 같은 존재다. 여기서 대표적이거나 '최고봉'이라는 것은 그 시대정신을 구현하며 선구자적인 영향력을 미쳤다는 점에서 그 시대의 '모범'이었다는 것이지 '전형'이었다는 것은 아니다. 어느 시대나 앞선 인물은 반드시 당대에 인정을 다 받지 못하고 후대에 이르러 인정을 받는 경우가 많기 때문이다. 그 시대에 많은 사회교육자들이 있었지만, 그들이 업적의 양적인 면에서는 물론이고 사상의 내용적인 면에서 여기 소개된 사회교육사상가들과 동일했다고 볼 수 없다. 아니 오히려 이들의 위대한 점은 그 시대의 일반적인 동향에 비해 더 앞서고 수준 높은 생각을 했다는 데 있다. 그러기에 한국 사회교육사상의 능선을 이어 온 인물들을 선정하는 것이 제일 중요한 과제였다고 할 수 있다. 또한 이 책에서 다룬 10인의 사회교육사상가 중에는 사회교육자라기보다 독립운동가, 사회운동가, 시민운동가 등으로 더 알려져 있는 이들도 있다. 그러한 준거로 볼 때 인물의 지명도에는 차이가 있다. 그러나 정치, 사회적으로 이른바 세속적인 면에서 보다 지명도가 높다고 해서 사회교육적으로 더 위대하다고는 볼 수 없고, 사회교육적으로 더 의미가 있다고 해서 사회적으로 더 유명한 것은 아니다. 사회와 교육은 별개의 영역이기 때문이다.

필자가 여기에서 다룬 사회교육사상가들 중 맨 처음 연구를 시도해 본 인물은 일가 김용기다. 석사과정을 마치고 가나안농군학교에서 잠시나마 교관으로 근무하기 전후부터 일가 선생은 필자에게 사상적인 면에서 특별한 존재였다. 일가 선생의 사상에 대해 여러 분야에서 많은 학자의 연구가 잇따랐던 것처럼 교육에 관해서는 필자도 언젠가 정리해 보아야겠다는 생각을 가지고 있다가 2007년에 논문을 쓰게 되었다. 그 후 한국의 사회교육 역사와 사상에 관심을 더욱 갖게 되면서 다른 인물들에 대한 사회교육사상도 연구해 보고 싶다는 생각을 하게 되었다. 덴마크의 그룬트비히의 교육사상이 우리나라에 미친 영향을 연구하는 과정에서 멀리 도산 안창호, 남강 이승훈을 새롭게 만나게 되었으며, 배민수, 이찬갑 선생 등을 새로 접하게 되었다. 함석헌 선생을 사회교육의 장에서 다시 만나게 된 것도 새로운 기쁨이었다. 보다 최근의 역사까지 살펴보아야겠다는 생각에서 허병섭, 황주석 선생의 사회교육사상도 다루게 되었다.

허병섭 선생은 대학원 시절부터 익히 들어 알고 있었던 인물이었다. 그 시절 그가 쓴 『스스로 말하게 하라』라는 책은 필자의 석사학위논문 작성의 단초가 되었다. 그런데 그의 생애와 사상을 본격적으로 연구해야겠다고 나선 지 얼마 되지 않았을 때 작고하셨다는 소식을 듣고 안타까워했었다. 학부 때 수업시간에 황주석 선생의 특강을 들은 적이 있으며, 필자가 1990년대 중반 모 시민단체에서 간사로 근무할 때 시민교육 지도자들을 위한 교육프로그램에 초청해서 특강을 의뢰해 만난 적이 있다. 그분의 시민활동과 지역운동에 대해 여러 경로를 통해 접하게 되면서 새삼 그분과의 소중한 기억을 되새기게 되었다. 황주석 선생에 대한 연구는 선생이 작고하신 지 얼마 안 되어 대학원 제자인 김기환 선생의 학위논문 지도를 통해 어느 정도 갈급함을 풀었으나 이번 연구를 통해 조금 더 진전을 이루게 되었다.

　황종건 선생은 우리 사회교육 학계와 실천에 끼친 영향이 너무나도 크고 각별할 뿐만 아니라 최근 그의 생애와 학설을 다룬 연구들이 나오기도 해서 이 책에서 다루는 것이 다소 조심스럽기도 하였다. 그러나 한국 사회교육의 역사상 황종건 선생의 위상이 너무나 뚜렷하고, 선생이 단순히 사회교육 학자로서뿐만 아니라 실천가로서의 삶을 살았으며 21세기에 접어드는 격동기에 사회교육의 개념과 정신을 누구보다 중요시한 인물이었다는 점에서 사회교육사상가에 포함시켰다. 특히 1990년대 이후 작고하시기까지 선생의 행적과 생각이 무엇인가에 대한 연구도 필요함을 느껴 이 연구에 포함하였다.

　마지막으로 구한말과 일제강점기, YMCA 등을 통해 한국 사회에 큰 영향을 미쳤던 월남 이상재 선생을 사회교육사상사 차원에서 다룰 필요가 있다는 것을 깨닫고 마지막으로 포함하였다. 월남 이상재 선생을 포함시킨 것은 연구를 해 나가면서 정말 다행스러운 일이었다고 생각하며 덕분에 한국 사회교육사상사의 시작을 몇십 년 끌어올릴 수 있었다. 이 자리를 빌려 황종건 선생의 생애와 사상에 대해 증언해 주시고, 월남 이상재 선생에 대해 연구할 필요성을 제기해 주신 김제태 목사님께 감사드린다.

　이 책은 새로 쓴 부분도 많지만 이전에 발표했던 논문을 이 책의 체제에 맞게 수정하거나 보완한 부분도 있다. 그리고 각 사상가들의 생애와 사회교육 활동을 특징있게 소개하는 것도 필요하지만 전반적으로 체제에 맞추어 각 인물들의 사회교육사상을 추출하고 종합적으로 제시하는 것이 더 중요한 과제였다. 같은 체제에 맞추어 제시하였기에 마지막 장에서 각 사회교육사상가들의 특징과 관계를 일관성 있게 비교·분석할 수 있었다. 이 책의 목적은 한국 사회교육사상가들의 생애와 사상을 시대 흐름에 따라 체계적으로 제시하고 이해하는 것도 있지만 오늘날 현대 사회교육학의 이론과 실천에 주는 의미가 무엇인가를 파악하기 위한 것도 있

다. 따라서 한국 사회교육사상가별 연구내용의 앞뒤로 연구대상 선정의 근거와 의
의, 사회교육사상 분석 주제, 한국사 시대 구분 방식 등을 제시한 서장과 모든 사
상가들을 종합 정리하여 주제별, 시대별 특질 및 한국 사회교육학에 주는 의미 등
을 종합 · 정리한 결론 장을 배치하였다.

　이 책을 만들기 위해 많은 이들의 도움이 있었다. 항상 중심을 잃지 않도록 도와
주시고 일종의 신앙적 사명감으로 이 일을 할 수 있도록 도와주신 하나님께 감사
드린다. 아울러 멀리 떨어져 있지만 항상 아들과 사위를 염려하며 기도해 주시는
양가 부모님께도 깊은 감사를 드린다. 그리고 부족한 필자를 학문의 세계로 안내
해 주시고 관심으로 키워 주신 김신일 은사님께도 감사드린다. 연구를 하면 할수
록 많은 은사님들의 학문적 성과들을 다시 돌아보게 되며 그 뛰어난 경륜에 대한
감탄과 아울러 그분들에게 배울 수 있어 얼마나 행운이었는가를 느끼게 된다. 필
자도 당대보다는 후대에 기억되는 학자로 남게 되면 얼마나 좋을까라는 생각을 감
히 해 본다. 대학에서 학생들을 지도하며 동고동락하는 동료 교수님들께도 깊은
감사를 드린다. 그리고 누구보다도 가장 가까운 곳에서 필자를 격려하며 도와준
아내와 이제는 대학생이 된 서영이, 그리고 막바지 대학입시 준비에 여념이 없는
서은이에게도 고마움을 전한다.

　그동안 위대한 사회교육사상가들과의 만남을 통해 행복했다. 그러나 막상 출판
을 앞두고 보니 두렵고 아쉬운 마음이 더욱 커진다. 이 책의 부족한 점은 전적으로
필자의 책임이며 앞으로 더 많은 연구로 부족한 점을 보충할 것을 다짐한다. 부족하
지만 부디 이 책이 우리나라의 사회교육 발전에 조금이나마 도움이 되기를 기대하
며 이만 줄인다.

2016년 1월
동의대학교 연구실에서　오혁진

●●● 차 례 ●●●

결론: 한국 사회교육사상의 특질과 현대적 의의 _ 297

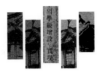

서론: 한국 사회교육사상사 연구의 의미와 과제

한국 사회교육사상사 연구의 필요성

'풍요 속의 빈곤', 이것이 오늘날 우리 '사회교육' 분야의 현실이 아닐까? 우리나라에서도 '학습사회'의 도래와 더불어 평생학습을 진흥하기 위한 국가 및 지자체의 다양한 정책과 제도가 시행되고 있다. 그리고 현장에서는 평생학습을 위해 학교교육은 물론 사회교육[1]에 참여하는 국민들의 수가 급증하고 있다. 흔히 사회

---

1) 현재 우리나라에서는 '평생교육' 용어와 과거 전통적으로 사용해 왔던 '사회교육' 용어와의 개념적 혼란이 발생하고 있다. 또한 '사회교육'은 전통적으로 '성인교육'이라는 용어와 유사하게 사용되었다. 먼저, 평생교육과 사회교육이 혼동을 일으키는 이유는 '평생교육' 개념을 전통적인 방식으로 '요람에서 무덤까지'의 교육 현상을 새로운 교육학적 차원에서 이해하려는 경우(주로 '평생학습

교육의 시대를 넘어 평생학습의 시대가 전개되고 있다고 하지만 이는 사회교육이 없어지고 대신 평생학습이 들어섰다는 것을 의미하는 것은 아니다. '사회교육' '평생교육' '평생학습' 등에 관한 개념의 혼돈에도 불구하고 실제적으로 평생학습을 위한 사회교육의 역할은 오히려 더 커지고 있다고 볼 수 있다.

그런데 최근 평생학습사회가 급속하게 성장하였지만 '평생학습사회'의 전개 양상에 대한 교육적인 차원에서의 회의와 비판도 점증하고 있는 실정이다(Ohliger, 2009; Brookfield, 2009; 전상진, 최순종, 2011; 오혁진, 2012; 양흥권, 2012). 그러한 비판들에 따르면 현대 평생학습사회의 전개 양상은 초기 사회교육(성인교육) 실천가들이 지향했던 자율적이고 평등하게 학습을 향유하는 학습사회의 모습과는 달리 점차 통제적이고 불평등이 심화되며 학습을 강요하는 양상을 띠고 있다는 것이다. 심지어 '악몽으로서의 평생학습'(Ohliger, 2009)이 언급되기도 한다. 평생학습의 제도화가 강화되고 평생학습의 경제적 가치가 부각됨에 따라 점차 우리의 일상생활에서 '평생학습의 향유'보다는 '평생학습의 강요'가 두드러지게 나타나고 있음을 지적한 것이다. 또한 과거 사회교육이 소외계층을 대변하고 공동체적 가치를 지향하며 학습자의 주체성을 강조했던 것에 비해 현재는 오히려 이와 반대되는 양상으

강조)와 학교 정규교육을 제외한 조직적인 활동으로 이해하는 경우(전통적인 사회교육과 개념상 거의 동일)가 혼재되어 있기 때문이다. 이러한 불필요한 혼란은 우리나라에서 오랫동안 유의미하게 중요한 역할을 수행했던 '사회교육' 용어가 뚜렷한 학문적인 타당성 없이 배제되고 있는 것과도 관계가 있다(이종만, 2002; 오혁진, 2009; 2012). 이 책에서는 '평생교육' 개념의 모호성을 회피함과 동시에 역사적인 차원에서 과거 '사회교육'이라는 용어가 사용되었던 시기를 주로 포함하고 있다는 점에서 '사회교육' 용어를 사용하고자 한다. 여기서 '사회교육'의 개념은 '학교의 정규교과교육을 제외한 교육'이라는 전통적인 조작적 정의에 기초하고 있다. 그리고 우리나라의 '사회교육'은 학교 바깥에서 성인을 대상으로 하는 교육이라는 의미의 '성인교육'을 포괄하는 것으로 이해되며 국제적인 차원에서 '사회교육'의 영어식 표현은 각 나라의 비형식교육을 통칭하는 일반적인 의미에서의 'adult education(성인교육)'이라고 할 수 있다('사회교육' 개념의 학문적, 실천적 의의와 성격, 그리고 '평생교육', '성인교육', 'adult education' 등의 용어에 관한 자세한 사항은 저자의 다른 저서 『신사회교육론』(학지사, 2012)을 참조하기 바람).

로 전개되는 것이 아닌지에 대한 우려의 목소리도 커지고 있다(한숭희, 2001; 안상헌, 1999). 전반적으로 오늘날 사회교육 분야의 연구와 실천이 방향성을 잃고 있는 것이 아닌가라는 우려와 비판이 제기되고 있는 것이다.

이러한 우려와 비판은 사회교육 분야의 학문적 접근방식에 대한 성찰을 요구한다. 그동안 관련 학계에서는 급변하는 사회 환경 속에서 학습자들의 요구를 충족시키기 위한 방법을 찾는 실용적인 연구에 많은 노력을 기울여 왔다. 그러나 현장에서의 상황이 더욱 복잡해지고 해결해야 할 어려운 교육 문제가 증가함에 따라 학문적인 차원에서 교육의 현상을 차분하게 성찰하고자 하는 노력이 요구되고 있다. 이와 관련하여 강선보는 '성인교육철학'의 필요성을 강조하면서 다음과 같이 현재의 학문적 풍토를 비판한다.

> 초창기의 성인교육 분야는 과거의 유아교육이나 특수교육이 그랬던 것처럼 그 철학적 기초 없이 방법론적 접근과 실천에 급급해 온 것이 사실이다. 그러다가 방향 없이 표류하는 자신의 모습을 발견하고 방향의 정립을 위해 철학적 탐색을 시작한 것이라 볼 수 있다. 한국에서의 성인교육 분야도 예외가 아니다. 실제로 시중에 나와 있는 성인교육 및 평생교육 관련 서적들만 보아도 거의 모두가 방법론적 · 실천적 접근 일색의 연구물들이다(강선보 외 역, 2006: v).

그는 성인교육철학이 성인교육에 대한 끊임없는 철학적 성찰과 반성을 촉구함으로써 성인교육의 실천적 방향을 제시하는 역할을 한다고 보았다(강선보 외 역, 2006: vi). 이는 사회교육(성인교육)의 목적과 실천원리 등에 대한 학문적인 성찰이 필요함을 강조한 것이다.

현재의 사회교육이 어떠한 원리에 의해 실천되어야 하고 어떠한 방향으로 나아가야 할 것인가에 대한 성찰은 사회교육의 역사를 되돌아보며 역사적 교훈과 보편적 실천원리를 찾아보는 것에서 시작된다. 그동안 교육사에 관한 연구는 주로 학교교육의 역사를 중심으로 이루어졌지만 사회교육의 지평이 확장됨에 따라 이제

사회교육사 연구의 필요성도 커지고 있다. 일반적으로 교육사 연구는 역사상에 나타난 특정 시기, 특정 장소에서의 교육 이념, 목적, 내용, 방법, 제도 등의 여러 교육 현상들 가운데서 보편적인 법칙을 찾아내어 현대의 교육이론과 실제를 구성하는 기저와 교육 개혁의 방향을 구상하는 데 공헌하는 학문이라고 할 수 있다(정재철, 1981: 59). 그런 면에서 사회교육사란 사회교육의 성격을 역사적으로 규명하고 역사상에 나타나는 사회교육의 보편적인 성격을 이론적으로 정립하며 사회교육과 관련된 문제해결을 위한 역사적인 교훈과 실천원리를 제시하는 학문이라고 할 수 있다(Carlson, 1969; Legge, 1986; Long, 1986; 황종건, 1966). 그동안 각국에서는 자신의 국가는 물론 세계적인 차원에서 사회교육의 역사를 다루는 연구가 체계적으로 이루어졌다(Kelly, 1992; Stubblefield, 1988). 우리나라 사회교육 학계에서도 사회교육 영역의 확대 및 활성화와 궤를 같이하여 한국 사회교육사에 대한 연구가 부분적으로 이루어져 왔다. 그러나 양적인 면에서나 질적인 면에서 더 많고 더 심층적이며 더 포괄적인 연구가 요구되고 있는 실정이다.

일반적으로 학교교육 중심의 교육사 연구는 내용에 따라 교육의 사상사적 연구, 교육의 제도사적 연구, 교육의 내용 및 방법에 관한 역사적 연구, 교육의 사회경제사적 연구, 교육의 문제사적 연구 등으로 분류된다(정재철, 1981; 신용국, 1989). 반면, 사회교육사의 경우는 학교교육과의 차별성을 고려하여 제도화와 관계없이 사회 현장에서의 사회교육의 실천 역사를 다루는 사회교육실천사, 사회교육이 국가적인 관심을 받게 됨에 따라 법, 제도, 정책 등이 어떻게 형성, 변천되어 왔는가를 다루는 사회교육제도 및 정책사, 역사상 사회교육의 실천이나 연구에 큰 영향을 미쳤던 인물이나 단체의 사상 및 시대사조를 다루는 사회교육사상사, 사회교육학 자체의 발전 과정을 다루는 사회교육학문사로 유형화될 수 있다(오혁진, 김미향, 2010: 195). 그런데 사회교육사의 다양한 영역 중 오늘날처럼 사회교육의 정체성이나 방향성에 대한 성찰이 요구되는 시점에서 가장 시급하게 연구되어야 할 영역은 사회교육사상사라고 할 수 있다. 일반적으로 교육사상사는 역사상 주요 인물들의 교육사상을 소개하거나 그러한 사상이 어떻게 이어져 왔는가를 다룬다. 또한 교육사상사는 교육실천을 위한 안목과 구체적인 지침을 제공하기도 한다. 이는 곧 사회교육사상사가 사회교육의 정체성과 밀접한 관계를 가지고 있음을 의미한다.

　이러한 점을 종합해 볼 때 한국 사회교육사상사 연구는 한국 사회교육의 정체성을 확인하고 향후의 실천 방향을 정립하기 위해 매우 절실하게 요구되는 작업이다. 외국의 경우는 이러한 점에 초점을 맞춘 사회교육사상사 연구가 비교적 활발하게 이루어지고 있다. 특히, 사회교육사상의 본질을 파악하고 그 흐름을 이해하기 위한 통시적인 차원의 사회교육사상사에 관한 연구도 많이 이루어졌다(Jarvis, 1987; Long, 1991). 그러나 우리나라의 경우는 아직 이런 특화된 연구가 활발하게 이루어지지 못하고 있는 실정이다. 그동안 우리나라에서도 일부 사회교육실천가의 교육사상에 대한 연구가 부분적으로 이루어지긴 했으나 그 양적인 면에서도 부족한 편이며, 특히 한국 사회교육사상의 역사적 흐름에 초점을 맞춘 통시적인 연구는 거의 없었다. 이제 우리나라에서도 사회교육학의 발전에 맞추어 사회교육사상사를 구체적으로 다루되 통시적인 차원에서 사회교육사상사에 접근하는 연구가 필요한 시점이다. 이런 점에서 이 책은 다음과 같은 목적을 추구한다.

　첫째, 이 책은 우리나라를 대표하는 사회교육사상가들의 생애와 사회교육 활동을 정리하고 인물별로 그들의 사회교육사상을 정리하고자 한다. 다시 말해, 그들이 생각하고 있었던 사회교육의 기본 개념과 목적, 교육내용 선정 및 교육방법상의 원리, 교육의 제도화 원리, 사회교육자의 요건 등에 대해 분석하고 그 의의와 한계가 무엇인가를 평가하고자 한다.

　둘째, 이 책은 앞에서의 연구 결과를 바탕으로 우리나라 역사상 시기별로 사회교육사상의 특질을 파악하고자 한다. 또한 통시적인 차원에서 한국 역사를 관통하는 한국 사회교육사상의 전반적인 특질을 사회교육사상의 구성 요소별로 구체적으로 파악하고자 한다.

　셋째, 이 책은 실천적인 측면에서 한국 사회교육사상가들이 현대 사회교육 실천에 주는 역사적 교훈과 시사점이 무엇인가를 정리하고자 한다. 다시 말해, 사회교육사상가들이 사회의 여러 가지 환경과 조건 속에서 사회교육을 실천한 원리와 방법에 관한 역사적 교훈을 얻음과 동시에 현대에서 이들의 정신을 이어가기 위한 과제가 무엇인가를 살펴보고자 한다.

한국 사회교육사상사 연구의 동향과 발전 과제

여기서는 한국 사회교육사상사에 관한 선행 연구의 현황과 성과를 분석함으로써 이 책에서 발전적으로 다루어야 할 구체적인 연구 과제를 모색하고자 한다.

그동안 우리나라에서 이루어진 한국 사회교육사 연구 내용별 선행연구 현황을 살펴보면, '실천사'가 전체 연구의 절반을 넘는 단연 압도적인 수치를 나타내고 있으며, 그 뒤를 '제도 및 정책사' 관련 연구, '사상사' 관련 연구, '학문사' 관련 연구가 따르고 있다(오혁진, 김미향, 2010: 198). 이처럼 한국 사회교육사 관련 선행연구 중 사상사를 다룬 부분은 양적으로 주종을 이루지는 못하고 있다.

한국 사회교육사 연구 중 '사상사' 관련 연구들은 구한말과 일제강점기에 해당되는 연구들이 많은 부분을 차지하고 있다. 구한말을 배경으로 이루어진 연구의 경우에는 학회 및 사회단체의 계몽운동, 교육자강론, 여성교육론, 민족운동 및 교육사상에 관한 연구가 주를 이루고 있다. 또 일제강점기를 대상으로 한 연구에서는 이상재, 안창호, 서재필 등의 인물을 중심으로 한 근대 한국의 사회교육사상이 주로 다루어졌다. 그 외에도 해방 및 국가 재건기 이후의 사회교육사상에 관한 연구들도 꾸준히 이어졌다. 이러한 사회교육사상가에 대한 연구들은 1980년대까지의 구한말 관련 사상연구, 1990년대의 학회 및 단체 중심의 사상연구를 거쳐 2000년대에 들어와 좀 더 활성화되었다. 이 연구들은 사회교육사상가들의 개인적 특징뿐만 아니라 이들의 사상이 한국 사회교육의 특질을 형성하는 데 기여하였음을 밝히는 데 도움이 되었다.

표 1 한국 사회교육사상사 관련 주요 연구

연구자	발표 연도	제 목	출 처
김광중	1992	한말 애국계몽운동기의 국민교육론	우석대학교 논문집 16
유도진	1986	월남 이상재의 사회교육사상(『월남 이상재 연구』중)	서울: 로출판
이순형	1977	안창호의 이상촌운동과 새마을 운동	교육학연구 15(1)
김신일	1993	식민통치하의 도산의 교육운동(『변혁기의 개혁운동과 도산사상』)	서울: 연구사
한준상 외	2000	근대 한국 성인교육사상	서울: 원미사
황종건	2001	사회교육자로서의 김용기	평생교육연구 7(1), 서울대학교 교육연구소
오혁진	2008	그룬트비히 교육사상에 기초한 한국 사회교육의 전개과정과 의의	평생교육학연구 14(4)
히고 코우세이	2009	황종건의 사회교육 이론과 실천 연구	중앙대학교 박사학위 논문
홍은광	2010	파울로 프레이리, 한국 교육을 만나다	서울: 학이시습

이와 같이 지금까지 이루어진 사회교육사상사 연구는 일반적으로 사회교육에 헌신해 온 역사적 인물들의 사상을 분석함으로써 한국 사회교육의 뿌리가 되는 이념을 밝히고 사회교육이 나아가야 할 방향을 제시하여 왔다. 그러나 현재까지 이루어진 한국 사회교육사상사에 관한 연구는 다음과 같은 한계가 있다.

첫째, 그동안 이루어진 사회교육사상사 관련 연구물 중에서 최근 시기까지 포함하여 통시적으로 사회교육사상사를 다룬 경우는 거의 없는 실정이다. 많은 연구물들이 개별 인물의 사회교육사상을 분석하고 그 시사점을 제시하는 데 머무르고 있다. 일부 연구가 사회교육 관련 주요 인물들을 종합적으로 다루고 있으나 1980년대 이후 최근 시대의 인물까지 다룬 경우는 없었으며 그 시대별 특징과 의의를 종합적으로 분석한 경우도 거의 없었다.

둘째, 보편적인 수준에서 한국의 사회교육을 대표할 만한 인물의 발굴이 부족하다. 근현대사에서 사회적으로 저명한 인물의 사회교육적인 업적과 의미를 밝히는 연구들은 비교적 많았지만 사회적으로는 덜 알려졌다고 하더라도 사회교육학의 관점에서 이론적, 실천적으로 의미 있는 기여를 했던 인물들에 대한 연구는 부족한 실정이다.

셋째, 선행연구들 중에서 현대 사회교육의 다양한 이론적, 실천적인 이슈와 관련된 답을 얻기 위한 심층적인 연구는 부족한 실정이다. 특히 사회교육의 구체적인 개념, 사회교육과 사회 변화와의 관계, 사회교육의 제도화, 사회교육과 국가와의 관계, 사회교육 전문성의 요건 등과 같은 현대적 이슈들은 충분히 다루어지지 못했다. 그 까닭은 저자들이 전문적인 사회교육 연구자라기보다는 일반적인 교육사가인 경우가 많았기 때문이다.

이러한 분석을 바탕으로 이 책이 추구하는 방향성을 제시하면 다음과 같다.

첫째, 이 책은 한국의 사회교육사상사를 통시적으로 다루고자 한다. 이 책은 특정한 시기만을 다루는 것이 아니라 구한말부터 최근까지의 사회교육사상가를 다룸으로써 한국 사회교육사상의 시대적 흐름을 통시적으로 살펴보고자 한다.

둘째, 이 책은 사회교육 이론과 실천의 발전에 크게 기여한 다양한 사회교육사상가들을 새롭게 발굴하여 그 업적을 정리하고 그 의의를 살펴보고자 한다. 이 책은 몇몇 잘 알려진 사회교육사상가만을 다루는 것이 아니라 사회교육학적으로 의미가 있는 사회교육사상가를 발굴하여 그 특질과 의의를 살펴보고자 한다.

셋째, 이 책은 사회교육사상가들로부터 현대 사회교육을 위한 시사점을 얻기 위해 현대 사회교육학 분야의 이론적, 실천적 이슈들과 관련된 주제를 종합적으로 다루고자 한다. 그러기 위해 그 주제들에 대한 각 사회교육사상가들의 생각을 추출하고 그 일반적인 경향성과 특징을 비교, 분석하고자 한다.

한국 사회교육사의 시대 구분과 사회교육사상가의 선정

여기에서는 시대별로 한국 사회교육사상을 다루기 위해 활용할 시대 구분의 내용, 이 책에서 다루고자 하는 시대별 대표적인 사회교육사상가의 선정 근거 등을 살펴보고자 한다.

■ 한국 사회교육사의 기원과 시대 구분

우리나라 사회교육의 역사적 기원에 대해서는 보는 관점에 따라 다양한 의견이 제시될 수 있다. '삶 속에서의 교육', '삶을 위한 교육' 등과 같은 사회교육의 원형적 의미를 바탕으로 한다면 고대 시대부터 사회교육이 이루어져 왔다고 볼 수 있다(황종건 외, 1966). 그러나 우리나라에서 사회교육이라는 용어가 본격적으로 사용된 시기, 그리고 우리나라에서 사회교육의 개념이 학교교육과의 연관성 속에서 조작적으로 정의되어 왔던 점을 고려할 때 사회교육의 역사는 개화기·구한말 이후부터로 파악하는 것이 일반적이라고 할 수 있다(이정연, 2003: 104). 이런 맥락에서 이 책에서는 한국 사회교육의 기원을 사회교육 개념이 본격적으로 사용된 구한말로 설정하고자 한다.

한편, 사회교육사상사 연구를 통시적인 차원에서 수행하기 위해서는 시대 구분도 문제가 된다. 역사는 연속적인 시간의 흐름으로 이루어져 있지만 이를 체계적이고 심도 있게 이해하기 위해서는 의미 있는 기준에 의한 시대 구분이 필요하기 때문이다. 이러한 시대 구분은 역사적인 성찰을 보다 체계적으로 할 수 있도록 도와주는 안내표지의 역할을 한다고 할 수 있다(차하순, 1995).

이 책에서는 한국 사회교육사상사를 고찰하기 위해 우선 한국의 일반사적인 시대 구분을 따르고자 한다. 여기서 일반사적인 시대 구분은 사회교육의 역사를 단순히 일정한 시간대로 기계적으로 끊거나 사회교육의 발달 단계별로 나누는 것이 아니라 한국의 정치, 경제, 사회, 문화적 상황 등을 종합적으로 고려하여 의미 있게 구별되는 시기로 나누는 것을 의미한다. 이 책에서는 우리나라 근현대사 및 사회과학 분야에서 일반적으로 통용되는 시대 구분을 참조하여 개화기 이후 현대까지의 시대 구분을 개화기·구한말, 일제강점기, 국가 재건기(1945~1960), 경제발전 및 민주화 운동기(1961~1987), 시민사회 성장기(1988~1997), 복지 및 세계화 병행기(1998~2007), 시장경쟁 강화기(2008~현재)로 설정하고자 한다(오혁진, 2010). 이러한 일반사적 시대 구분은 특정한 사회교육사상가의 시대적 배경과 그에게 부여된 사회교육의 시대적 과제, 그리고 시대별 사회교육사상의 특징을 종합적으로 파악하는 데 도움이 될 것이다. 한국의 일반사적 시대 구분에 따라 한국 사회교육의 시대적 과제 및 주요 활동사항을 제시하면 〈표 2〉와 같다.

■ 대표적 사회교육사상가의 선정

이 책에서 의미하는 사회교육은 포괄적으로 '사회에서 이루어지는 교육'을 의미하는 것이 아니라 학교의 정규교육을 제외한 조직적인 교육활동이라고 하는 사회교육에 대한 전통적인 조작적 정의를 말한다(오혁진, 2012). 즉, 정규 학교교육을 제외한 사회에서 의도적, 조직적, 지속적으로 이루어진 학교 밖 교육, 또는 비형식교육을 의미한다. 물론 여기에 소개된 인물들의 삶 자체가 그들의 구체적인 의도와 관계없이 많은 사람들에게 암묵적, 우연적으로 교육적인 영향을 미친 것도 사실이다. 그들의 존재 자체가 그 당시 사람들에게 '사회교육적' 영향을 미쳤다고도 볼 수 있는 것이다. 그러나 여기서 말하는 사회교육은 교육자와 학습자의 만남을 전제로 한 의도적인 교육 행위로서의 사회교육을 말한다.

그런 의미에서 여기에 소개된 사회교육사상가들은 단지 우연히 본인의 의도와는 무관하게 사람들에게 교훈을 끼친 '위인'으로서가 아니라 실제로 교육자로서의 의식을 갖고 정규 학교가 아닌 사회교육의 현장에서 다양한 형태의 교육적인 실천활동을 했던 인물들이다. 그들은 학습자들에게 특정한 교육 내용을 선정, 조직하

표 2　한국 사회교육사의 시대 구분

일반사적 시대 구분	주요 시대적 배경	사회교육의 주 과제	주요 사회교육 활동 및 기관
개화기 · 구한말	외세 침략 갑오경장	민중의 삶 계몽 실력 양성을 위한 기초교육	사립학교 민족단체 야학
일제강점기	황국신민화 정책 민족독립운동	기초 수준의 학력보완교육 민족의 실력 양성	변형된 서당 야학
국가 재건기 (1945~1960)	미군정 이승만 정권 한국전쟁 4 · 19 및 장면 내각	학력보완교육을 통한 국가재건	전국문맹퇴치 5개년계획 공민학교, 고등공민학교 재건국민운동
경제발전 및 민주화 운동기 (1961~1987)	군사정권 비약적 경제발전 민주화운동 추진 및 탄압	중등교육 수준의 성인 기초교육을 통한 개인 및 지역의 경제발전	새마을 교육 산업체부설학교 및 학급 노동야학 국민학교부설 성인교실
시민사회 성장기 (1988~1997)	정치적 민주주의 발전 시민사회 활성화	민주시민교육 대학학위 취득을 위한 인증제도 정비	시민단체 시민교육 문화학교 사내기술대학 독학사 제도 학점은행제
복지 및 세계화 병행기 (1998~2007)	외환위기 극복 기초복지 강화 지방분권 강조	자격, 학력인증제도 인적자원 및 지역사회교육	원격대학 설립 평생학습지원시스템정비 평생학습도시 사업
시장경쟁 강화기 (2008~현재)	시장 경쟁과 효율성 강조 평생학습 강화	효율적 경제발전을 위한 평생학습	평생교육법 전면개정 원격대학 정규대학화 평생학습계좌제실시 평생학습도시 인증사업

출처: 오혁진(2010: 99)에서 발췌.

여 '전달'하고자 노력하였으며, 학습자들의 학습 활동을 적극적으로 돕고 안내하는 역할을 하였다. 현대적인 의미로 말하면 교육프로그램을 개발하고, 강사로서의 역할을 했으며 학습자를 상담하고 학습동아리를 운영한 인물들이기도 하다.

한국의 사회교육사상사를 파악하기 위해서는 역사상 각 시기를 대표할 만한 사회교육사상가의 선정이 매우 중요하다. 이런 맥락에서 이 책은 사회교육사상가의 선정을 위해 다음과 같은 선정 조건을 적용하였다.

- 단순한 교육이론가가 아닌 한국 사회교육 현장에서 큰 영향을 미친 인물
- 단순한 사회운동가나 교육실천가가 아닌 교육에 대해 종합적인 안목을 갖고 실천한 인물
- 관련 분야 연구자들의 선행연구를 통해 유의미한 사회교육 사상가로서 검증된 인물

이를 통해 이 책에서는 선행 연구물들에 대한 검토와 사전 연구를 바탕으로 이러한 조건을 만족시키는 10명의 대표적인 사회교육사상가를 선정하였다. 이들은 그들이 살았던 시대의 정신을 가장 잘 반영하고 있는 사회교육자들이라고 할 수 있다. 이 책에서 다룬 10인의 사회교육사상가 중에서는 사회교육자로서보다는 독립운동가, 정치가, 사회운동가, 시민운동가 등으로 더 유명한 이들도 있다. 이들은 정치적, 사회적 지도자로서는 많이 소개되었으나 교육자나 특히 사회교육자로서는 구체적으로 조명되지 않은 인물들이다. 또한 이 책에서 다룬 사회교육사상가들 중에는 아직 대중적으로는 널리 소개되지 않았으나 사회교육 차원에서는 매우 의미 있는 업적을 남긴 인물들도 있다. 이들 중에는 이미 일반적인 교육자로서 많은 연구가 이루어진 인물도 있고 사회교육자로서의 특징과 의의에 대한 대략적인 소개가 이루어진 인물도 있다. 그럼에도 불구하고 이들의 공통점은 아직 그들의 사회교육사상에 대한 적극적인 조망과 체계적인 연구가 미흡하다는 점이다. 따라서 이 책은 우리나라 역사상 대표적인 사회교육사상가들의 생애와 사상을 우리나라

의 일반적인 시대 구분과 연관지어 체계적·종합적으로 살펴봄으로써 한국 사회
교육사상사의 시대별 특질 및 일반적인 성격을 파악하고자 한다. 이 책에서 다루
고 있는 사회교육사상가들의 활동 시기와 주요 사회교육활동을 제시하면 〈표 3〉과
같다.

사회교육사상의 분석 내용

이 책은 한국 사회교육사상사 연구를 통해 궁극적으로 현대 사회교육 실천을 위
한 시사점을 얻는 것을 목적으로 한다. 이를 위해 이 책은 먼저 시대별 주요 사회교
육사상가들의 생애와 사회교육활동, 사회교육사상의 성격 등에 대해 자세히 다룬
후 이를 종합하여 한국의 시대별 사회교육사상의 특질과 사회교육사상의 전반적
인 특질을 분석하고자 한다. 이를 구체적으로 살펴보면 다음과 같다.

■ 사회교육사상가별 분석

이 책은 먼저 사회교육사상가들을 심층적으로 이해하기 위해 각 인물의 기본적
인 생애와 사회교육 활동을 구체적으로 살펴보고자 한다. 이 과정에서 각 인물의
사회교육사상이 성립되는 데 영향을 미친 시대적 배경과 사상적 토대 등도 살펴보
고자 한다. 다음에는 각 인물의 사회교육사상을 체계적으로 이해하기 위해 그의
생애와 활동 속에 나타난 사회교육의 목적을 기술함과 동시에 현대 사회교육학의
주요 이슈와 관련된 사회교육사상가들의 견해를 심층적으로 분석하고자 한다. 현
대 사회교육 분야에서 중요하게 다루어지고 있는 이슈로는 사회교육의 개념과 본
질, 사회 변화와 사회교육과의 관계, 사회교육에서의 교육평등과 학습자 존중의 의
미, 교육의 제도화에 관한 국가의 역할, 사회교육 실천의 방법, 사회교육실천가가
갖추어야 할 전문성의 요건 등을 들 수 있다(오혁진, 2012). 그리고 마지막으로는

표 3   사회교육사상가의 주요 활동 시기와 사회교육 활동 내용

주요 인물	주요 활동 시기	주요 사회교육 활동
월남 이상재 (1850~1927)	구한말~일제강점기	구한말 및 일제강점기 국권회복을 위한 사회교육 선구자 – 독립협회, 만민공동회 활동 – 한국 YMCA 조직 및 활성화 – 조선교육협회, 민립대학 운동
도산 안창호 (1878~1938)	구한말~일제강점기	교육을 중시한 대표적인 독립운동가 – 신민회 결성, 대성학교 설립 – 흥사단 창단 – 국내외 모범농촌 건립운동 전개
남강 이승훈 (1864~1930)	구한말~일제강점기	대안학교 형태 사회교육 운동의 선구자 – 오산학교 설립 – 이상촌운동 – 신민회 활동
배민수 (1896~1968)	일제강점기~경제발전 및 민주화운동기	해방 전후 가장 대표적인 농촌교육운동가 – 고등농사학원 설립 – 기독교농민학원 설립
함석헌 (1901~1989)	일제강점기~경제발전 및 민주화운동기	해방 전후 대표적인 사회사상가 및 교육자 – 오산학교 교사 – 정기적인 일요종교강의 개최 – 씨올농장 공동체 설립
밝맑 이찬갑 (1904~1974)	일제강점기~경제발전 및 민주화운동기	해방 이후 대표적인 대안학교 형태 사회교육실천가 – 풀무학교 설립
일가 김용기 (1912~1988)	일제강점기~경제발전 및 민주화운동기	농민을 위한 대표적인 사회교육운동가 – 봉안이상촌 건설 – 가나안농군학교 설립
황종건 (1929~2006)	경제발전 및 민주화운동기~복지 및 세계화 병행기	대표적 사회교육학 개척자, 문해교육실천가 – 한국사회교육연구회 조직 – 문해교육협회
허병섭 (1941~2012)	경제발전 및 민주화운동기~복지 및 세계화 병행기	대표적인 도시빈민 민중교육운동가 – 빈민선교운동 추진 – 일꾼 두레 결성
황주석 (1950~2007)	경제발전 및 민주화운동기~복지 및 세계화 병행기	대표적인 지역시민교육운동 선구자 – 사랑의 Y형제단 – 부천, 광명 YMCA 소그룹 학습활동

각 사회교육사상가의 의의와 한계에 대해 분석하고자 한다. 사회교육사상을 분석하기 위한 하위 주제들을 구체적으로 제시하면 다음과 같다.

○ 사회교육사상가의 생애와 사회교육 활동
  • 사회교육사상가의 시대적 배경
  • 사회교육사상가의 생애와 주요 활동
  • 사회교육사상가의 사회교육 활동의 유형 및 내용

○ 사회교육의 지향점
  • 사회교육사상가의 사상적 토대
  • 사회교육사상가가 지향하는 사회적 가치 및 이상적인 사회의 모습

○ 사회교육의 본질
  • 사회교육의 개념과 이념
  • 사회교육에서 교육적 가치와 사회적 가치의 관계
  • 사회운동에서 교육의 의의
  • 사회교육을 통한 사회 변화의 가능성과 한계
  • 사회교육에서 학습자 존중의 의미
  • 사회교육에서 교육평등의 의미
  • 사회교육 제도화에 관한 국가의 역할

○ 사회교육의 실천원리
  • 사회교육의 목적 실현을 위한 교육 내용 선정 및 구성의 원리
  • 사회교육을 통해 학습자 존중과 교육평등을 구현하기 위한 실천 방법
  • 사회교육을 통해 교육적 가치와 사회적 가치를 구현하기 위한 구체적 방법
  • 사회교육 실천을 위한 조직의 구성 및 운영 원리

○ 사회교육자의 요건
  • 사회교육사상가의 이론과 교육활동에 나타난 사회교육자의 인격적 덕목
  • 사회교육사상가의 이론과 교육활동에 나타난 사회교육자의 전문성

○ 사회교육사상가의 의의와 한계
  • 사회교육사상가의 사상이 갖는 역사적 · 학문적 의의와 한계
  • 사회교육사상가의 사상이 현대의 사회교육 실천에 주는 의의와 한계

■· 한국 사회교육사상의 특질 및 시사점 분석

한편, 이 책의 결론 장에서는 이러한 개별 사회교육사상가들에 대한 분석 내용을 종합하여 한국 사회교육사상사의 일반적인 특질을 정리하고 그것이 현대 사회교육 분야에서 제시하는 학문적 · 실천적 의의가 무엇인가를 다루고자 한다. 이와 관련된 내용들을 구체적으로 나열하면 다음과 같다.

○ 한국 사회교육사상의 시대별 특질
  • 개화기 · 구한말부터 현대 복지 및 세계화 병행기까지 시대별 사회교육사상
    의 고유한 특질
  • 시대별 사회적 배경과 사회교육사상 특질과의 관계

○ 한국 사회교육사상의 보편적 특질 분석
  • 사회교육사상의 구성 요소별 한국 사회교육사상가의 공통점
  • 세계의 사회교육사상과 한국 사회교육사상의 특질 비교

○ 현대 사회교육 실천을 위한 일반적인 시사점
  • 사회교육의 목적 실현을 위해 우선적으로 다루어야 할 교육 내용

- 사회교육을 정의롭게 제도화하기 위한 원리와 방법
- 사회교육을 평등하게 실시하기 위한 원리와 방법
- 사회교육을 통해 공동체를 성공적으로 구현할 수 있는 원리와 방법
- 현대 사회교육 실천가의 요건과 전문성

한국 사회교육사상사의 자료 수집 및 분석 방법

이 책은 관련문헌 고찰과 관계자 인터뷰 등을 활용하여 저술되었다. 우선, 역사적 자료의 수집은 주로 한국교육학술정보원(KERIS), 국가기록원, 연세대학교 학술정보원, 중고서점 등을 통해 이루어졌는데 사회교육사상가의 저서, 자서전, 연설문, 원고, 사회교육사상가가 활동한 당대의 신문 및 잡지 등의 1차 사료와 함께, 그동안 사회교육 분야에서 발표된 관련 선행연구와 저서를 중심으로 한 2차 사료를 주된 분석 대상으로 삼았다. 이러한 자료 수집 활동을 통해 총 300여 건의 자료들이 취합되었으며, 이를 10인의 사회교육사상가별로 DB화하여 체계적으로 활용하였다. 아울러 관련 내용이 게재된 온라인상의 블로그, 커뮤니티 등과 같은 비정규 자료와 함께 사회교육사상가의 가족 및 지인과 같은 주변 인물, 그리고 사회교육의 이론적·실천적 분야에서 활동하고 있는 사회교육 관계자 등을 통한 구술사적 인터뷰 내용도 분석 대상에 일부 포함시켰다.

자료의 분석 및 내용의 구성은 다음의 절차를 통해 이루어졌다. 우선, 1차 작업으로 사회교육사상가의 자서전이나 전기 및 1차 사료를 통해 시대별로 사회교육사상가의 생애와 사회교육 활동을 범주화하여 정리하였다. 사료의 분석 과정에서는 역사적 자료를 통해 인간행동 내면의 의미를 심층적으로 분석하는 해석적 연구방법을 활용하였다(안경식, 2013: 121, 141). 연구 과정에서 사료 검증의 객관성을 제고하기 위해 생애와 기본 사상에 대해서는 여러 문헌의 공통적인 사항을 바탕으로 타당성을 고찰하여 기술하였다. 한편 사회교육사상 차원에서 특수한 사항에 대

해서는 이전 사료 및 연구물들과의 반복적인 비교를 통해 근거가 확실한 내용을 중심으로 새롭게 제시하였다. 아울러 사료의 객관성을 비교·검증하는 과정에서 발견되는 이전 연구의 오류는 1차 사료에 대한 철저한 고증을 통해 바로잡았다.

이후 2차 작업에서는 앞서 정리된 사회교육사상가별 생애와 활동을 바탕으로 사회교육사상을 심층 분석하였다. 그러기 위해 사회교육사상의 하위 주제 관련 자료를 분석하여 요목화하고 각 사회교육사상가별로 그 전체 내용을 목록화한 후, 근거가 확실한 내용을 중심으로 공통점을 반복적으로 비교·분석하는 검증 과정을 거쳐 범주를 최종적으로 조정하였다.

그 후 3차 작업에서는 최종적으로 시대별 사회교육사상가에 관한 분석 결과를 종합함으로써 시대별 한국사회교육사상의 특질은 물론 한국 사회교육사상의 전반적인 특질을 밝혀내는 통시사적 분석을 실시하였다. 이를 위해 시대순에 따라 각 사회교육사상가의 사회교육사상의 성격을 일정한 형식에 맞추어 하위 주제별로 정리하고 반복적 비교분석법을 활용하여 한국 사회교육사상의 시대별, 일반적 특질을 찾아내고자 노력하였다. 그리고 이를 바탕으로 최종적으로 한국 사회교육사상의 의의 및 한계, 그리고 한국 사회교육사상사에 대한 연구 결과가 현대 한국 사회교육학에 주는 의미가 무엇인가를 도출하였다.

제1부

구한말~일제강점기의
사회교육사상가

01 이상재의 사회교육사상

우리나라 근대사의 가장 대표적인 선각자 중의 한 명으로 월남(月南) 이상재(李商在, 1850~1927)를 들 수 있다. 이상재는 19세기 후반 개화기와 구한말 시기 서양의 근대 문명이 도입되고 열강들이 앞을 다투어 몰려올 때부터 20세기 초 일제강점기 중반까지 우리 민족의 격동기를 살아온 인물이다. 그는 불굴의 신념과 청렴함, 일제와 타협하지 않는 강직한 성품으로 암울했던 시대에 좌절과 절망에 빠져 있었던 사람들에게 민족 단합의 정신과 독립의 의지를 일깨웠던 선구자였다(신용하, 1986). 이와 같이 그가 정치가나 독립운동가로서 선구자적인 삶을 살았다는 사실만으로도 그의 삶은 사회교육자의 삶이었다고 할 수 있다. 그러나 그는 보다 적극적이고 제한적인 의미에서도 사회교육자로서의 삶을 살았다. 특히, 그가 우리나라에서 가장 대표적인 사회운동단체이자 사회교육기관 중의 하나인 YMCA의 성

립과 발전에 끼친 영향력은 거의 절대적이었다고 할 수 있다.

그동안 일반적인 독립운동가로서의 이상재에 대한 연구는 다양한 관점에서 비교적 많이 이루어졌다(이병호, 1981; 신일철, 1986; 전택부, 2001; 김명구, 2003; 김성수, 엄정식, 2003; 이승현, 2004; 유준기, 2006; 이윤구, 2010). 또한 교육자로서, 특히 YMCA를 중심으로 한 사회교육자로서의 이상재에 대한 연구도 일부 이루어져 온 것이 사실이다(김주경, 1970; 최낙성, 1989; 이필구, 2000; 유도진, 1986). 그러나 이상재의 생애를 사회교육의 관점에서 정리하고 그의 사회교육사상을 종합적으로 분석하여 한국 사회교육사적인 차원에서 그의 사상이 갖는 의의를 밝힌 연구는 매우 미흡한 실정이다. 이런 맥락에서 이 장에서는 이상재의 생애와 활동을 사회교육의 관점에서 조망하고 그의 사회교육사상의 내용과 의의에 대해 종합적으로 살펴보고자 한다.

이상재의 생애와 사회교육 활동

■ 생 애

월남 이상재의 생애는 암울했던 한국 근대사에서 일반 민중의 입장에 서서 그들의 시대적 요구를 충족시켜 주기 위해 앞장섰던 사회운동가이자 사회교육자의 삶이었다고 할 수 있다. 당시 오랜 봉건적 관습과 외세의 침략에 억눌렸던 민중이 주체적인 존재로 성장할 수 있도록 의식 함양과 실력 향상에 매진했던 그의 삶은 공동체를 구현하고 사회정의를 실현하려 했던 사회교육의 전통과도 부합하였다. 먼저 그의 생애를 살펴보면 다음과 같다.

성장 및 수학기(1850~1881년)

이상재는 철종 원년 1850년 10월 26일 충청남도 서천군 한산면 종지리에서 아버지 이희택과 어머니 밀양 박씨 사이에서 태어났다. 당시 조선에서는 안동 김씨의 세도정치가 절정에 달하였다. 또한 삼정(三政)의 문란과 극심한 민생고 때문에 대규모의 민란이 일어났다. 이러한 사회 정세 속에서 최제우가 주창한 동학사상은 학정에 허덕이는 민중 속으로 매우 빠르게 파급되었으며 만민평등을 주장하는 천주교의 사상도 일반 민중은 물론 일부 양반층에까지 확고한 기반을 구축하기 시작하였다. 이상재는 어린 시절에 전통교육을 받고 1864년 고종 원년 15세에 강릉 유씨와 혼인하여 승윤, 승인, 승간, 승준의 네 아들을 두었다. 그는 18세가 되던 1867년에 서울에 올라와 과거를 치렀으나 부패한 관료의 횡포로 인해 뜻을 이루지 못하고 낙방하였다. 그 후 친족의 권유로 당시 승지였던 죽천 박정양의 집에서 겸인(청지기)의 일을 보며 청년기의 긴 시간을 보냈다.

관료활동기(1881~1896년)

1881년에 고종은 일본이 메이지 유신을 통해 서구의 근대화된 문명을 도입하고 부국강병을 이룬 상황을 시찰하기 위해 신사유람단을 일본에 파견하였다. 이때 이상재도 박정양의 수행원으로 참가하여 4개월간 일본의 근대화 현황을 살펴볼 수 있었다. 그는 이때 일본의 신흥문물과 사회 발전상을 보고 조선의 근대화를 위해 해야 할 바가 매우 많다는 것을 느끼게 되었다. 그는 1884년에 홍영식의 추천으로 우정국 주사가 되었지만, 그 해 12월 갑신정변의 실패로 홍영식이 피살되자 사퇴하고 낙향하게 되었다. 그 후 1887년 박정양의 추천으로 친군영의 관료 업무를 수행하다가 같은 해 초대 미국공사로 임명된 박정양을 따라 일등 서기관의 신분으로 미국으로 건너갔다. 이때 이상재는 미국이라는 나라가 세계 최대의 부국이 될 수밖에 없는 이유를 탐구하며 조선의 근대화와 내정개혁의 필요성을 다시 한 번 크게 절감하였다. 그러나 조선과 미국과의 독자적인 외교를 막기 위한 청의 간섭으로 1888년 박정양이 조선으로 소환명령을 받게 되자 이상재도 함께 귀국하게 되었다. 이상재는 미국에서 돌아온 후 통위영의 관리로 일하다가 1892년 당시의 조폐기관인 전환국의 위원이 되었으며, 1894년 승정원의 우부승지와 경연각의 참찬관

(국왕에게 경서(經書)를 강론하고 국왕과의 경연(經筵)에 참여하였던 정3품의 당상관직)을 겸하면서 고위직에 오르기 시작했다. 같은 해 갑오개혁의 중추적 역할을 한 군국기무처의 회의원이 되었으며, 8월에는 국내의 교육 업무를 담당하는 학무아문의 참의에 임명되어 신(新)교육령을 펴는 동시에 외국어 학교의 교장이 되었다. 이듬해 봄에 학부참서관 겸 법부참서관을 겸직하다가 이후 학부참서관의 업무만 수행하였다. 1896년 내각총서(내각총리대신의 명을 받아 기밀문서와 내각 서무를 총괄하는 고위직)와 중추원 일등의관의 직을 수행했으며 이후 의정부 총무국장을 역임하였다.

독립협회 활동과 기독교 입문기(1896~1904년)

외세의 간섭과 국권 침탈이 심해짐에 따라 1896년에 이상재는 서재필 등과 서대문 밖 모화관에서 독립협회를 조직하여 우리나라의 자주 독립, 외세 의존의 배격, 정부의 내정 개혁을 강력히 요구하는 구국 계몽운동에 전념하기 시작했다. 독립협회는 기본적으로 국민자유권사상, 국민평등권사상, 국민주권사상, 국민참정권사상에 기초를 두고 있었다. 이상재는 외국의 의회 규칙을 모형으로 중추원의 의관을 구성할 때 정부와 독립협회가 절반씩 구성하기로 합의하는 데 큰 역할을 담당하였다.

그는 1898년부터 관민공동회와 만민공동회를 개최하는 데 적극적으로 참여하였다. 이상재는 독립협회가 주최한 가두 민중 집회인 만민공동회에서 강연과 보고를 통해 한편으로는 민중을 선도하고 다른 한편으로는 정책 비판과 내정개혁운동을 추진하였다. 그 후 독립협회의 부회장으로 선출되었으나 독립협회가 고종을 폐위하고 공화제로 바꾸려 한다는 친러파들의 모략 때문에 독립협회와 만민공동회가 영구 해산당하는 어려움을 겪었다. 이후 벼슬을 버리고 초야에 묻혀 있던 이상재는 1902년 친러파의 모함으로 경위원[1]에 갇혀 옥고를 치르기도 하였다. 하지만 그는 옥고를 치르는 동안 국권의 회복과 발전을 위한 정치, 경제, 학술 서적을 탐구하였

---

1) 조선 말기 황궁 내외의 경비, 수위, 규찰, 체포 등의 일을 관장하기 위하여 설치되었던 궁내부 산하 관서

으며 기독교 서적의 탐구와 사색을 통해 기독교에 입문하는 큰 변화를 겪게 된다.

YMCA 중심의 활동기(1904~1920년)

1904년 2월에 출감한 이상재는 그에게 기독교 복음을 전해 준 게일(J. S. Gale)이 회장으로 활동하던 황성기독교청년회(YMCA)에 입회했다. 일제의 야욕적 침략이 노골화되고 나라의 주권이 위태롭게 되자 나라를 살리는 것은 신앙운동과 교육운동이 일치하는 접근을 통해서만 가능하다고 생각하며 YMCA에 참여한 것이다.

1905년 이상재는 YMCA 이사 중의 한 명이자 영국 성서공회 대표였던 켄뮤어(Alexander Kenmure)의 뒤를 이어 2대 교육부 위원장이 되었다. 이상재는 YMCA의 교육사업을 통해 당시 우리나라의 열악한 교육 환경을 개선하기 위해 적극적인 노력을 기울였다. 1908년 그는 게일 등의 권고로 YMCA 종교부 총무에 취임하여 종교 활동을 통하여 청년들에게 민족의식과 구국적 방도를 지도하였다. 1913년 총회 후 이상재는 질레트(P. L. Gillett)의 후임으로 조선중앙기독교청년회(황성기독교청년회가 한일병탄으로 인해 이름이 바뀜) 2대 총무가 되었다. 이후 이상재는 재정의 증진과 외교적인 노력을 통해 한국 YMCA가 독자성을 확보하고 민족의 독립 역량을

1907년 황성기독교청년회(서울YMCA) 지도자들과 함께(앞줄 오른쪽에서 두 번째가 이상재)
http://www.leesj.or.kr/

강화하도록 하는 데 결정적인 역할을 하였다.

민족 원로지도자로서의 활동기(1920~1927년)

이상재는 점차 민족의 원로지도자로서 추대됨에 따라 민족 차원의 역량 결집이 요구되는 거대 사업을 추진하고 독립운동지도자 간의 이념적 갈등을 해소하기 위해 노력하였다. 3·1운동 다음 해인 1920년 6월 23일 윤치소의 집에서 이상재는 한규설을 비롯한 100여 명의 인사들과 함께 '재단법인 조선교육협회 설립 발기회'를 개최하고 '조선 민립종합대학'의 설립을 결의하였다. 이후 1923년 3월 29일에 이상재를 임시의장으로 하는 민립대학 기성회의 조직이 구체화되었다. 하지만 1년이 채 안 되어 천재지변과 일본의 관립 경성제대 설립과 같은 방해공작으로 인해 민립대학의 설립은 끝내 실패하고 말았다. 이후 그는 1924년에 조선일보 사장에 취임하여 2년 6개월간의 재직 동안 사내 민족주의 진영과 사회주의 진영의 대립과 상충을 무난히 해소하였다. 1927년 이상재는 민족주의와 사회주의 간의 갈등을 극복하고 독립을 위한 통합된 노력을 위해 결성된 독립단체인 신간회의 회장으로 추대되었으나 노환으로 총회에 참석하지 못하고 3월 29일 78세를 일기로 세상을 떠났다.

1923년 함흥 지방 농촌운동 모습(가운데 줄 가장 왼쪽이 이상재)
http://www.leesj.or.kr/

■ 사회교육 활동

월남 이상재는 평생 국권 회복과 민족의 독립을 위한 활동을 교육적인 맥락에서 실시하였다. 특히, 일제강점기 이후에는 일본총독부의 교육에 맞서 사회교육의 차원에서 대응하였다. 이상재는 국권이 유린되고 정치가 일인의 손으로 넘어가자 민을 조직하는 일로 나아가게 된다. 그리고 그가 조직하는 공동체들은 교육을 제일 중요하게 여겼다. 여기서는 그가 조선의 관료, YMCA 지도자, 사회 원로로서 실시한 교육 활동을 사회교육의 차원에서 구체적으로 진술하고자 한다.

관료로서의 교육개혁 활동

관료로서의 교육개혁 활동은 사회교육과 직접적인 관계는 적으나 이후 이상재의 사회교육 활동의 모태가 되었다는 점에서 여기서 간단히 다루고자 한다. 1887년 박정양은 미국에 체류하는 동안 국민의무교육과 근대적인 학교 체제 및 교과 내용에 대해 자세히 알게 되었다. 그 후 그는 내각의 요직에 오르면서 교육제도의 개혁과 학교의 설립을 적극 추진하며 교육제도 개혁을 위한 실무를 담당하였다. 이상재는 특히 한글교육과 실업교육에 집중하여 한글 교과서 편찬사업은 당시 학무아문의 참의였던 그의 책임으로 이루어졌다. 그가 한글 교과서인 『대한문전』의 발간에 관해 쓴 글을 보면 다음과 같다.

> 한국민이 단결을 이루지 못한 것은 국어·국문을 소홀히 여긴 탓이며 그 결과 국력이 쇠약해졌다는 것이다. 유럽의 문명한 나라들은 각기 자기 나라의 언어와 문자를 사용함으로써 단결을 이루게 되었다는 것이다. 나라가 일본의 침략 대상이 된 원인은 온 국민이 고유한 언어와 문자가 있는데도 불구하고 한자만 숭상한 데 있다고 보았다. 즉, 오랫동안 한자만을 사용하다 보니까 말 따로 글 따로 언어와 문장이 각기 다른 길을 가기 때문이라는 것이다. 이러한 때에 『대한문전』이라는 문법책이 나왔으니, 이것을 온 국민에게 가르치면 일치단결할 수 있게 되고 궁극적으로 국권

을 회복하는 데 큰 도움이 될 것이다(이상재, 『대한문전』 서문).

또한 이상재는 근대적인 교육 이념을 받아들여 한성사범학교, 소학교, 외국어학교 등 근대식 학교의 법적 토대를 마련하고 이를 설립하는 데도 중요한 역할을 담당하였다. 뿐만 아니라 전통적으로 천시해 오던 실업교육을 중시하여 기예학교를 설립하도록 하였다.

독립협회와 만민공동회를 통한 사회교육 활동

이상재의 사회교육 활동은 독립협회 가입 이후 본격적으로 시작되었다고 볼 수 있다. 이상재는 1896년 서재필이 독립협회를 조직할 때 발기인으로 참여하였으며, 1898년에는 부회장으로 선출되었다. 독립협회는 회원과 시민을 계몽하기 위하여 1897년 8월 29일부터 매주 일요일 오후에 정기적으로 토론회를 개최하였다. 이 토론회는 모두 34회 개최되었으며, 나라와 사회의 개혁에 관한 토론을 통해 회원과 시민들의 의식을 계몽하는 데 지대한 역할을 했다. 이상재는 이 토론회에서도 독립협회의 지명토론자로 참석하여 회원과 시민을 계몽하는 데 진력하였다.

YMCA를 통한 사회교육 활동

이상재는 1905년 YMCA의 교육부 위원장을 역임하면서 YMCA의 교육을 강화하였다. 그는 1907년 YMCA 1월 월례회에서 교육부 위원장 자격으로 YMCA의 목적이 도덕, 체육, 지육, 교제에 있음을 역설하고 나라의 최고의 발전은 교육에 의한다고 결의하였다. 이후 1913년 YMCA의 총무로 재직하면서 더욱 활발하게 교육사업을 진행하였다. 이상재가 YMCA를 통해 실시했던 사회교육의 내용들을 보다 구체적으로 제시하면 다음과 같다.

① 청년회 학관을 통한 교육 활동

YMCA의 교육사업은 1904년 가을부터 시작되었지만 1905년 이상재가 YMCA

의 교육부 위원장이 되면서 더욱 활성화되었다. YMCA는 1906년부터 황성기독교청년회학관을 개설하고 신교육을 실시하기 시작했다(전택부, 2000: 150). 1907년 이상재의 주도적인 노력으로 한국인과 일본인, 중국인, 미국인, 캐나다인 등 12명의 교사를 확보하여 청년들을 지도하게 하였고, YMCA 교육부의 학제와 교육과정을 개편하여 2년제의 보통과와 일어특별과, 3년제의 영어특별과를 두어 초급과정부터 고급과정에 이르는 교육과정을 운영하였다. 또한 그는 실업교육을 강화하기 위해 미국의 YMCA 국제위원회와 협의하여 실업교육전문가인 캐나다인 그레그(George A. Gregg)를 초청하였다. 이때 352명의 학생들이 등록하여 활기를 띠었다(김명구, 2003: 136). 1913년 총회에서 조선중앙기독교청년회 2대 총무로 선임된 후 이상재는 공업부의 사업을 강화하여 재정의 독립을 꾀하였다. 또한 1914년에는 공업부 건물을 완성하고 체육관 증축을 끝내면서 교육 여건을 강화하였다.

이와 같이 YMCA는 국어, 영어, 음악, 상업, 역사, 지리, 산수 등 일반 문과교육뿐만 아니라 목공, 철공, 사진, 제화, 염색 등의 기술교육도 체계적으로 실시했다. 그 결과 1915년에 청년회 학관에는 중학과(4년), 영어주간과(3년), 영어야간과(3년), 일어주간과, 일어야간과, 목공과, 철공과, 사진과, 제화과, 인쇄과(이상 공업부), 음악과, 상업과, 부기과 등 13개 과가 개설되어 있었으며, 1907년부터 1914년까지 재학생 총수는 1,833명이었다(전택부, 2000: 192).

② 종교부를 통한 성경 연구 교육 활동

1908년 이상재는 종교부 총무에 취임하면서 YMCA의 종교교육 활동도 강화하였다. 이상재는 성경 연구의 지도자로도 활동하였다. 1908년에만 성경 공부에 628명의 학생이 등록을 하였고 46회의 전도집회에 연인원 18,443명의 사람들이 참석하기도 하였다(김명구, 2003: 138). 이상재가 이와 같이 YMCA를 통해 성경 공부를 위한 교육 활동에 집중한 것은 성서에 기초한 기독교의 정의와 도덕을 교육함으로써 일본의 천황제 지배 이데올로기에 저항하기 위한 것이기도 하였다. 1909년 이상재가 종교부 총무를 역임할 시기의 성경 공부 관련 교육 현황을 살펴보면 다음 〈표 1-1〉과 같다.

표 1-1 이상재의 YMCA 종교부 총무 역임 시의 종교교육 활동

종교 활동의 종류	횟 수	연인원(명)
주일오후집회	38회	11,461
특별종교집회	4회	1,534
국제학생기도회	1회	3,781
성경강해	3회	1,639
학생성경반	22회	1,756
체육부성경반	17회	347
영어성경반	17회	102
일어성경반	8회	79
사환들의 성경반	미상	미상
21개 성경클럽	92회	4,510
성경사경회	5회	60

출처: 1909년 종교부 활동 내역(김명구, 2003: 138).

③ 운동부를 통한 체육 활동

이상재는 YMCA를 통한 체육 활동에도 심혈을 기울였다. 그는 체육 활동을 통해 청년들이 고구려·신라 시대의 화랑도 정신이나 풍류도 정신의 기백을 되살릴 수 있기를 기대하였다. 운동부는 농구, 체조, 권투, 유도, 검도, 축구 등 각종 스포츠를 도입하여 지도했다. 이것은 주간뿐 아니라 야간에도 이루어졌다(전택부, 2000: 150). 특히 양반 사대부들이 천하게 여겼던 체육 활동을 권장하여 이들도 연중무휴로 체육을 즐기도록 유도하였다. 또한 YMCA에서는 한일병탄 이전까지 구한국 군인 출신인 이필주, 이하종 등을 교관으로 채용하여 1주일에 3시간씩 학생들에게 군사훈련을 시키기도 하였다.

④ 일반인을 대상으로 하는 노동야학 운영

YMCA는 1910년부터 회원이 아닌 일반인을 대상으로 노동야학을 개설하였는데 이상재가 총무로 활동한 1914년부터 크게 확장되었다. 특히, 청소년 대상 직업교육의 열기가 높아 노동야학의 지망자가 너무 많아짐에 따라 입학시험을 치르기도 하였다. 시험을 치른 결과 498명의 지원자 중 322명만을 합격시킬 수밖에 없었고 기존의 재학생 54명을 합하여 재학생 수가 376명에 이르기도 하였다. 재학생들 중에는 담배공장에서 온 아이들, 상점의 사환들뿐 아니라 노비계급의 아이들도 상당수 포함되어 있었다(전택부, 2000: 190).

⑤ 일반 시민대상 토론회 및 강연회 운영

이상재는 일반 시민을 대상으로 각종 강연회를 실시하는 데에도 많은 노력을 기울였다. 1907년의 경우 일반 시민을 대상으로 토론회 37회, 강연회 83회의 행사를 실시하였는데 매번 300~400명의 시민들이 강당을 채웠다(김명구, 2003: 137). 이 강연들은 주로 근대적 시민의식의 함양과 관련된 것이었다.

언론을 통한 사회교육 실천

이상재는 언론을 통한 사회교육에도 힘썼다. 그는 사람들이 직접 모이지 않아도 되고 연재를 할 수 있으며, 비교적 자유롭게 교육적 효과를 얻을 수 있는 매체가 곧 신문이라고 생각하였다. 이상재는 일제의 심한 검열과 압수에도 불구하고 민중에게 올바른 의식을 심어주고 서로 분열되지 않도록 하기 위해 신문 발간에 많은 노력을 기울였다. 그는 지역신문과 영어신문도 발행하였으며, 다른 나라의 상황을 알리기 위해 특파원을 파견하고 여성 기자도 채용하는 등 다양하고 수준 높은 신문을 발행하기 위해 노력하였다.

이상재 사회교육사상의 내용과 성격

■ 사회교육의 지향점

월남 이상재는 기독교 입교 전만 하더라도 북학파의 계보를 따라 근대문명이 갖고 있는 외형적인 힘을 동경하였다. 그러나 1903년 기독교로 입교한 후에는 기독교 신앙에 입각한 사회 변화를 추구하였다. 이상재가 사회교육을 통해 이루고자 했던 목적들을 살펴보면 다음과 같다.

도덕성에 기초한 하나님 나라 구현

이상재는 기독교에 입문한 이후 이전까지의 사상을 모두 기독교의 관점으로 재정립하였다. 이상재는 기독교의 핵심을 '하나님 나라'의 구현으로 보았고 하나님 나라의 역사적 실현의 가능성 또는 가시적 예표를 '도덕'이라고 보았다. 그에 의하면 하나님은 한국 민족과 각국 인간의 역사 전체를 주재하고 그들에게 도덕문명을 주었다(김명구, 2003: 219). 여기서 도덕이란 진리, 도리, 하나님의 뜻, 정신문명, 무형적인 것, 정의 · 인도, 평화, 타인과 타국에 대한 존중, 평등 · 공평, 도덕 · 윤리, 청렴 · 청결, 효, 공경, 진실, 자비, 사랑, 용서 · 긍휼, 희생 등으로 표현된다(김중기, 1995). 이상재는 이렇게 도덕이 공동선이 되는 사회와 세계를 하나님의 나라라고 인식했던 것이다. 이상재는 전통적으로 도덕 문명을 지녔던 한국의 민족공동체는 '하나님 나라'를 이룰 수 있는 바탕을 가진 민족이라고 생각했다(김명구, 2003: 218). 이상재는 한국이 외적인 힘을 얻을 목적으로 물질문명만 고집한다면 한국도 힘을 갖겠지만 그 힘은 오용되어 결국 남을 침탈하게 된다고 보았다. 그러면 한국도 일본과 같이 하나님에 의해 멸망하게 된다고 보았다(김명구, 2003: 218-219). 이와 같이 그는 한국 민족으로 하여금 보편적으로 도덕적인 민족이 되도록 하는 것이 교육이 추구해야 할 목적이라고 생각하였다.

민족의 독립과 근대적 시민국가 건설

이상재는 무엇보다도 민족의 자주독립을 위한 교육 활동에 평생을 바쳤다. 이상재는 나라의 근간이 백성이므로 백성을 위한 교육을 통해서 민족의 실력을 배양하여 자주독립과 부국강병을 이루고자 하였다. 대한제국 시기에 실업교육에 힘쓴 것도 근대국가 건설을 위함이었고 일제강점기에 실업교육에 힘쓴 것도 독립을 위한 힘을 얻기 위한 것이었다. 또한 이상재는 YMCA 교육의 목적은 서구 문명의 외형적 힘을 얻는 것 자체가 아니라 개인의 심성을 개발하여 근대적 의미의 책임 시민의식을 함양하는 데 있다고 생각하였다.

평등한 유기적 공동체의 구현

이상재는 사회교육에 민주교육 이념을 도입하여 백성들에게 신분 철폐를 역설하였고 평등한 사회를 만드는 데 앞장섰다. 이상재는 인간은 하나님 앞에서 누구나 평등하다고 보았으며 일본과의 관계뿐만 아니라 한국 안에서의 차별적 계층 의식도 거부하였다(김명구, 2003: 215). 그가 실업교육을 강화했던 것도 농공상을 천시하는 전통적 신분관을 타파하기 위한 것이었다. 사농공상이 동등하다는 그의 민권의식은 기독교에 입교한 이후에 더 강화되었다. 이상재는 YMCA를 상하의 구별이 없는 평등한 유기적 공동체의 장으로 만들려는 의도를 가지고 있었다. 그렇지만 그는 사회주의와는 일정한 거리를 두었다. 사회주의자들이 말하는 평등은 다른 사람의 금전을 탈취하여 강제적으로 똑같이 나누겠다는 발상이기에 선호하지 않았던 것이다. 오히려 그는 혁명과 힘에 의한 사회 변혁의 방법도 거부하였다(김명구, 2003: 215).

■ 사회교육의 본질

월남 이상재의 사회교육 활동 및 그의 사상에 나타난 사회교육의 본질에 관한 인식을 살펴보면 다음과 같다.

사회 변화를 위한 근본적 토대로서의 교육

이상재는 일제강점기에 항일 무장투쟁이라는 결사 무력 노선을 배제하고 실력 양성으로 독립의 때를 기다리는 온건 평화 노선을 택하였다(유도진, 1986: 179). 이상재는 교육을 통해 각 영역의 공동체적 조직들이 상호 협력하여 민(民)운동을 일으키고 이렇게 상승된 민의 의식과 능력이 궁극적으로 정치사회적 변화를 일으켜 독립을 이룰 수 있다고 생각하였다. 그는 사회교육을 통해 형성된 조직들이 상호 간의 작용을 통하여 사회적 힘이 되어 사회 변화를 이루어간다고 본 것이다. 그런 면에서 이상재는 상대적인 입장에서 수동적으로 사회교육적 방식을 택했다기보다는 새 나라의 형성을 위해 능동적인 근본주의자의 입장에서 교육을 중시하였던 것이다(이신행, 1986: 86). 즉, 이상재는 사회 변화를 포기한 채 수동적으로 교육에 매달린 것이 아니라 궁극적으로 사회 변화를 일으키기 위한 교육에 매진하였던 것이다. 이와 같이 그는 사회교육을 사회 변화를 위한 근본적인 조건으로 인식하고 있었다.

사회평등 기제로서의 사회교육

이상재는 교육을 평등한 사회를 이루기 위한 기제이자 그 자체가 평등하게 제공되어야 할 가치라고 생각하였다. 그는 교육이 이전처럼 특정 계층에게 제한적으로 제공되는 것이 아니라 민족에게 균등하게 배분되어야 한다고 주장하였다(유도진, 1986: 195). 교육관료로서는 물론 교육실천가로서 이상재의 사상에는 이런 교육관이 전제되어 있었다. 그는 관료로서 교육개혁을 통해 평민들에게도 교육의 기회를 제공하기 위해 노력하였다. 또한 그는 YMCA의 경우에도 회원만을 상대로 교육을 제한한 것이 아니라 담배공장 직공과 상점의 사환 등 일반인에게도 노동야학을 시작하였다. 이와 같이 이상재에게 교육이란 곧 신분과 계층에 관계없이 모든 이에게 평등하게 배분되어야 할 가치였던 것이다.

민중의 자발적인 의식화 과정으로서의 사회교육

이상재는 독립협회부터 YMCA에 이르기까지 사회교육을 민중의 자발적인 의식
함양을 도모하기 위한 과정으로 인식하였다. 독립협회에 의해 주도된 만민공동회
의 경우 민중 스스로 각성하여 지속적인 참여를 하는 것을 중시하였다. 또한 YMCA
에서도 체계적인 교육은 물론 강습회, 강연, 홍보, 종교 연설을 통하여 민중이 의
식화를 통해서 사회를 깨닫고 스스로가 주체적으로 실천할 수 있도록 노력했다(유
도진, 1986: 191). 이와 같이 이상재는 사회교육을 민중이 스스로 마음의 혁신을 일
으키며 의식화되는 과정이자 중요한 수단으로 인식하였다.

▪▪ 사회교육의 실천 원리

월남 이상재가 사회교육의 목적을 달성하기 위해 적용하였던 구체적인 실천 원
리가 무엇인가를 살펴보면 다음과 같다.

신앙에 기초한 전인적 인격 형성

이상재에 의하면 사회 변화는 개인의 전인적 인격 형성을 전제로 하는 것이었
다. 그는 각 사람을 전인적인 존재로 형성하는 것을 교육의 기본 목적으로 파악하
였다. 이상재는 전인적인 존재가 되기 위해서는 체와 지와 덕의 3요소가 필요하며
이러한 요소들은 신앙과 밀접한 관계를 갖고 있다고 파악하였다.

> 덕(德)이란 하느님으로부터 받는 것으로 영원히 어두움이 없는 것으로 한 몸에
> 주재가 되어 성령의 활동을 하는 것이다. 지(智)는 성령의 감동을 받아 연구하면 연
> 구할수록 발전하는 것을 의미하며 체(體)는 부모에게서 받아서 형기를 이루어 성령
> 의 안택이 되는 것이다(유도진, 1986: 193).

이상재에 의하면 덕을 기르는 길은 천리에 복종하여 인도를 닦아 하느님을 경외

하고 사람을 인애로써 대접하여 정욕으로 하여금 침입하지 못하게 함으로써 하느님으로부터 처음 받은 성령이 본연의 형태로 돌아가는 것이다. 또한 지를 기르는 길은 사리를 추구하여 사물의 추리를 면밀히 관찰하고 널리 상고하여 세심하게 연구함으로써 진가를 혼동함이 없이 천지조화의 오묘한 진리에 잘 맞추도록 하는 것을 의미한다(유도진, 1986: 193). 이상재는 이러한 종교적 신앙에 입각한 전인교육의 원리를 통해 조화로운 인격의 형성을 추구하였다.

지육의 상대적 강조

그는 인격 형성의 3가지 요소가 모두 중요하다고 하였으나 양지(養智)를 위한 교육을 상대적으로 더 강조하였다. 그는 전통적으로 우리 민족은 체보다 덕을 기르는 것을 중요시했고, 지에 대해서도 덕만큼 그다지 중요시하지 않았다고 지적하였다(유도진, 1986: 194). 그러나 그는 당시 우리 민족의 수난을 극복하기 위해서는 우선적으로 지를 기르는 것이 필요하다고 주장하였다.

> 덕이나 체를 기름은 지에 의함이 최선의 방법이고 양지(養智)는 농공상 그리고 역학, 화학, 천문 및 제반 학술을 깨우치게 하는 것이고 이러한 학술로 하여금 치국하는 법, 외교하는 법, 각국의 고금 연혁 및 존망의 역사, 이밖에도 눈으로 볼 수 없는 것, 귀로 들을 수 없는 것, 발로 가 볼 수 없는 것, 이 모든 심사숙고하지 아니하고서는 도저히 얻을 수 없는 것들이 지양(智養) 중으로부터 나오지 아니하는 것이 하나도 없는 것이다(김을한, 1976: 164; 유도진, 1986: 194).

이와 같이 이상재는 전인 형성을 위한 교육 중에서도 지의 교육을 가장 강조하였다. 이는 지의 교육이 절대적으로 가장 중요하다는 것이 아니라 당시의 시대적인 상황에 따른 상대적인 강조점의 차이 때문이라고 볼 수 있다.

실용적 공업교육 중시

이상재는 YMCA 사회교육 활동을 통해 청년들에게 직업교육, 생활교육, 기술교육의 필요성을 강조하였다. 실질적인 실력의 배양을 직업·기술교육을 통해서도 추구한 것이다. 그는 학생들에게 실질적인 공업 기술을 가르쳤고 동시에 교육을 통하여 얻는 수입으로 청년회 학관의 운영에 필요한 경비를 충당했다. 더 나아가 이러한 교육을 통해 한국인의 의식 중 육체노동에 대한 천시사상을 혁신하는 데 성공했다. 그 결과 이러한 종류의 직업학교가 전국적으로 확산됨으로써 YMCA는 공업교육의 선구자적 역할을 하게 되었다(유도진, 1986: 187).

교육을 통한 조직 구성 및 네트워크 형성

교육을 통하여 사회 변화를 추구하고자 했던 이상재의 신념은 각 영역에서의 공동체 형성과 공동체들 사이의 연계로 구현되었다. 그는 식민지 억압에서 벗어나기 위해서 민초의 바닥에서부터 교육을 통해 하나하나 영역을 다져 나갔다. 이상재는 교육을 통해 조직을 강화하고 이 조직들이 서로 연계함으로써 사회 문제를 해결하는 실천 원리를 추구하였다. 그에 의하면, 사회 변화는 공동체가 형성되면서 그 공동체가 기초적인 촉매 역할을 담당할 때 가능하다(이신행, 1986: 81). 이상재는 기독교청년회가 스스로 교육을 통해 성장하는 사회운동체가 되는 것은 물론 스스로 촉매적 공동체가 되어 언론, 교육, 사회, 종교의 각 영역에 필요한 기초 조직들을 만드는 조직, 즉 조직을 만드는 조직이 되도록 하는 일에 관심을 기울였다(이신행, 1986: 77).

▪ 사회교육자의 요건

월남 이상재는 항상 민중, 특히 청년들과 함께 생활하며 그들을 이끌었던 사회교육자의 삶을 살았다. 이상재의 생애와 사회교육 활동 및 그의 사회교육사상을 통해 두드러지게 나타나는 사회교육자로서의 요건이 무엇인가를 살펴보면 다음과 같다.

성숙한 인격

이상재에 대한 기본적인 평가는 그가 인격자였다는 것이다. 그가 타계한 후 그의 삶을 평가하는 글들은 하나같이 그가 민족의 사표, 민중의 벗, 대인이라고 할 만한 인격을 가지고 있었다고 증언하고 있다(유도진, 1986: 182-183). 한 예를 들면 다음과 같다.

> 선생은 이에 조선인의 인격자며 금일의 인격자로다. 오오라 선생은 군인 정치가가 아니라 군공정적(軍功政績)으로 조선민족을 구함이 무(無)하얏스며 기술자가 아니라 학문과 기술로 조선사회에 공헌함이 업섯스나 선생은 이에 의와 용과 신과 망을 그 일신에 구비한 인격자라 그 인격으로 조선인의 사표가 되며 그 인격으로 조선인에게 은택을 시하시엇도다(김유동, 1927: 127-130; 유도진, 1986: 182에서 재인용).

그는 일제의 온갖 유혹을 뿌리치고 온갖 감시와 고통을 극복하면서 기독교청년회와 민족교육 발전에 기여하였다. 그는 사회지도자 및 교육자로서 기독교 신앙과 민족의 독립을 향한 강한 신념과 많은 회유와 협박을 이겨 나갈 수 있는 인내와 용기를 가지고 있었다. 그는 대쪽 같은 신념과 용기, 특유의 유머 감각으로 그를 회유하고자 하는 사람들을 오히려 무안하게 만드는 경우가 많았다. 이와 같이 이상재가 소유했던 신념, 인내, 의지, 용기, 유머 등의 인격적 덕목들은 모든 사회교육자가 갖추어야 할 요건이라고 할 수 있다.

학습자와의 공감대 형성 능력

이상재는 교육의 대상자라고 할 수 있는 청년들과 공감대를 형성하며 배려하였다. 주변의 동지들이 "젊은 놈들과 너무 상없이 굴면 젊은 놈들이 버릇이 나빠지지 않겠는가?"라는 질문을 하였을 때 그는 "내가 청년이 되어야지 청년더러 노인이 되라고 해서 되겠는가? 내가 청년이 되어야 청년들이 청년다운 청년이 될 걸세."라고 대답하였다(전택부, 2000). 여기에는 나이의 간극을 뛰어넘어 청년들을 이해하고 그들과 하나가 되고자 하는 교육자로서의 자세가 나타난다. 이와 같이 그는 교육자로서 학습자의 입장을 고려하고 공감대를 형성할 수 있는 능력을 갖추었다.

공동체 조직의 형성 및 관리 능력

이상재는 일반적으로 우리나라가 근대사회로 전환되는 시점에서 세계를 내다보면서 민을 조직하고 민의 운동을 개진한 최초의 인물로 평가받는다(이신행, 1986: 100). 그는 당시 사회의 각 영역에서 민중이 참여하여 활동하는 조직을 만들고 그 조직들을 서로 연계하여 더 큰 힘을 발휘하도록 하는 데 탁월한 능력을 발휘하였다. 독립협회, 조선기독교청년회연합회, 조선교육협회, 민립대학기성회, 언론운동, 신간회 등의 조직과 연계 사업은 바로 그의 이러한 능력에 힘입은 바가 크다. 그는 한 조직이 출범할 경우 그 부분에만 폐쇄적, 배타적으로 머물러 있지 않고 경계를 넘어서 다른 조직이나 다른 부문과 연결되도록 하였다. 이렇게 각 영역에서의 사회운동이나 교육이 한 영역에 머무르지 않고 다른 영역과 연계하여 더 광범위한 능력을 발휘하게 하는 것은 현대 사회에서 시민운동과 시민교육 차원에서도 매우 중요한 접근 방식으로 평가받는다(한숭희 외, 2002). 그런 면에서 이상재는 시민운동과 시민교육을 실천하는 데 요구되는 탁월한 조직 능력을 가지고 있었다. 이러한 점은 사회 변화를 지향하는 현대의 사회교육자들도 갖추어야 할 중요한 요건이라고 할 수 있다.

이상재 사회교육사상의 의의

월남 이상재는 구한말에서 일제강점기 중반까지 조국의 근대화와 국권 회복, 독립을 위해 노력한 사회지도자이자 사회교육자였다. 그의 사회교육 활동은 구한말과 일제강점기라는 특수한 시기의 시대적 과제를 해결하기 위한 것이었다. 그는 근대화를 추진하던 국가의 교육 관료로서 근대 교육개혁 법안을 구성하는 실무를 담당하였고, 한글교과서 편찬사업을 주도하였으며, 한성사범학교, 소학교, 외국어학교 등 근대식 학교의 법적 토대를 완성하고 학교운영에도 직접 참여하였다. 또한 그는 인생 후반기의 대부분을 기독교청년회(YMCA)를 통한 사회교육 활동에 매진하였다. 우리나라의 가장 대표적인 사회운동단체이자 사회교육기관 중의 하나라고 할 수 있는 YMCA의 형성과 발전에 미친 그의 영향력은 거의 절대적이라고 할 수 있다. 더 나아가 그는 조선교육협회의 회장으로 활동하며 민립대학 설치 운동을 적극적으로 전개한 교육운동가이기도 하였다.

그가 사회교육을 통해 이루고자 했던 조선의 사회는 모든 구성원이 도덕적으로 성숙하고 근대화된 시민의식과 경제력을 갖춘 평등한 시민사회였다. 그는 사회교육을 사회 변화와 개혁의 중심이자 결정적인 요소로 보았다. 그는 청년들의 실력 배양과 실천적 행동을 바탕으로 민족의 역량을 길러 독립해야 한다는 신념을 갖고 있었다. 그는 민족의 독립은 교육에서 출발하는 것이 지름길이라고 생각하였던 것이다. 당시의 시대적인 요청은 나라 잃은 민족으로서 하루 빨리 나라를 되찾아야 한다는 것이었고, 이상재가 사용한 방법은 청년을 위해 사회교육을 실시하는 것이었다. 그런 면에서 그는 사회 변화를 위한 사회교육의 가치를 다른 이들보다 훨씬 더 강조한 인물이라고 볼 수 있다. 또한 그는 교육 자체가 모든 사람에게 평등하게 제공되어야 한다는 교육 평등주의자였다.

그가 중시했던 교육과 조직화의 연계는 의식화와 조직화와 관련하여 오늘날 사회교육의 이론에도 시사하는 바가 크다. 현대 사회교육의 관점에서 중시하는 의식화와 조직화의 조화가 그의 실천에서 잘 나타나고 있다. 그는 사회교육 활동을 수행하는 데 필요한 교육자적 덕목과 아울러 조직 구성과 연대의 능력을 갖춘 조직 전문가로서의 덕목도 갖추었다. 이러한 점은 오늘날의 사회교육자들에게도 요구되는 덕목이라고 할 수 있다.

한편, 이상재의 사회교육사상에는 재고해 보아야 할 점도 있다. 그것은 교육이 과연 사회 변화를 위한 만병통치약이자 유일한 방편인가라는 점이다. 그에 의하면

교육, 특히 정신적, 도덕적 교육이 중심이 되지 않는 사회 변화는 위험한 것으로 인식된다. 그러나 교육이 사회 변화를 위해 중요한 역할을 담당하는 것이 맞다고 하더라도 과연 교육만으로 사회 변화가 가능한가, 또는 교육이 없이는 사회 변화가 불가능한가라는 점에 대해서는 의문의 여지가 있다. 사회 변화에 있어 교육의 중요성을 무시할 수 없지만 그 외에 사회적인 힘이나 조직, 물리적인 배경, 국가적 제도와 정책도 무시할 수 없다는 것이 일반적인 인식이기 때문이다.

하지만 교육을 절대시하는 그의 입장을 객관적으로 평가하기 위해서는 그가 살았던 특별한 시대적 배경도 고려할 필요가 있다. 일제강점하에서 국내에 머물러 있었던 그로서는 민족국가의 제도적 지원을 받을 수도 없었고 군사적 활동을 수행하기도 쉽지 않았기에 교육만이 실천 가능한 거의 유일한 방편이었다. 따라서 그는 교육을 절대적으로 중시할 수밖에 없었다고 볼 수 있다. 그러나 다른 한편으로 그가 교육을 강조한 까닭은 아무리 군사, 경제 등과 같은 다른 사회적 방편들이 동원된다 하더라도 그것을 움직이는 사람의 마음이 성숙해지지 않으면 아무 소용이 없다고 판단했기 때문이라고도 볼 수 있다. 즉, 진정한 사회 변화가 교육만으로 이루어질 수 없을지는 모르나 교육이 없으면 결코 진정한 사회 변화가 불가능하다는 인식을 반영하고 있다는 것이다. 오히려 이 점에서 그는 사회 변화를 위한 사회교육의 중요성을 누구보다도 강조한 인물이었다고 평가할 수 있다.

현대 사회에서도 급변하는 세계정세 속에서 건전한 시민의식을 함양하고 국민의 실무 능력을 향상시키며 모든 사람에게 학습의 기회를 균등하게 제공하기 위한 사회교육의 역할은 여전히 강하게 요구되고 있다. 이런 점에서 일찍이 이러한 과제들을 성공적으로 수행하기 위한 사회교육의 원리를 제시하며 본받을 만한 사회교육자의 모습을 보여 주었던 이상재의 사회교육사상은 우리가 더욱 깊게 성찰해야 할 소중한 자산임에 틀림없다.

02 안창호의 사회교육사상

도산(島山) 안창호(安昌浩, 1878~1938)는 일반적으로 한국 독립운동사에서 가장 대표적인 독립운동가 중의 한 명으로 인정받는다. 그는 당시 매우 의미 있는 종합적 독립운동 방략을 제시한 이론가이자 신민회, 청년학우회, 흥사단, 상해 임시정부, 민족유일당 건설에 앞장섰던 독립운동 실천가이기도 하였다(양호민, 1993: 43). 그는 여러 연구자에 의해 지칠 줄 모르는 열정과 맑은 영혼을 지녔던 순결무구한 인격자, 원대한 구국의 경륜과 실제적인 프로그램을 갖고 있었던 탁월한 지도자로 인정받는다(안병욱, 1986: 132). 서재필은 그를 한국의 에이브러햄 링컨과 같은 지도자라고 격찬하기도 하였다(윤병욱, 2012: 287).

그런데 그는 정치적 지도자일 뿐 아니라 위대한 교육자로서도 인정을 받고 있다(이명화, 2008: 38). 한기언은 근대를 대표하는 교육사상가로서 안창호를 들고 있다

(1986: 116-117). 그 당시가 민족수난기만 아니었으면 안창호는 독립운동가가 아닌 시종일관 교육자로 활동했을 것이라고 평가받기도 한다(신일철, 1986: 119). 시대적인 상황이 그로 하여금 교육자에 머무르지 못하게 하고 정치가, 사회운동가로 변신하게 했다는 것이다. 그럼에도 불구하고 안창호는 기본적으로 교육자로서의 비전과 인격을 충분히 가지고 있었고 독립운동 활동 과정에서도 교육을 가장 중요하게 다루었다. 그는 독립 쟁취를 위해 모든 정열을 바쳤으나 그 모든 것의 기초를 교육에서 찾았던 것이다(한기언, 1986: 98).

안창호가 독립운동의 과정에서 수행했던 교육 활동은 대부분 현대적 관점에서 사회교육 활동이었다고 볼 수 있다. 안창호는 사회 변화와 교육을 아우르는 인물이라는 점에서 현대적인 관점에서 사회교육학과 매우 밀접한 관계를 가진다. 그렇지만 그동안 일반 교육자로서 안창호의 교육사상에 대한 연구는 많이 이루어졌으나 사회교육의 관점에서 그의 생애와 교육사상을 본격적으로 다룬 연구는 미흡한 실정이다. 그는 개인과 사회, 이론과 실천, 의식화와 조직화 등 현재 사회교육학이 통합해야 할 주요 과제를 이미 몸소 성공적으로 수행하였다. 이런 맥락에서 이 글은 안창호의 사회교육 관련 활동을 정리하고 그 속에 내재된 사회교육사상의 성격과 현대적 의의를 살펴보고자 한다.

안창호의 생애와 사회교육 활동

■■ 생 애

도산 안창호는 1878년 평양 근교에서 태어나 서울에서 공부한 후 국내는 물론 미국, 중국, 만주 등을 수차례 오고 가며 평생을 독립운동에 헌신하였다. 안창호의 생애에 관한 상세한 연구는 이미 상당한 정도 이루어진 실정이다. 연구자들에 따라 그의 생애를 구분하는 시기는 다소 차이가 있으나[1] 여기에서는 안창호의 생애

를 주로 독립운동의 시기에 따라 크게 초기 국내에서의 성장기, 독립협회 및 만민
공동회 활동 중심의 독립운동 시기, 미국 유학 시절의 공립협회 설립 시기, 국내
복귀 후 신민회 및 청년학우회 조직을 통한 독립운동 시기, 미국에서의 흥사단 설
립 및 대한인국민회의 대표 활동 시기, 중국 상하이 임시정부 참여 시기, 민족유일
당 설립 및 독립운동 근거지 마련을 위한 이상촌 추진 운동 시기, 국내 압송 후의
복역 및 순국의 시기 등으로 나누어 보고자 한다. 안창호의 생애 단계별 주요 활동
을 간략히 표로 제시하면 〈표 2-1〉과 같다.

■ 사회교육 활동

도산 안창호의 생애는 평생 국권 회복과 독립을 위한 활동이었지만 모두 사회교
육과 밀접한 관계를 맺고 있다. 여기서는 그의 생애에서 지속적이면서도 다양한
형태로 이루어진 사회교육 활동의 상황을 구체적으로 진술하고자 한다.

초창기 국내에서의 사회교육 활동(1897~1902년)

안창호는 1897년에 독립협회에 가입하였고 친구인 필대은과 함께 평양에 만민
공동회 관서지회를 조직하는 데 앞장섰다. 그는 19세였던 1898년 7월에 만민공동
회의 평양 쾌재정 집회에서 민중을 감동시킨 명연설로 전국적인 주목을 받게 된다.

---

1) 이와 관련하여 박명규(1984)는 안창호의 생애를 ① 소년 시대(1878~1894), ② 서울 유학 시기
(1894~1896), ③ 독립협회 시기(1897~1902), ④ 미국 공립협회 시기(1902~1907), ⑤ 국내 신민
회 시기(1907~1910), ⑥ 국민회 시기(1910~1919), ⑦ 상해 임시정부 시기(1919~1921), ⑧ 국민
대표회의 시기(1921~1923), ⑨ 이상촌 건설 추진 시기(1924~1932), ⑩ 국내 시기(1932~1938)로
구분하였으며, 윤병욱(2012)은 ① 청소년 시절, 언더우드 학당과 독립협회(1885~1899), ② 초기
이주이민사회와 공립협회(1902~1910), ③ 구국 개혁운동기와 정치 망명(1907~1911), ④ 미주 활
동과 멕시코 순방(1911~1919), ⑤ 상하이 대한민국 임시정부 시절(1919~1924), ⑥ 마지막 미주
순방(1924~1926), ⑦ 대공주의를 통한 민족통일 전선(1926~1932), ⑧ 한국으로 압송(1932~
1935), ⑨ 송태산장(1935~1937)으로 나누었다.

표 2-1 안창호의 생애 단계별 주요 사회교육 활동

시기	주요 내용
성장기 (1878~1896)	• 평안도 강서군 초리면 봉상리 도롱섬에서 출생 • 언더우드 학당(후에 구세학당)에 입학
독립협회 시기 (1897~1902)	• 서재필의 영향으로 독립협회 가입 • 독립협회 평양지회 설립(1898) • 만민공동회 활동
미국 공립협회 시기 (1902~1907)	• 교육관리학을 공부하기 위해 미국 유학 • 공립협회 설립, 공립신보 창간
국내 구국운동과 중국 망명 시기 (1907~1911)	• 귀국 중 일본의 한국유학생 단체인 태극회관에서 연설 • 이토 히로부미와 회견 • 신민회 조직(1907), 대성학교 설립(1908) • 청년학우회 조직(1909) • 안중근 의사의 이토 히로부미 저격 사건으로 수감 • 출소 후 중국 망명(1910) • 만주 밀산현에서 해외 독립운동기지 개척 추진 실패
미주 활동과 멕시코 순방 시기 (1911~1919)	• 대한인국민회 중앙총회 회장 선임 • 흥사단 조직
상해 임시정부 참여 시기 (1919~1924)	• 상해 임시정부 참여 • 독립운동 6대 방략 발표 • 국민대표회의 개최로 항일역량 결집 추진 • 남경에 동명학원 설립 운영(1924)
대공주의를 통한 민족유일당 설립 추진 시기 (1926~1932)	• 민족유일당 설립 추진(1928) • 독립운동 근거지 마련을 위한 이상촌 건설 추진 • 윤봉길 의사 사건으로 검거 및 국내 압송(1932)
국내 송환 및 순국 시기 (1932~1938)	• 복역 및 가석방(1935) • 평양 근교 송태산장 건설 • 동우회 사건으로 재수감, 병보석 후 순국

안창호는 만민공동회 활동을 통해 우리 민족이 구국운동의 열매를 맺기 위해서는 마을마다 학교를 설립하고 농촌을 개발하는 것이 가장 우선시되어야 한다고 깨달았다(이태복, 2006: 93). 이에 따라 그는 1899년 평안남도 강서군 동진면 바윗고지(암화리)에 관서지방 최초의 초등학교이자 국내 최초의 남녀공학 사립학교인 점진학교를 설립하였다. 이는 초등학교 4년, 중등학교 2년 과정의 근대식 학교였다. 그리고 그는 학생 및 주민들과 함께 강변을 따라 농토를 넓히는 매축공사를 주도하였다.

1차 미국 체류 시기의 사회교육 활동: 공립협회를 통한 사회교육(1902~1907년)

안창호는 24세 때 교육관리학과 기독교를 연구하기 위해 미국 유학을 떠나게 된다(윤병석, 윤경로 편, 1997: 233). 그러나 그는 미국 동포들의 척박한 삶을 보면서 자신의 공부보다 동포들을 위한 지원 활동이 더 시급함을 느끼게 된다.

안창호는 1903년에 샌프란시스코 한인친목회와 한인노동소개소(Korean Labour Bureau)를 설립하였다. 이 조직은 이민노동자로 건너온 사람들에게 가장 절실한 문제였던 일자리를 주선하고 취업정보를 소개하였으며 LA 지역 및 고국의 소식을 전해 주었다. 또한, 동포들의 친목을 도모하며 동포들에게 건전한 생활태도와 일하는 자세 등을 교육함으로써 고용주의 신임을 얻게 하였다(이태복, 2006: 109). 그는 한인교회를 미국 교회 안에 열고 일요일마다 예배를 보았으며 야학을 열어 영어 수업을 하였다. 1904년 9월에는 리버사이드 공립협회를 설립하였으며 1905년 4월에는 샌프란시스코 공립협회를 설립하였다. 공립협회의 회장은 송석준이었고 양주삼, 강영소, 홍인 등이 그 외의 임원들이었다. 1909년에 공립협회는 16개의 지부를 갖게 되었고 회원 수는 1,111명에 이르렀다(윤병욱, 2012: 88). 공립협회는 공립회관을 설립하여 하와이에서 본토로 들어오는 한인들을 며칠씩 숙박시키고 농장, 철도공사장, 광산 등에서 일할 수 있도록 주선함과 동시에 교양 증진과 공동이익을 도모하는 역할을 수행하였다. 이후 공립협회는 1908년 미국 내의 다른 한인 조직들과 통합하여 '대한인국민회(Korean National Association)'로 발전한다. 대한인국민회는 일제강점기에 미국에서 한인들의 권익을 보호하는 무형의 정부 역할을 하였다. 한편 안창호는 공립협회 기관지로 『공립신보』를 발간하였다. 『공립신보』는 이후 대한인국민회에서 발행하는 『신한민보』로 바뀌게 된다.

안창호는 이민노동자를 조직하고 교육하고 훈련하는 과정에서 동포들의 고충을 충분히 들어주고 그들이 의견을 모으도록 기다려 주었으며 매사에 언제나 솔선수범하였다. 이런 경험을 통해 그는 구체적 현실 조건을 따져서 그에 맞게 현대적인 조직과 민주적인 방식으로 해결해 나가는 지도력을 갖추게 되었다(이태복, 2006: 120-121).

귀국 후 국내 활동과 중국 망명 시기의 사회교육 활동(1907~1911년)

안창호는 1907년 귀국 후 국내 구국 활동에 참여할 인물들을 규합하여 비밀결사인 신민회를 조직하는 데 앞장섰다. 신민회는 국민에게 민족의식과 독립사상을 고취할 것, 동지를 발견하고 단합하여 국민운동의 역량을 축적할 것, 교육기관을 각지에 설치하여 청소년의 교육을 진흥할 것, 각종 상공업 기관을 만들어 단체의 재정과 국민의 부력을 증진할 것을 목표로 하였다. 특히, 신민회는 신문, 잡지나 서적을 간행하여 국민의 지식을 개발하고 국민계몽운동을 벌이며 학교를 세우고 인재를 양성하며 경영 기술을 지도하고 실업장을 설치하는 등 포괄적인 교육 사업을 추구하였다(윤병욱, 2012: 211). 신민회의 핵심 개념은 스스로 새롭게 함을 의미하는 '자신(自新)'이었다. 후에 나부터 변하여 건전한 인격을 만들어야 한다는 안창호의 운동 논리가 신민회에서 처음으로 언급되었다(이태복, 2006: 127).

신민회를 바탕으로 안창호는 인재 양성을 위한 신식학교인 대성학교, 산업진흥을 위한 회사인 평양자기회사(이덕환, 김남호), 국민의 의식을 바꿀 수 있는 출판사인 태극서관(남강 이승훈, 안태국), 청년조직인 청년학우회를 설립하였으며, 전국에 3,000여 개의 학교 설립을 추진하였다. 그 외에도 협동조합식 상업조직인 협성동사와 상무동사를 설립하였고 조선실업주식회사의 주주를 모집하였다. 또한 연초공장과 모범농촌 건설 계획을 수립하였고 국채보상운동을 추진하기도 했다. 안창호는 1909년에 의진사(義進社)가 촉망받는 교육의 대가를 선정하기 위해 실시한 여론조사에서 1위를 차지하기도 하였다(윤병욱, 2012: 123). 이후 한일병탄이 임박한 상황에서 만주로 망명하여 만주 모우린, 지린성 밀산현 부근에서 농장을 겸한 독립운동기지를 세우려고 하였으나 실패하였다. 한편 그는 블라디보스토크에서 백원보, 김민식과 함께 『대양보』를 창간하였다.

이 시기의 그의 사회교육 활동 중 중요한 사항을 골라 구체적으로 제시하면 다음과 같다.

① 대성학교

대성학교는 1908년 9월 26일에 개교하였다. 대성학교의 건학정신은 건전한 인격의 함양, 애국정신이 강한 민족운동자의 양성, 국민으로서 실력을 구비한 인재의 육성, 강장한 체력의 훈련이었다. 교장은 윤치호, 교장대리이자 학교운영책임자는 안창호였으며, 교사로는 차이석, 김두화, 나일봉, 장기영, 문일평, 황의돈, 장응진 등이 참여하였다. 대성학교는 설립한 후 1년 만에 일제의 탄압을 받기 시작하였으며, 결국 1913년 설립 5년 만에 문을 닫게 되었다.

표 2-2 대성학교의 교육과정

구 분	내 용
교육이념	• 애국심, 주인정신, 노작교육
학 제	• 3년제 중학과정, 예비과 1년
입학시험 과목	• 독서, 작문, 산술, 역사, 지리, 영어, 일어, 생리, 식물 등의 필기시험과 면접
교육과정	• 1학년: 국가학, 임업, 영어, 중국어, 일본어 • 2학년: 법학통론, 수산학 • 3학년: 천문학, 측량, 광물학, 경제학, 농정학 • 공 통: 조회, 체조, 군사훈련, 전술강의, 제식훈련 등
부설 강습소	• 농림강습소: 1년 과정, 모집정원 50명. 시험과목은 독서, 작문, 산술, 한국지지 등(교사 김진초) • 하기강습소: 현직 교사 재교육을 위한 사범강습소와 과학강습소 설치

② 청년학우회

청년학우회는 1909년 8월에 중앙본부가 설립되었고 한성연회, 평양연회, 의주 연회가 차례로 설립되었다(이명화, 2008: 53). 청년학우회는 안창호를 비롯하여 윤 치호(한영서원장), 장응진(대성학교 교사), 박중화(보성학교 교장), 최광옥(숭실학교 교장) 등 교육자들이 주도하여 추진하였다. 중앙총무인 최남선 등을 중심으로 학 생조직을 추진하였고 회지인 『소년』 잡지를 발간하였다. 한성연회의 경우 매월 공 개적으로 강연회를 개최하여 청년들과 일반 대중에게 교육진흥과 산업진흥을 권 면하였으며 애국가요를 보급하였다. 한편 여러 기관과 애국계몽운동가들로부터 도서를 기증받아 '도서종람소(圖書縱覽所)'라는 명칭의 도서관을 설치하고 청소년 들과 시민들의 상식과 교양을 높이는 교육 활동도 수행하였다(이명화, 2008: 54).

청년학우회는 국권 회복과 국민을 위해 뜻을 세운 젊은이들이 부지런히 자신을 닦아 나가고 학문과 기술을 연마하여 사회 발전에 기여하며 굳게 단결하는 훈련을 하는 청년학생 단체로서 덕육, 체육, 지육의 삼육을 실시하였고 조선혼으로서 무실 (務實), 역행(力行), 자강(自强), 충실(忠實), 근면(勤勉), 정제(整齊), 용감(勇敢)의 7대 정신을 강조하였다. 그리고 1인 1기의 실무 능력을 중시하였다. 그러나 곧 이어진 한일병탄으로 인해 모든 집회와 신문 발행이 금지되고 청년학우회도 해체되었다.

③ 만주 밀산현 이상촌 건설 추진

안창호는 신민회가 비밀리에 추진하였던 독립운동기지 개척 사업에 참여하고자 일제의 감시망을 뚫고 중국으로 망명하였다. 그 후 러시아와 북만주의 국경 지대 인 밀산에서 미주 한인들이 설립한 태동실업주식회사의 지원을 받아 이상촌 형태 의 독립운동기지 개척을 추진하며 교회와 학교 등을 설립하였다. 그러나 이 사업 은 여러 가지 요인으로 성공을 이루지 못하였다.

2차 미국 체류 시기의 사회교육 활동(1911~1919년)

국내와 중국에서의 활동에서 좌절을 겪은 안창호는 미국에 돌아와 보다 기본적이고 체계적인 준비를 하게 된다. 사회교육도 이러한 독립운동의 전략 차원에서 이루어졌다. 이 시기 안창호를 중심으로 미국에서 이루어졌던 주요 사회교육 활동을 정리하면 다음과 같다.

① 대한인국민회를 통한 국어교육

안창호는 대한인국민회 회장으로서 한인 사회의 교회마다 교회학교를 부설하였으며, 미국만이 아니라 멕시코 각 지방회 등에도 국어학교를 설치하여 국어교육 및 민족교육을 의무화하도록 하였다. 1913년 이후 클래어몬트 한인학생양성소의 재정 및 학업 등 모든 사항을 공교육화하여 대한인국민회 북미지방총회 학무부가 관장토록 하였다. 1914년부터는 클래어몬트 한인학생양성소에 정규 국어 교사를 배치하여 국어교육을 의무화하기도 하였다(이명화, 2008: 71).

② 흥사단을 통한 사회교육 활동

안창호는 국내에서 다 이루지 못한 대성학교와 청년학우회의 뜻을 계승하기 위해 1913년 5월 13일 흥사단(Young Korea Academy)을 창단하였다(윤병석, 윤경로 편, 1997: 104). 흥사단의 목적은 "무실역행으로 생명을 삼는 충의남녀를 단합하여 정의를 돈수하고 덕·체·지 삼육을 동맹수련하여 건전한 인격을 작성하고 신성한 단결을 조성하여 우리 민족 전도대업의 기초를 준비함"에 있었다. 또한 군대식 체조와 각종 운동을 연습하여 정신과 체력을 강장하게 하고 상식과 고등학술, 기예를 학습하여 일종 이상의 학술 혹은 기예를 해득해야 한다고 규정하였다. 그리고 이러한 사업을 실무적으로 추진하기 위해 통신교수부, 강습소, 강연회, 서적출판부, 도서종람소, 간이박물원, 체육장, 구락부와 학교 등을 설립해야 한다고 규정하였다(흥사단사편찬위원회, 1964: 14-19).

또한 17세 이상의 성년이 두 달 이상의 수련 과정과 엄격한 문답식과 서약례를 통과해야 통상단우의 자격을 부여하며 이 자격에 미흡한 경우에는 예비단우의 자격을 부여하도록 하였다(흥사단중앙수련원, 2004: 98). 흥사단 미주창립위원회 의결

안에는 동맹운동, 동맹독서, 각종 학습활동에 적극적으로 참여하지 않을 경우 엄격한 징계에 처해야 한다는 내용이 포함되어 있었다(흥사단사편찬위원회, 1964: 35).

③ 멕시코 해외 동포 계몽

안창호는 1917년 10월부터 1918년 7월까지 대한인국민회 중앙총회장으로서 멕시코 각 지역을 순방하며 국민회와 흥사단의 조직, 북미실업농장 설립을 위한 청약모금과 학교 설립, 한인 동포들의 생활 향상을 위한 각종 사업을 추진하였다. 그는 멕시코 교민들에게 "어저귀 한 단 묶는 것이 곧 나랏일입니다."라고 설득하며 동포들의 신용회복을 위해 노력하였다. 1917년에는 2만여 달러의 자본금을 모아 북미실업주식회사를 설립하였다.

④ 출판과 언론을 통한 사회교육

안창호는 출판사였던 소년서회와 언론기관인 신한민보사를 통해 재미 한국인의 의식개혁을 위한 사회교육 활동에 참여하였다. 샌프란시스코에 설립되어 있던 북미한국소년서회(北美韓國少年書會)는 교과서와 참고서를 저술, 출판하였고 신한민보사에서 판매, 보급하는 일을 맡았다(이명화, 2008: 72). 판매 서적들은 본국에서 발생한 각종 계몽서적과 역사, 지리 등 애국교과서 및 일반서적이었다. 소년서회는 1918년에 흥사단이 인수하여 1920년 이후에 태백서관으로 이름을 바꾸었다(이명화, 2008: 73).

상해 임시정부 및 민족유일당 설립운동 시기의 사회교육 활동(1919~1932년)

3 · 1운동 이후 안창호는 중국으로 다시 건너가 상해 임시정부를 조직하는 데 앞장섰다. 이후 그는 상해 임시정부의 분열을 막기 위해 노력하였으나 1919년부터 1924년까지 5년간의 노력은 결국 실패하였다. 그는 모든 민족 세력의 힘을 모으기 위한 민족유일당 설립을 위해 힘쓰는 한편 보다 지속적이고 근본적인 독립운동 실천에 매진하였다. 그것은 흥사단 원동위원부의 설립(1920년)과 맥을 같이 했다. 흥

사단 원동위원부를 조직한 안창호는 미주 본부의 교육 활동을 중국 본토와 만주 지역에 확산하기 위해 노력하였다. 이 시기에 이루어진 중요한 사회교육 관련 활동은 모범촌 형성을 위한 교육과 인재 양성이었다(윤병석, 윤경로 편, 1997: 139-141). 한편, 그는 국내에서도 흥사단원들을 중심으로 독립의식 고취와 인재 양성을 위한 사회교육 관련 사업이 이루어질 수 있도록 추진하였다. 이 시기 중국과 국내에서 안창호의 주도하에 이루어진 사회교육 활동을 자세히 살펴보면 다음과 같다.

① 동명학원 설립 및 운영

그는 1924년 3월 3일에 미국 흥사단에서 보내온 자금으로 난징에 1,500평의 땅을 구입하여 동명학원을 세웠다. 원장은 안창호였고 명예원장은 황성기독교청년회 총무였던 질레트(P. L. Gillett)였다(박영국, 2013). 교사는 주요섭, 김두봉 등이 참여하였다. 교육과정으로는 3년 과정의 영어과와 중국어과가 있었고 1년 과정의 대학예비과가 있었다. 방학 중에는 영어, 중국어, 국어, 역사 등의 하기 강습회를 개설하였다. 군사학과 병식체조를 통한 교련교육도 포함되었다. 동명학원은 1926년 화재로 전소되었다가 1927년 4월 신학기부터 수업을 재개하였다. 그러나 흥사단 원동위원부가 상하이로 이전하면서 폐쇄되었다.

② 모범촌 건설 추진

안창호는 흥사단 원동위원부를 통해 이상촌운동을 추진코자 하였다. 이상촌운동은 독립운동의 근거지를 마련하고 동포들의 생활을 안정시키며, 독립운동을 위한 재정의 확보와 군사 훈련을 실시하기 위한 종합적인 방안이었다(이태복, 2006: 361). 이상촌에는 공회당, 여관, 학교, 목욕탕, 운동장, 우편국 및 금융과 협동조합 등이 설치될 계획이었다. 학교는 일반학교는 물론 직업학교를 세우는 것도 포함되었다. 안창호는 이상촌에 먼저 사범 강습소를 세워 일학교사, 야학교사, 윤회교사를 양성해야 한다고 생각하였다(안창호, 2012: 158). 또한 활판소를 설치하여 저술과 번역에 힘쓰고 신문과 잡지를 많이 발행하여 동포들에게 흥사단의 이념을 널리 전파하고자 하였다. 학생들은 재학 중에 모범촌 생활을 견습하고 또 실제로 그 생활의 습관을 길러서 자기의 고향에 돌아가면 그곳을 모범촌에 의거하여 개조하고 지도할 수 있는 능력을 얻게 될 것으로 보았다(한기언, 1986: 114-115).

안창호는 중국 난징 부근의 하촉 일대, 베이징 부근의 서산 일대, 그리고 만주 지린성의 송화강 연안을 답사하면서 이상촌의 후보지를 찾았다. 그러나 만주에서는 마적 떼의 발호가 심했던 데다가 일본의 침략으로 1932년 만주국이 세워지고 1937년 중일전쟁으로 중국의 전 지역이 일제의 침탈을 당하게 됨에 따라 이상촌 건설은 불가능하게 되었다(윤병욱, 2012: 323).

③ 수양동우회 조직

1922년 이광수가 국내에서 '수양동맹회'를 조직하였다. 이와 별도로 1923년에 평양의 흥사단원을 중심으로 '동우구락부'가 결성되었다. 1926년 1월 이 단체들이 통합하여 '수양동우회'가 되었다. 1929년 11월 23일 규약을 개정하여 오해를 사고 있는 '수양'이라는 단어를 빼고 '동우회'로 변경하였다. 이때 '조선신문화운동'이라는 표현 대신에 신조선건설운동, 대공주의, 민중교양, 협작운동(협동조합, 모범촌 건설) 등의 내용이 포함되었고 회원들의 동맹 독서나 지식 함양보다는 직업교육과 야학강습소 활동이 강조되었다. 수양동우회가 별개 기관으로 조직한 재단법인 '통속교육보급회'는 서울 근교에서 강습회를 여러 차례 열었으나 재정적인 문제 등으로 활성화되지는 못했으며 동우회 수난 시기에 해체되었다(흥사단사편찬위원회, 1964: 65).

④ 『동광』 잡지 발간 및 기고

도산은 중국에서 흥사단에 가입한 후 귀국한 이광수, 주요한, 김려식 등을 통해 국내에서 1926년 5월 『동광(東光)』이라는 잡지를 창간하는 데 기여하였다. 흥사단 원동위원부가 단의 공식 사업으로 추진하여 원동편집국을 만들고 창간과 운영을 지원하였던 것이다(이태복, 2006: 330-331). 『동광』은 창간 후 이듬해 9월까지 발간되다가 재정 부족으로 정간하였으며, 1933년 1월에 다시 속간되었으나 결국 1933년 1월에 폐간되었다. 도산은 『동광』에 '산옹(山翁)'이라는 필명으로 '당신은 주인입니까', '부허에서 떠나 착실로', '합동과 분리' 등의 글을 기고하였다.

지금까지 살펴본 안창호의 사회교육 활동을 활동 시기와 사회교육의 유형별로 정리하면 다음 〈표 2-3〉과 같다.

표 2-3 　안창호의 활동 시기별 사회교육 활동의 내용

유 형＼시 기	학교 형태 사회교육	단체 중심 사회교육	이상촌 중심 사회교육	현장 및 대중강연	언론 중심 사회교육
초창기 국내 활동기	점진학교	독립협회 만민공동회	마을 강변 매축 공사를 위한 주민 독려	전국순회 연설 (쾌재정 연설)	
1차 미국 체류기	야학	공립협회		교포 가정 방문	공립신보
귀국 후 국내 및 중국 망명기	대성학교 및 부설 농림강습 소 및 사범강습 소(평양) 무관학교(만주)	신민회 청년학우회	만주 모우린, 지린성 밀산현 부근 추진	순회강연	태극서관(평양) 대양보(블라디보 스토크)
2차 미국 체류기	클래어몬트 학생양성소 운영 대한인국민회 지회의 국어학교 설립	대한인국민회 흥사단미주본부	북미실업 주식회사 (캘리포니아)	미주 및 멕시코 순회강연	신한민보
상해 임시 정부 및 민족유일당 운동기	동명학원	흥사단 원동위원부 수양동우회 (국내)	난징 근처 송화강 근처 모색	상해 북경로 예배당 연설 (6대 사업의 대시국강연)	독립신문 (상해) 동광(국내)

안창호 사회교육사상의 내용과 성격

앞에서 살펴본 바와 같이 안창호의 독립운동 과정에서 사회교육은 핵심적인 부분을 차지하고 있다. 여기서는 이러한 사회교육 활동에 반영된 안창호의 사회교육 사상을 구체적으로 살펴보고자 한다.

■ 사회교육의 지향점

도산 안창호가 사회교육을 통해 이루고자 했던 목적들을 살펴보면 다음과 같다.

민족의 독립과 개조

안창호는 무엇보다도 사회교육을 통해 민족의 독립을 이루고자 노력하였다. 그는 조선의 모든 동포들을 불쌍히 여기고 그들의 해방과 모범적인 공화국, 복된 나라를 건설하자는 조선의 혁명가였다(이태복, 2006: 442). 또한 안창호는 민족적인 차원에서 '최고민족완성론', '모범민족건설론' 등을 제창하였다(안병욱, 1986: 149). 그는 이것이 민족의 개조를 통해 가능하다고 보았다. 그는 민족 개조의 내용으로 국토 개조, 사회 개조, 생활 개조, 성격 개조, 정신 개조의 다섯 가지를 들었다.

많은 경우 안창호의 민족개조론과 이광수의 민족개조론이 같은 것으로 인식되고 있으나 사실상 많은 차이가 있다. 이광수의 경우는 조선 민족성이 근본적으로 잘못되었기 때문에 이를 개조해야 한다는 것으로 부정적이고 열등감에 기초한 것이었다. 그 결과 식민통치에 적합한 이데올로기로 변질되고 말았다는 평가를 받는다(이태복, 2006: 422). 반면 안창호의 민족개조론은 이광수의 것보다 훨씬 긍정적이고 적극적인 성격을 띠고 있었다. 이를 살펴보면 다음과 같다.

우리 민족이 비록 오늘의 정도가 극히 부패하였으나, 그러나 가히 개량할 수도 없고 진흥할 수도 없는 야만이라고는 세상 사람도 인정치 않을 뿐더러 우리가 스스로 우리 민족의 고대의 문명을 돌아보더라도 한번 다시 진흥할 자격이 넉넉히 있음을 확신할 것이다(흥사단사편찬위원회, 1964: 25).

이와 같이 안창호의 민족개조론은 특별히 유교의 낡은 유물로 생겨난 조선조 말의 사회 현실과 백성의 의식을 반성하고 우리 민족의 우수한 자질을 되살려 독립할 기초 조건을 만들자는 것으로서 우리 민족의 전통과 역량에 대한 긍정적인 인식이 강했다. 그런 면에서 안창호는 미국 교민들에게 자녀들을 위한 영어교육도 중요하지만 민족정체성의 유지와 민족자존감 향상을 위해 국어교육에 더욱 힘써 달라고 강조하였다(윤병욱, 2012: 256;『신한민보』, 1916. 6. 15).

민주주의 및 대공주의의 실현

안창호는 모든 사회교육의 과정에서 민주주의의 실현을 위해 노력하였다. 안창호는 당시의 독립운동가들 중에서 가장 민주주의적 소양이 높았던 인물로 평가된다(장을병, 1993: 232). 그는 민주주의의 기본 정신을 독립협회 시절부터 터득했으며 미주로 건너간 이후에도 그가 만드는 모든 조직에 회원의 공론을 통한 대의선거를 원칙으로 했다. 박명규(1993: 251-252)는 안창호의 민주주의론이 다차원적 성격을 가지고 있다고 하였다. 다차원적 성격이란, 첫째, 사회 전반의 권력 구조 또는 사회적 성격을 논하는 정치적 이념체계로서의 민주주의(공화제 지지, 개인의 자유와 권리 강조), 둘째, 사회단체의 조직 원리로서의 민주적인 조직결합 및 조직통합의 원리(다양한 구성원들의 이질성을 바탕으로 통합된 조직을 유지, 발전시켜 나가는 핵심 원리), 셋째, 개인의 윤리, 태도 및 삶의 방식과 관련된 민주주의의 차원(모든 인간의 평등하고도 자유로운 인격 인정)을 말한다. 이와 같이 도산은 민주주의를 개인, 사회, 국가에 걸쳐 포괄적으로 이해했다.

안창호의 민주주의론은 대공주의로 발전하였다. 대공주의는 1928년 상해에서 결성된 한국독립당의 강령에 삽입되었다. 대공주의(大公主義)는 개인보다 공공을 우선시하고 민족혁명이 최우선 과제이며 민족평등, 정치평등, 경제평등, 교육평등의 4대 평등을 실현함을 목적으로 하였다. 또한 흥사단 원동위원부의 1932년 개정 약법은 혁명의 헌신과 혁명 역량의 증진을 달성하기 위하여 굳은 단결, 신체훈련, 민중교육, 경제협동의 4대 강령을 제시하고 대중투쟁, 민중해방, 사회공작, 협동운동, 농촌건설의 사업을 훈련, 교육, 경제협동의 원칙하에 실천할 것을 요구했다(이태복, 2006: 343).

세계주의의 구현

안창호의 사회교육은 민족주의를 넘어 세계주의를 지향하였다. 안창호가 사회교육을 통해 추구했던 것은 우리 민족의 독립 쟁취만이 아니었다. 그는 그 차원을 넘어서 우리 민족을 세계에 기여하는 모범 민족으로 만들자고 주장했다. 안창호는 우리가 세계 인류를 위하여 힘쓰는 길은 제국주의를 배격하고 민족주의와 세계주의를 융화하는 길이라 했다. 인류 사회의 일원으로서 이해되는 민족주의만이 옳은 민족주의이지 다른 민족이나 국가에 해를 끼치는 배타적인 민족주의는 인류의 평화를 해치고 결국 자민족의 평화를 손상시키는 악이라고 단정했다(윤병욱, 2012: 76).

▓ 사회교육의 본질

안창호의 사상과 사회교육 활동의 분석을 통해 사회교육의 본질에 관한 그의 인식을 살펴보면 다음과 같다.

사회 변혁을 위한 핵심 요소로서의 사회교육

안창호의 교육관은 독립운동이라는 전체 맥락 속에서 의미가 있다. 안창호가 제안하고 상해 임시정부가 채택한 '독립운동 기본 방략'을 살펴보면 독립운동을 위한 교육의 위상을 알 수 있다. 그는 민족의 독립과 새로운 국가를 이룩하는 과정을 다음과 같이 단계론적으로 제시하였다.

1단계: 인내, 용감, 충의, 신의 정신을 갖춘 청년들이 이념 노선에서 통일되고, 역할을 나눠 수행할 수 있으며, 행동이 일치하는 훈련을 통해 신성한 단결을 이룸: 흥사단

2단계: 분야별 학업을 통해 전문적 기량을 키우고 분야별로 산업을 육성해 독립 전쟁을 위한 기본 역량을 확대하고 민족적 역량을 축적하여 전쟁 준비에 들어가야 함: 대성학교, 사관학교, 태극서관, 북미실업주식회사, 국민개업, 국민개병

3단계: 인재들이 완전히 분야별 전문가로서 기량을 발휘할 수 있고 군기와 군재, 군량과 외교비 등 전쟁에 소요되는 자금을 조달할 수 있는 완전 준비단계: 대독립당, 임시정부 해방군 사령부, 병참기지, 군수제조창 회사

4단계: 전면적인 독립전쟁에 돌입하여 일제를 몰아내고 국권을 해방함

5단계: 새로운 사회의 건설에 인재들이 매진함(이태복, 2006: 218-221에서 정리)

이와 같이 안창호는 독립운동을 위한 총체적, 단계적 전략을 제시하였다. 그가 독립운동 전략을 구상함에 있어 정치, 경제, 군사, 문화, 교육 등을 포함하는 총체적 전략을 채택한 것은 비록 무력 항쟁에 의한 군사적 대결만을 강조하던 독립운동가들로부터는 독립운동의 방향이 모호하고 심지어 무기력하다는 비판을 받기도 하였지만 전반적으로 식민지 제도의 본질적 성격을 정확히 간파하고 그에 대한 대응 방향을 종합적으로 제시했다는 점에서 올바른 전략으로 인정받고 있다(김신일, 1993: 108). 그런 점에서 안창호는 합리적 혁명주의자요, 현실적 이상주의자라는 평가를 받는다(양호민, 1993: 57).

안창호는 이러한 종합적인 전략의 핵심을 교육에 두었다. 그는 민족의 역사적, 사회과학적 의식이 중요하며 그것에 대한 경제적, 군사적, 정치적 역량의 배양이 이루어지지 않으면 독립은 하나의 공염불에 불과하다고 확신했던 것이다(김신일, 1993: 113). 이와 관련하여 안창호는 다음과 같이 말하고 있다.

청일전쟁, 제1차 대전이 좋은 기회였지만 우리는 이 기회를 우리 것으로 만들 힘이 없었습니다. 3 · 1운동 당시를 한탄하였고 이것을 원통히 여겨 이제부터라도 우리 각자가 저 자신을 교육하고 수련하여 다음에 오는 기회를 놓치지 않도록 예비하여야 합니다(윤병욱 편, 2012: 188).

이와 같이 안창호는 사회교육을 사회 변혁의 기회를 제대로 활용하기 위한 가장 핵심적인 준비 과정으로 파악하고 있다.

사회 변혁을 위한 불완전 요소로서의 사회교육

안창호는 독립을 위해 실력 양성을 강조했지만 실력 양성만으로는 독립이 완수될 수 없다고 판단하였다. 그는 독립을 위해서는 마지막 단계에서 결국 독립전쟁이 불가피하다고 보았다. 실력 양성은 그 자체로 독립을 이루어가는 지속적인 과정이라고도 할 수 있지만 직접적으로는 해방의 과정에서 필연적으로 겪어야 할 독립전쟁을 위한 준비라고 인식한 것이다. 그는 군사적 훈련을 받지 않는 자는 국민개병주의에 반대하는 자요, 독립전쟁에 반대하는 자는 독립에 반대하는 자라고 주장하였다(안창호, 2012: 97).

그런 면에서 안창호의 실력양성론은 국내에서 일제에 투항한 상층 집단이 주장한 실력양성론과는 그 차원을 달리한다. 그는 해외에서 무조건적인 독립전쟁 수행보다는 독립전쟁을 위해 기초 실력을 충분히 쌓아야 한다는 신중론을 폈으나 국내 일각에서 제기되고 있던 자치론이나 실력양성론에 대해서는 친일화 논리라고 엄격히 배격하였다(조동걸, 1993: 213-214). 그가 주장한 '선(先)실력양성론'은 반드시 '후(後) 독립론'을 수반하는 것임에 비해 국내 일부 인사들에 의해 제기된 실력양성론은 일제의 지배를 용인하고 이와 타협하기 위한 실력양성론이었기 때문이다(이석희, 1993: 295). 안창호는 비록 동포에게는 인격혁명과 교육, 점진주의를 역설했으나 적대관계에서는 단순한 비폭력주의가 아니라 강렬한 폭력주의에 입각하고 있었다(양호민, 1993: 48). 이 점에서 안창호는 사회 변혁을 위한 사회교육의 의의를 충분히 인식하고 있었으나 그 실제적 한계에 대해서도 명확히 인식하고 있었다고 볼 수 있다.

개인과 사회의 통합적 개조로서의 사회교육

안창호는 인간을 '개조하는 동물'로 파악한다(유형진, 1968). 그에게 있어 교육은 곧 개조를 의미한다. 개조로서의 교육은 개인과 사회에 동시에 적용된다. 그의 입장에 따르면 개인의 성장 없는 사회운동은 무모하지만 반대로 단순히 개인을 위한 인격 수양 교육만 추구하는 것도 바람직하지 않다. 그는 사회적 투쟁이 없는 개인적 준비만 강조한 것이 아니었다. 그는 인격 훈련과 인재 양성도 독립운동의 역동적 과정에서 요구되는 필수적인 요소로 파악했다. 그에 의하면 개인의 교육은 사회적 실천과 반드시 연결되어야 한다. 인격 수양을 위한 교육은 사회의 진정한 변화를 위한 초석이자 필요조건이라고 본 것이다. 그런 면에서 안창호가 생각하는 교육의 본질은 개인과 사회를 통합적으로 개조하는 것이라고 할 수 있다.

■ 사회교육의 실천 원리

도산 안창호의 사회교육 실천은 곧 무실역행(務實力行)의 정신과 맥을 같이 한다. 무실역행이란 참되기를 힘쓰고 행하기를 힘쓰라는 의미다(한기언, 1986: 107). 이를 위해 그는 본보기를 통한 교육, 준법의 생활화, 과외 활동을 통한 인격교육, 노작교육, 동맹수련, 일인일기 교육 등 다양한 교육을 실천하였다(박의수, 2010). 안창호가 추구했던 사회교육의 실천 원리를 분석해 보면 다음과 같다.

인격 훈련과 단결 훈련의 강조

안창호는 사회교육을 통해 개인적으로는 인격을 훈련하고 조직의 차원에서는 단결력을 증진시키고자 노력하였다(박의수, 이순복, 2012: 308). 그는 『동광』에 기고한 글을 통해 인격 훈련과 단결 운동의 중요성을 다음과 같이 강조하였다.

우리가 무슨 목적을 표방하고 단체를 조직하였으나 실제에 있어서는 힘 있는 운동이 되지 못하고 간판만 남는 것이 한탄스럽다. 그 원인이 어디에 있는가를 깊이 깨달아야 할 것이다. 인격 훈련과 단결 운동을 강조하여 조직에 합당한 지식, 조직에 합당한 신의, 이것을 갖춘 인격이 없는 것이 큰 원인이다. 단결과 신의를 굳게 지키며 조직적 지식을 가진 사람이 없고서는 간판 운동이 아닌 실제적 힘 있는 운동을 할 만한 결합을 이루기가 절대적으로 불가능할 것이다. 그런즉 우리가 고해를 벗어나고 활로로 나아가기 위하여 할 일이 여러 가지이나 제군의 인격 훈련과 단결 훈련이 큰 관계가 있는 것을 깊이 깨닫고 나는 오늘부터 인격 훈련과 단결 훈련을 진심으로 노력하겠다는 결심을 가지기를 바란다(안창호, 2012: 17, 『동광』, 1931년 2월호).

이와 같이 안창호는 사회교육의 과정에서 개인의 인격을 강조하되 이를 조직 및 사회와 연결시킬 수 있는 단결도 함께 강조하였다.

실무 능력의 강화

안창호는 교육 내용의 측면에서 실무적인 능력의 배양을 강조하였다. 그는 일찍이 농업모범장을 만들어 농업을 개량할 것과 학생을 일본에 파송하여 공업을 배우게 하고 의무교육을 적극적으로 실시해야 한다고 강조하였다. 그는 청년들에게 결코 생활을 남에게 의뢰하지 말고 자작자활하며 '일인일능(一人一能) 각인일업(各人一業)'을 강조하였다.

이제는 실질 방면에 들어가서 누구나 한 가지 이상의 전문 지식을 가져야 된다는 것을 말하고자 합니다. 전문 지식을 못 가지겠거든 한 가지 이상의 전문적 기술이라도 가져야 합니다. 오늘은 빈말로 살아가는 세상이 아니요, 그 살아갈 만한 일을 참으로 지어야 사는 세상입니다. 실제로 나아가 그 일을 지으려면 이것을 감당할 만한 한 가지 이상의 전문적 학식이나 기예가 없어서는 안 됩니다. 이것이 있어야

　　자기와 가족과 사회를 건집니다(윤병석, 윤경로 편, 1997: 346, 『동광』, 1926년
　　12월호).

　이런 맥락에서 그는 정규학교뿐만이 아니라 각종 강습소와 일터, 생활전선의 어
디에서든 실무적인 능력을 배양하도록 하기 위해 노력하였다(안창호, 2012: 34-35).
예를 들어, 그는 대성학교에 농림강습소를 부설하였으며, 흥사단의 경우에도 모든
단우가 한 가지 이상의 학술 혹은 기예를 학습하도록 의무화했다.

주체적 자기 개조와 협동적 동맹수련의 조화

　안창호는 교육방법상 개인의 주체적인 학습은 물론 동료들과의 협력적 학습도
강조하였다. 먼저, 그는 주체적인 자기 개조의 중요성에 대해 다음과 같이 말하고
있다.

　　　누구 다른 사람이 개조해 줄 것이 아니라 각각 자기가 자기를 개조해야 합니다.
　　왜 그래야만 합니까? 그것은 자기를 개조하는 권리가 오직 자기에게만 있는 까닭
　　이요, 아무리 좋은 말로 그 귀에 들려주고, 아무리 귀한 글이 그 눈앞에 놓여 있을
　　지라도, 자기가 듣지 않고 보지 않으면 할 수 없는 일이기 때문입니다(안창호,
　　2012: 80).

　한편, 안창호는 ‘동맹수련’의 중요성을 강조하였다. ‘동맹수련’이란 구성원이
함께 약속한 수련 프로그램을 서로 믿고 격려하며 각자 편리한 시간에 원하는 장
소에서 실천하는 것이다. 동맹수련은 주로 흥사단을 통해 강조되었다. 그 내용은
동맹독서, 동맹운동, 동맹작업, 동맹저축 등이었다. 흥사단의 단우들은 각자의 시
간과 형편에 따라 독서의 시간과 분량, 운동의 유형과 시간, 작업의 내용과 분량
등을 정하고 ‘동맹수련보고서’라는 체크리스트를 만들어 실천 내용을 기록하고 정
기적으로 함께 발표하고 반성하고 격려하였다.

1916년 흥사단 제4주년 기념대회 사진(앞 줄 오른쪽에서 세 번째가 안창호)

이와 같이 안창호는 사회교육의 과정에서 각 개인이 주체적으로 수행하는 자기개조와 동료들과 협동적으로 수행하는 동맹수련을 모두 중요하게 여기고 그 조화를 추구하였다.

■ 사회교육자의 요건

도산 안창호는 위대한 독립운동가이자 정치지도자로서 갖추어야 할 다양한 요건을 조화롭게 갖춘 인물로 인정받는다. 일반적으로 합리적 정신과 냉철함은 인간적인 정열 및 감정과 조화되기 어려우나 안창호는 이 상반된 성격을 모두 갖춘 것은 물론 이에 더해 전문성까지 갖춘 인물로 평가된다(김태길, 1993: 17-18). 한편, 안창호는 교육자로서 투철한 의식의 소유자, 탁월한 실력과 품격의 소유자, 풍부한 교육학적 식견을 갖춘 인물로도 인정받고 있다(한기언, 1986: 116-117). 이러한 점들을 참조하여 안창호가 그의 사회교육 활동을 통해 보여 주고 있는 사회교육자의 요건이 무엇인가를 정리해 보면 다음과 같다.

성실하고 정직한 수양과 실천

안창호는 시간 엄수를 강조했으며, 죽더라도 거짓이 없어야 한다고 하는 정신을 강조하였다(윤병욱, 2012: 125). 그는 매사에 성실함을 바탕으로 최선을 다하였으며 공정무사를 강조하였다. 또한 수양과 실천을 겸비한 평생학습자이기도 하였다. 그는 당시 최고의 고등교육을 받지는 못했지만 독학과 폭넓은 인적 교류를 통해 각 방면에 대한 전문 지식과 높은 식견을 갖추었다. 이와 같이 평생학습을 앞장서서 실천하는 것이 그에게서 배울 수 있는 사회교육자의 요건이라고 할 수 있다.

겸양의 민주적 리더십

안창호는 누구보다도 민주적인 리더십, 겸양의 리더십을 가졌다. 그는 부득이한 경우를 빼고는 몸소 앞에 나서서 지도자가 되는 것을 사양했다. 그는 모든 경우 실무적인 차원에서는 가장 앞장서서 노력했지만 지위와 관련된 사안에는 다른 사람을 추천했으며 자신은 그 뒤에서 돕고자 하는 자세를 취했다. 대한인국민회의, 대성학교, 신민회, 임시정부 등에서 대표로서의 지위를 양보하고 실무적인 일을 묵묵히 수행한 사례가 많다. 그는 일반적인 다른 지도자들에 비해 기득권을 유지하려는 시도를 하지 않은 것으로 평가받는다(유재천, 1993: 94). 이 점은 사회교육의 측면에서 교육자가 학습자 위에 군림하거나 대우받으려고 하지 않고 학습자를 격려하고 동기를 북돋아 주는 촉매자의 역할을 수행하는 것과 일맥상통한다. 이는 다양한 분야의 학습자들과 힘을 합쳐 문제를 해결해야 하는 사회교육자에게 필수적인 요건이라고 할 수 있다.

교육과 조직화의 연계 능력

안창호는 조직 구성의 전문가이기도 하였다. 그는 탁월한 인격으로 사람을 모으는 능력도 있었지만 동시에 그 사람들을 잘 구성하고 힘을 합치도록 하는 데 능력이 탁월한 조직구성가이기도 하였다. 그런데 무엇보다 의미 있는 것은 그가 이러한 조직을 교육 및 훈련과 잘 연결시켰다는 점이다. 단지 조직을 위한 조직이 아니라 조직을 통해 교육을 활성화하였으며, 교육의 결과 조직이 더욱 공고해지고 새로운 조직으로 분화하는 데 이바지하였던 것이다. 그런 면에서 그는 교육을 통해 조직을 만들고 조직을 통해 교육이 이루어지는 '순환적 조직교육'의 전문가라고 할 수 있다.

정의적 요소의 교육적 활용 능력

안창호는 이성적인 면에서 냉철한 이론가이기도 하였지만 교육적인 측면에서 정의적인 측면의 중요성과 효과성을 잘 인식하고 활용한 전문가이기도 하였다. 그는 교육기관과 사회단체에서 사용되는 많은 노래를 직접 작사하였다. 거국가, 모란봉가, 학도가, 한반도가, 흥사단 입단가, 심단가 등이 그 예다. 그는 이러한 노래들을 수업 및 연설에 적절히 활용하여 많은 성과를 거두었다.

뛰어난 연설과 강의 능력

안창호는 교수법의 차원에서 매우 뛰어난 연설가였다. 그의 연설은 독특하고 호소력이 있었으며 정치, 사회에 대한 국민적 욕구를 대변해 주는 힘이 있었다(윤병욱, 2012: 129). 도산의 연설 방식은 다음과 같이 네 가지 요소의 순서로 구성되었다(윤병석, 윤경로 편, 1997: 47).

> 지(指): 연설 제목의 대지를 먼저 투철하게 내세우는 것
> 인(引): 예증을 인용하여 제목의 가치 또는 의의를 명확하게 하는 것
> 교(敎): 작업의 길과 방도를 교시하는 것
> 결(結): 그리함으로써 생기는 결과를 지적하는 것

이러한 연설 기법은 사회교육의 차원에서 대중에게 효과적으로 교육 내용을 전달할 수 있는 효과적인 강의법이라고 할 수 있다.

안창호 사회교육사상의 의의

도산 안창호는 우리나라를 대표하는 독립운동가임과 동시에 교육자이기도 하였다. 그는 덕력, 체력, 지력을 인격의 3요소로 보고 덕육, 체육, 지육을 동맹수련하여 건전한 인격을 함양해야 한다고 주장하였다. 한편, 그는 어떤 고난도 이겨내고 끝까지 조국의 독립을 위해 싸우는 투사들의 인격 훈련으로 '무실역행'과 '충의용감'을 강조하였다. 그는 단순히 인격 함양만을 강조한 계몽교육자가 아니라 정치혁명, 민족혁명을 함께 추구한 사회운동가이자 사회교육자였다. 그는 성인기초교육, 의식함양교육, 지역사회개발교육, 직업훈련교육 등 다양한 유형의 사회교육 활동을 실시하였다. 이와 관련하여 그의 사회교육사상이 갖는 의의와 시사점을 정리하면 다음과 같다.

첫째, 개인의 변화와 사회의 변화에서 교육의 의의와 한계를 정확히 제시했다는 점이다. 안창호는 독립을 위해서 우선 개인의 개조가 필요하다는 믿음을 가졌다. 그러나 그는 독립은 교육이 아니라 독립전쟁을 통해서 완수됨을 인식하고 있었다. 그 점이 그가 단순한 실력양성론자와 다른 점이었다. 그러나 그의 사회교육사상에 비추어 볼 때 분명히 교육만이 할 수 있는 역할이 있다. 그것은 사회의 궁극적인 변화를 일으키기 위한 의식과 실력의 준비다. 그의 사회교육사상은 교육만을 통해 사회 변화가 이루어지는 것은 아니지만 사회 변화의 움직임을 일으키고 사회 변화를 마무리 짓기 위해서는 반드시 교육이 결정적으로 필요하다는 점을 보여 준다. 즉, 교육이 만병통치약인 것처럼 인식하며 교육만으로 모든 것을 이룰 수 있다는 낙관론은 금물이지만 모든 사회 변화의 시작과 지속적 수행, 그리고 완벽한 마무리를 위해서는 교육이 핵심적인 역할을 해야 함을 보여 준다.

둘째, 안창호는 사회교육에서 의식화와 조직화의 효과적인 선례를 보여 준다. 개인의 변화와 사회의 변화라는 주제와 관련하여 의식화와 조직화의 문제는 피할 수 없다. 의식화란 교육자가 교육의 목적상 사회의 변화를 염두에 두었는가와 관련되고, 조직화란 교육자가 교육의 활동 과정에 사회의 변화를 추구하는 조직 구성을 했는가와 관련된다. 이 점은 사회교육의 실천에서 매우 중요한 문제다. 전반적으로 형식성이 높은 교육을 실시했던 교육자들의 경우 의식화는 앞섰지만 조직화는 뒤떨어질 수밖에 없다. 반면 안창호는 조직 구성의 전문가이기도 하였다. 그는 교육을 통해 의식화와 조직화를 동시에 추구하였다. 그가 조직한 흥사단 등의 사회단체들은 처음부터 의식화와 조직화를 통합적으로 고려한 단체들이었다. 그는 학교교육을 통해서는 의식화에 주력하는 방식을 취했으나 여러 사회단체를 만들어 활동하는 과정에서는 의식화와 조직화가 순환적으로 동시에 이루어지는 방식을 택하였다. 이는 현대 사회에서 의식화와 조직화의 효과적 수행을 필요로 하는 시민교육이나 지역사회교육 분야를 위해 좋은 역사적 선례가 되었다고 볼 수 있다.

셋째, 안창호는 오늘날의 사회교육 전문가라고 할 수 있는 평생교육사의 덕목과 자격에 대한 시사점을 제공한다. 오늘날 평생교육사 양성 과정의 교육 내용은 주로 프로그램개발, 교육기법, 상담, 경영, 조직관리와 같은 기능적인 측면의 전문성을 강조한다. 안창호는 인재 발굴, 강의, 상담, 조직관리의 측면에서 기능적 전문성을 보유했다. 특히 다양한 사람을 모아 격려하고 스스로 참여할 수 있도록 동기를 북돋아 주었던 그의 리더십은 오늘날 사회교육자들도 갖추어야 할 필수 요건이라고 할 수 있다. 그러나 우리가 그에게서 더 크게 인식해야 할 점은 사회의 부당한 현실을 직시하고 사회정의를 지향하며 대안적 교육 내용을 제시할 수 있는 비판적 전문성이다. 현대적인 맥락에서 말하자면 안창호의 사회교육사상은 평생교육사가 단순히 프로그램개발, 조직관리, 지식관리, 상담 등과 같은 기능적 전문성만이 아니라 교육의 목적이나 내용에 대해서도 옳고 그름을 판단할 수 있는 비판적 전문성을 갖추어야 함을 보여 주고 있다.

넷째, 안창호는 사회교육도 결국 교육의 일부분임을 다시 보여 준다. 그 교육의 본질은 덕육, 체육, 지육이다. 그는 그러한 교육이 단지 청소년뿐만 아니라 성인에게도 필요한 것임을 보여 준다. 이에 비하여 오늘날은 이른바 '평생학습'의 시대가 되면서 '덕육'의 가치를 소홀히 여기고 경제적 기반으로서의 지식을 중시하는 교육을 강조하고 있다. 그러나 사회교육도 교육인 이상 그 대상이 청소년이든 노인이든 그 기본은 덕, 체, 지의 조화라고 할 수 있다. 마치 학교교육을 통해 덕, 체, 지의 전인교육이 완성된 듯이 인식하고 현대 지식기반, 정보화 사회에서는 지식·기술교육만 강조하면 된다고 여기는 경향에 대한 반성이 요구된다. 안창호의 사회교육사상은 인적자원개발이나 지식정보화교육만이 아니라 시민교육도 사회교육 차원에서 여전히 중요함을 보여 준다.

한편, 안창호의 사회교육사상에 대해서 검토해 보아야 할 점도 존재한다. 그중 대표적인 것이 그의 교육관이 엘리트 중심적이지 않는가라는 비판이다. 일반적으로 안창호는 지도자 양성에 일차적인 관심을 가지고 있었다고 볼 수 있다. 그러기에 선각자적인 교수자 주도, 민중에 대한 계몽 중심의 교육관이 작용하였다는 비판이 제기될 수 있다. 즉, 민중도 그들 나름대로 역사 현실에 대한 인식 능력이 있고 스스로 교육할 수 있는 능력이 있기에 먼저 깨우친 외부인만이 민중을 교육할 수 있다는 생각은 일종의 지배교육의 논리라는 비판이 제기될 수 있다. 또한 우리 민족에 대한 그의 부정적 인식은 자연스럽게 우민관과 연결되어 성인교육운동을 대중화시킬 수 없게 만드는 원인으로 작용하였다는 비판도 제기된다(김대용, 2000: 113).

그러나 이 점에 대해서는 논란의 여지가 있다. 우선 안창호는 적어도 특권층만을 대상으로 하는 교육을 한 것은 아니다. 그는 기존의 양반계급에서만 지도자를 선발한 것이 아니고 민중에서 지도자적 자질이 있는 사람을 선발하여 양성하는 과정을 취했다. 또한 그가 독립을 위한 지도자 양성에 많은 노력을 기울인 것은 사실이지만 그의 교육관에는 이상촌운동과 같은 평민중심, 생활중심, 현장중심의 교육관도 내재되어 있었다고 볼 수 있다. 당시의 정치 상황으로 인해 꿈을 이루지는 못했지만 그가 민중과 함께 생활하는 이상촌운동에 참여할 기회를 충분히 가졌다면 또 다른 양상의 교육실천이 이루어졌을 가능성은 충분하다. 그런 면에서 그의 사회교육사상이 엘리트 중심적이었다고 말하기는 쉽지 않다.

또한 이들을 교육하는 과정에서 교수자가 주도한 측면은 강했지만 학생들에 대

한 강요나 억압보다는 주로 솔선수범이나 인격적 감화를 통해 교육적 성과를 얻었
다는 점에서 전형적인 '은행저금식' 교육과는 차이가 있다. 민중을 위한 사회교육
이라고 해서 반드시 '학습자 주도적'으로 이루어져야 하는가에 대한 의문도 제기
될 수 있다. '학습자 주도적'의 구체적인 의미가 무엇인가에 대해서는 많은 논의가
필요한 것이다. 안드라고지, 자기주도학습이론, 그리고 이전의 민중교육론에 대한
오해 중의 하나는 교수자의 적극적인 역할보다는 학습자의 자기주도 학습이나 주
체적 학습을 절대시한다는 점이다. 과연 그러한 이론들이 교수자의 역할을 중요시
하지 않거나 소극적으로 파악하고 있는가에 대해서는 논란의 여지가 있다. 청소년
을 대상으로 하는 교육은 물론 성인을 대상으로 하는 교육에서도 학습자의 주체적
학습을 존중하는 것과 교수자의 적극적인 교육 지원 활동이 양립 불가능한 것은
아니라고 볼 수 있다. 학습자의 주체성을 존중해야 한다는 당위론에도 불구하고
누군가의 적극적인 지원 없이 인간이 얼마나 효과적으로 학습할 수 있는가에 대해
서는 논란의 여지가 많다.

이러한 논란들과 무관하게 안창호의 사회교육사상은 현대 사회에서 여전히 큰
의미가 있다. 그의 사회교육사상은 오늘날의 사회교육이 시민사회의 성숙, 평등한
복지사회의 건설, 남북통일을 이루는 당당한 국가의 형성, 인류애와 세계평화 실
현에 기여해야 함을 시사한다. 그리고 그의 사회교육사상은 오늘날의 사회교육이
그 역사적 원형을 회복해야 할 필요성이 있음을 보여 준다. 안창호의 사회교육이
그 시대의 대안교육이었듯이 오늘날에도 대안교육으로서의 사회교육의 역할이 지
속적으로 요구되기 때문이다.

03 이승훈의 사회교육사상

　한국의 근현대사에서 추앙받는 교육자 중의 한 사람으로 남강(南岡) 이승훈(李昇薰, 1864~1930)을 들 수 있다. 그는 다른 사회교육사상가와 달리 실업가로 성공한 뒤 독립을 위한 교육의 중요성을 깨닫고 교육자의 길을 걸었던 인물이다. 본래 평범한 서민의 가정에서 태어난 그는 사업을 해서 성공한 실업가였지만 도산 안창호를 만나면서 교육자의 길을 걷게 되었다. 특히, 그는 오산학교를 통해 수많은 인물을 배출함으로써 우리나라의 독립에 커다란 기여를 하였다.

　그동안 이승훈의 교육사상에 대한 연구는 주로 오산학교나 민립대학 설립 운동과 같은 학교교육을 중심으로 다루어져 왔다(김선양, 1988; 이시용, 1988; 강대헌, 1994; 전성호, 2004). 그러나 그의 교육사상을 좁은 의미의 학교교육 차원에서만 다루는 것에는 한계가 있다. 사회교육의 관점에서 볼 때 그의 교육 활동은 오산학교의 정규 학교교육 범주 안에서만 이루어진 것이 아니었기 때문이다. 그는 오산학교를 통한 인재 양성 이외에도 오산 지역을 중심으로 하는 이상촌운동에도 앞장섰다. 그의 이상촌 건설은 이후 새마을운동의 효시가 되었다는 평가를 받기도 하였다(전성호, 2004: 34). 그는 더 나아가 각종 사회단체 및 기업, 언론기관의 지도자로서 사회 활동에도 적극적으로 참여하였다. 그런데 그의 이러한 사회 활동을 사회운동이나 독립운동의 차원에서 다룬 연구들은 많았지만(서굉일, 1988; 조기준, 1988; 김기석, 2005) 사회교육의 차원에서 분석한 연구는 부족하였다. 또한 그가 설립한 대표적인 교육기관인 오산학교도 설립 당시에는 국가제도권 중심의 공교육기관이 아니었고 교육의 내용과 대상, 방법도 이전의 전통적인 교육과는 대조적이었으며, 일제강점기 이후에 오랫동안 일제 총독부의 인정을 거부한 대안적 교육기관으로서의 성격이 강했다는 점에서 오히려 전통적인 사회교육기관에 더 가깝다고 볼 수 있다.[1] 따라서 이승훈의 교육사상을 제대로 이해하기 위해서는 기존의 오산학교는 물론이고 그 이외의 다양한 사회 활동까지 포함하여 사회교육의 관점에서 파악하는 것이 필요하다. 이런 맥락에서 여기에서는 그의 생애와 사회교육 활동을 살펴보고 그의 사회교육사상의 특징과 의의가 무엇인가를 종합적으로 살펴보고자 한다.

---

1) 이승훈은 1925년 3 · 1운동 이후 총독부의 학교교육 정책에 따라 오산학교를 정규 학교로 승격시키기 위해 재단법인을 만들어 다음 해인 1926년에 정규 학교로 인가를 받는다. 이후 오산학교는 초등교육과정의 오산보통학교와 중등교육과정인 오산고등보통학교로 개편된다. 이것은 오산학교를 지켜 내기 위한 이승훈의 고뇌에서 비롯되었으나 적어도 이 시기부터 오산학교는 일본총독부의 법에 따른 정규 학교가 되었다고 볼 수 있다.

이승훈의 생애와 사회교육 활동

■ 생 애

남강 이승훈의 생애는 1907년 평양에서 도산 안창호의 강연을 들은 시기를 기점으로 실업인의 전반기와 교육자의 후반기로 대별할 수 있다(김선양, 1988; 이시용, 1988).

출생 및 성장기(1864~1879년)

이승훈은 1864년 3월 25일 평안북도 정주읍에서 부친 이석주와 모친 홍주 김씨의 차남으로 태어났다. 일찍 돌아가신 어머니를 대신하여 형제를 키우던 할머니 송씨와 아버지 밑에서 성장하였다. 그가 여섯 살이 되던 해 그의 가족은 정주읍에서 얼마 떨어지지 않은 납청정으로 이사하였다. 납청정은 서울에서 의주로 통하는 중요한 교통의 요충지로 공업이 발달하고 제조업의 중심이 되는 곳이었다. 특히, 납청정의 놋그릇은 으뜸으로 취급되었다. 그의 아버지는 놋그릇을 공장에서 맡아 판매하는 일을 하며 어린 두 아들을 공부시켰다(김기석, 2005).

납청정으로 이사한 지 5년 뒤 이승훈이 열 살 되던 해에 아버지와 할머니가 돌아가시고 그와 형 둘만이 남게 되었다. 형은 놋그릇 공방에서 일을 하였고, 그는 글방을 그만두고 큰 부잣집에서 심부름을 하는 사환이 되었다(김기석, 2005). 그는 곧은 천성과 성실한 모습으로 주인 임씨의 신뢰를 얻었고, 나이가 들어가면서 점차 주인의 상거래를 돕게 되었다(조기준, 1988).

실업가로서의 활동기(1879~1905년)

15세에 결혼한 이승훈은 1879년 그가 16세 되던 해에 본격적으로 행상으로 나서기 시작하였다. 그의 장사 범위는 점점 넓어져 황해도까지 진출하여 많은 이득을 얻었으며, 1887년 그의 나이 24세에 청정에 상점을 차리게 되었다. 이후 이승훈은 청정에 공장을 설립하고 직접 유기를 생산하여 자기 상점에서 판매하기 시작하였으며, 지방 행상에 도산매도 하게 되었다. 그는 공장과 상점을 운영하면서 생활의 여유가 생겼으며 상공업에 대한 지식도 얻게 되었다(조기준, 1988). 또한 그는 과거 사환으로 놋그릇 공장을 다녔던 당시 노동자들의 비참한 실생활을 목격한 바 있어 본인의 놋그릇 공장에서 개혁을 실시하였다. 그는 노동자들의 노동환경을 개선하고 작업복을 제공하였다. 뿐만 아니라 노동자들을 계급·신분에 따라 차별하지 않고 평등하게 온정으로 대하였다. 그의 이러한 기업운영 방식은 노동자들의 노동 의욕을 불러일으켰으며, 노동의 능률도 향상시켰다(조기준, 1988).

1899년에 이승훈은 청정에서 오산 용동으로 이주한 후 이곳에 여주 이씨 친족들을 모아 문중 마을공동체를 만들었다. 그리고 이곳에 글방을 만들어 아이들에게 시문과 경서를 가르치게 했다. 이후 그는 사업이 계속 성장함에 따라 무역회사를 세워 세계로 진출하기도 하였으나 1904년에 발생한 러·일 전쟁의 여파로 인해 실패를 겪게 된다.

오산학교 설립 · 신민회 활동 및 투옥기(1907~1915년)

사업 실패 후 오산으로 돌아온 이승훈은 서당에서 경서 공부를 하던 중 1907년 평양에서 구국운동에 관한 안창호의 연설을 듣고 크게 깨우치게 된다. 이승훈은 머리를 깎고 술과 담배를 끊었으며 새 사람이 되어 자기의 길을 갈 것을 다짐하였다. 이후 그는 안창호와 함께 신민회 결성에 참여하였으며 신민회 사업의 일환으로 평양도자기 회사와 태극서관 사업 등을 맡게 되었다.

또한 이승훈은 신민회의 운동 방향과 맥을 같이하여 학교를 세워 신학문을 가르칠 꿈을 가지게 되었다. 그는 오산 용동에서 신학문을 가르치기 위해 옛 글방을 고쳐 초등교육 수준의 강명의숙을 설립하였다. 곧이어 그는 중등교육 수준의 학교를 설립하기 위해 향교 재산으로 빈집을 수리하고 신·구 학문에 조예가 깊은 이들을 교사로 초빙하였다(김기석, 2005). 그는 학교 설립을 위해 본인의 재산을 전부 투자

1910년 오산학교 제1회 졸업 기념사진
http://readersguide.tistory.com/166

하였으며, 지인과 유지들에게 자금을 구하기 위해 밤낮으로 분주하게 다녔다(함석헌, 1988). 그 결과 1907년 12월 24일 오산학교가 문을 열게 되었다.

오산학교 설립 이후 이승훈은 안으로는 학교를 내실 있게 관리하였으며 외부로는 신민회의 태극서관을 운영하며 평양과 서울을 오가는 바쁜 나날을 보냈다. 그 과정에서 그는 기독교에 귀의하기도 하였다. 그러나 그는 1911년 무관학교 사건과 105인 사건이 발생함에 따라 제주도에 유배되어 1915년까지 감옥생활을 하게 되었다. 옥중생활과 고문은 무척이나 고된 것이었지만, 감옥에 있으면서 그의 신앙심은 더 깊어 갔다. 1915년 105인 사건의 옥고를 마친 그는 학교로 돌아오게 된다(김기석, 2005).

민족지도자 활동기(1915~1930년)

이승훈은 오산학교와 용동 마을의 발전에 매진하는 가운데서도 민족의 독립을 위한 사회적 차원의 활동에도 활발히 참여하였다. 그는 1919년 기독교계를 대표하는 민족지도자의 한 사람으로서 3·1만세운동을 주도하여 3년형을 선고받고 다시 복역하게 된다. 이후 1922년에 민족대표 가운데 최후의 1인으로 가출옥한 후 같은 해 일본에 교육 시찰을 다녀왔다. 그는 3·1운동으로 감옥에 있을 때 꿈꾸었던 유치원부터 대학에 이르는 교육공동체를 오산에 건설하고 궁극적으로 오산 일대에 이상촌을 건설하여 민족 독립의 전초기지로 발전시키려는 계획을 실천하기 위해 다방면으로 활동하였다.

또한 이승훈은 1923년에 월남 이상재와 유진태 등과 함께 조선교육협회를 창립하고 전국의 민족진영 교육기관을 지원하였다(김기석, 2005: 301). 조선교육협회에서 이승훈은 회장인 이상재를 도와 중앙 집행위원회와 상무위원회를 이끌어 나가며 민립대학 설립을 위해 활발히 활동하였다. 그러나 민립대학 설립은 1926년 만세사건이 발생하고 경성제국대학 이외에 민간인이 설립하는 대학은 허가하지 않는다는 일제의 방침에 의해 실패로 돌아갔다(전성호, 2004). 한편 이승훈은 1924년 동아일보 사장에 추대되어 4대 사장으로 취임하였으나 1년 만에 사임하기도 하였다. 이후 그는 1925년 오산학원을 재단법인화하고 학교 발전에 매진하다가 1930년 5월 9일 협심증으로 영면하였다. 같은 해 5월 17일 사회장으로 장례를 마친 후 그의 유해는 본인의 유언대로 인체 표본으로 만들기 위해 서울로 운반되어 해부까지 마쳤으나 총독부의 제지로 중단되고 오산 부근에 안장되었다(김기석, 2005).

1925년 오산학교 교사 전경
http://search.i815.or.kr/ImageViewer/ImageViewer.jsp?tid=co&id=1-001885-000

■ 사회교육 활동

남강 이승훈의 사회교육 활동은 크게 학교 형태의 사회교육 활동, 이상촌 건설 과정에서의 사회교육 활동, 사회단체 및 언론기관을 통한 사회교육 활동으로 정리할 수 있다.

학교 형태의 사회교육 활동: 오산학교

이승훈에 의해 학교 형태의 사회교육이 이루어진 대표적인 사례로는 오산학교를 들 수 있다. 그가 오산학교를 세운 목적은 첫째, 민족운동에 이바지할 인재를 양성하고, 둘째, 백성을 교육시킬 선생을 양성하고자 하는 데 있었다(김선양, 1988).

오산학교의 교육이념은 민족주의와 기독교 정신이었다. 이승훈이 기독교를 믿기 시작한 후에는 기독교 신앙이 교육과정의 핵심이 되었으며 학교의 다양한 활동들이 주위에 알려지면서 지역사회에 적지 않은 영향을 미치기도 하였다(함석헌, 1988: 39). 1914년 고당 조만식이 교장으로 부임하면서 학교가 조직적이며 체계적인 모습을 갖추게 되었으며, 3·1운동의 여파로 전소되었던 학교가 김기홍의 도움으로 신식 건물로 재건축되기도 하였다. 오산학교에서 가르친 대표적 교원으로는 고당 조만식, 춘원 이광수, 다석 유영모, 단재 신채호, 시당 여준, 관산 조철호, 환산 이윤재, 안석 김억, 함석헌 등을 들 수 있다.

개교 당시 학생 수는 7명이었으며 학제는 3년제였다. 수업 수준은 지금의 고등학교와 대학의 중간 수준이었다고 볼 수 있다. 학과목은 수신과 역사, 지리, 산수뿐만 아니라 법학통론 및 헌법대의 등과 같은 과목도 있었다. 저녁에는 학생들이 함께 모여 나라 형편, 세계정세에 대해 토론하여 상식을 넓히고 사상의 중심을 잡을 수 있도록 하였다(함석헌, 1988). 이승훈은 학생들이 서로 존중하고 공대말을 사용하도록 하였으며 학생 개인들에게 적성과 개성에 맞는 길을 선택하여 다방면으로 사회와 역사에 대처할 것을 권하였다(서굉일, 1988). 오산학교에서는 학생들의 활동이 자율적으로 이루어졌다. 기숙사, 시험, 동문회나 학생회의, 임원 선출 등 모든 생활도 자치적으로 진행됐다. 특히, 기숙사 규정이나 조직, 학생들의 풍기단 속까지 학생들 스스로가 규정을 정하고 감독위원을 임명해 생활해 나갔다(조현, 2010).

이승훈이 오산학교를 중심으로 실시한 학교 형태의 사회교육 활동을 정리하면 〈표 3-1〉과 같다.

표 3-1 **오산학교를 통한 학교 형태의 사회교육 활동**

목적	• 민족운동에 이바지할 민족지도자(인재와 교사) 양성
교육 내용	• 수신, 역사, 지리, 산수, 법학통론 등과 같은 중등교육 수준의 교과목 운영 • 나라 형편과 세계정세를 주제로 한 토론 진행 • 실험실습 중심의 과학교육
특징	• 체계적인 학교 형태의 교육기관 • 학생들이 자체적으로 규율 설정 운영 • 2개의 학년과 사범대 단과 운영

이상촌 건설 과정에서의 사회교육 활동

이승훈은 오산을 이상촌으로 건설하고 이를 바탕으로 우리나라 전체로 이상촌 건설을 확산하려고 노력하였다(서굉일, 1988: 259). 그가 추구했던 이상촌운동의 핵심은 산업과 교육이 서로 연결되어 완전한 자치를 이룩해야 한다는 것이었다. 자신이 살던 오산 일대를 일제강점하 조선에서 가장 모범적인 경제적·문화적 및 윤리적인 지역으로 성장시킴으로써 조선 민족 전체가 본받도록 하는 것이 그의 꿈이었다(백승종, 2002). 그의 이상촌운동은 세 단계를 거치며 발전하였다. 이상촌운동을 전개하면서 그의 바탕에 깔려 있는 기본 사상은 사람을 기르는 것이었다(서굉일, 1988). 여기서 이상촌운동의 단계별로 이루어진 사회교육의 내용을 구체적으로 살펴보면 다음과 같다.

① 용동 여주 이씨 문중 중심의 사회교육

이승훈은 1899년 오산의 용동으로 이주하여 여주 이씨 중심의 종족 부락을 이루었다. 마을 안에 서숙을 설립하여 문중의 자제들을 공부시키는 한편 장성한 사람들에게는 그의 공장에서 제작되는 유기를 맡겨 행상하면서 생계를 유지하도록 하였다(조기준, 1988: 66-67). 용동에서 어우러진 이들은 야학을 열어 저녁마다 글과 노래를 배우기도 하였으며, 이야기를 듣기도 하였다. 이 시기에 이승훈은 서울과 평양에서 돌아오면 글방에 마을 사람들을 모아 놓고 조정의 이야기와 세계의 동향에 대해 이야기하였다. 또한 깨끗하고 부지런한 마을이 만들어져야 한다고 강조하는 한편, 이러한 일들을 수행하기 위해서 서로가 협동해야 한다고 강조하였다(김기석, 2005: 310-312).

② 용동 중심 오산학교 연계 이상촌운동 과정에서의 사회교육

이승훈은 이후 오산학교와 용동교회의 설립(1910년)을 통해 보다 넓은 의미의 이상촌 건설에 매진하였다. 그는 교육을 통한 민족 독립을 실현하기 위해 학교공동체를 통해서 민족지도자를 양성하고 마을공동체를 통해서는 깨어 있는 민중을 만드는 의식화 교육을 실시하였다(서굉일, 1998). 그는 교회와 야학을 통하여 민중이 글을 배워 무지를 깨칠 수 있도록 하였다. 특히, 오산학교는 한편으로 민족운동을 위한 지도자를 기르는 곳이었으며, 다른 한편으로 사회교육을 수행하기 위한 중요한 인적, 물적 기반이 되었다.

이승훈은 동회(洞會)를 조직하여 남녀 각 1인의 간사를 두어 한 달씩 돌아가면서 연락 책임을 맡게 하였다. 그는 일주일에 한 번씩 간부들이 모여서 마을 일을 의논하고 결정하여 전 마을 사람들이 모두 실행할 수 있도록 하였다(김기석, 2005: 310). 또한 마을과 개인을 정비하는 일을 게을리하지 않도록 하였고, 집집마다 베틀과 가마니틀을 설치하고 생산된 물건들을 공동으로 판매하였으며, 추수 때도 서로 힘을 합하였다. 그리고 교회를 중심으로 마을 전체가 신앙생활을 하고 야학을 운영하여 문맹을 깨치도록 하였다(서굉일, 1988: 219-220).

③ 오산 지역 이상촌 확장 과정에서의 사회교육

이승훈은 3·1운동으로 투옥되었다가 1922년 7월 가출옥한 후 기존 용동 중심의 이상촌운동을 주변으로 확산하고자 하였다. 그가 감옥에서 나온 이후 오산에는 학교마을, 병원마을, 사택마을 등 용동까지 합쳐 총 7개의 마을로 확대되었다. 그는 용동에서의 성과를 바탕으로 인근 지역까지 이상촌 건설을 확산하려고 노력하였다.

이상촌운동의 확산은 자면회와 협동조합을 통해 이루어졌다. 그는 용동에서 기존 동회의 명칭을 자면회(自勉會)로 바꾸어 새롭게 조직하고 공동 경작제를 실시하였다. 자면회는 오산 마을공동체의 자치기구로서 농지개량과 연료개량, 협동생산, 협동노동, 소득증대 등 마을의 생활환경과 수준의 향상에 주력하였다. 자면회의 협력 조직으로 청년회와 학생 조직이 있었고 상부 조직으로 협동조합이 있었다. 자면회가 주도한 민중교육적 성격의 조직으로 호주회와 주부회, 소년소녀회, 청년회 등이 있었다(서굉일, 1988: 285; 전성호, 2004: 34). 청년회는 주민의 생활지도에 앞장섰으며, 신지식 보급, 신문·잡지 열람 권장, 독서운동을 전개하였으며, 계몽강연회와 주야간 강습회도 개최하였다(백승종, 2002: 59). 또한 생산과 판매, 구매조합 등의 산업활동을 전개하였다.

이승훈은 동회를 연결하여 소비조합과 협동조합을 조직하였는데 회원은 오산공동체의 주민과 교사, 학생들이었다. 협동조합은 경제적인 문제뿐만 아니라 지역사회의 당면 문제, 즉 공동생산과 공동노동, 교육계몽강연, 소비조합 문제 등도 자치적으로 협의하였다(서굉일, 1988: 287; 백승종, 2002: 58). 오산공동체는 단지 경제공동체의 성격을 넘어 정치적 성격의 민중공동체였다고 할 수 있다. 오산학교와 지역사회는 공동체의식으로 하나가 되었고 오산학교를 기저로 하여 지역사회를 이상촌으로 발전시켜 나갔다.

여기서 이승훈의 이상촌운동 과정에 나타난 사회교육의 성격을 정리하면 다음 〈표 3-2〉와 같다.

표 3-2	이상촌운동 과정에 나타난 사회교육의 성격
목적	• 마을을 중심으로 하는 농촌·민중 계몽운동 • 독립정신, 평등정신, 협동정신, 노동정신의 육성
교육 내용	• 신앙생활과 야학을 통한 문해교육과 신지식 보급 • 문화 활동을 통한 교육(음악회, 강연회 등) • 학교 시설을 이용한 교육 계몽 강연회 추진 • 토론을 통한 마을 문제 논의 • 독서운동
특징	• 오산학교를 기반으로 하는 교육공동체의 협력 • 자면회 조직 및 협동조합 운영 • 청년회와 학생회 주도의 자면회 지원

신민회와 태극서관을 통한 사회교육

이승훈은 신민회의 평안북도 총감이었으며, 특히 민족의 힘을 기르기 위한 다양한 교육사업 지원에 앞장섰다(함석헌, 1988; 윤경로, 1988). 특히 이승훈은 1908년 8월 23일에 신민회 산하기관인 태극서관을 맡아 운영하였다. 태극서관은 우리 민족에게 필요한 서적을 공급하는 기관으로서 장차 인쇄소를 설치하여 각종 정기간행물과 도서의 출판을 할 계획을 세웠다(조기준, 1988: 65). 태극서관은 당시 전국 각지에 있었던 교육기관에 신지식과 애국심을 고취하기 위한 각종 서적을 공급하였을 뿐만 아니라 신민회 회원들의 연락 및 집회장소로 활용되었다.

조선교육협회와 동아일보를 통한 대중적 사회교육

이승훈은 조선교육협회의 임원으로서 민립대학 설립을 위한 활동에 전념하였다. 그는 서울과 지방에서 여러 번 민립대학 설립을 위한 강연을 하였다. 그는 특히 평안북도 지역 각 고을의 유지들과 만나 직접 이야기했고, 또 사람들을 학교와 교회에 모아 놓고 민립대학의 필요성과 향후 교육을 통한 독립 방안에 대해 강연하였다.

또한 이승훈은 1924년 민족진영을 대변했던 동아일보가 어려움에 처했을 때

독립기념관에 있는 이승훈의 어록비

4대 사장에 취임하였다. 이후 이승훈은 동아일보 평양지국을 통해 조만식 등이 추진했던 물산장려운동을 적극적으로 지원하였으며 기사를 게재하여 전국적인 운동으로 확산될 수 있도록 이끌었다(김기석, 2005: 300). 그 외에도 그는 국내외에서 벌어지고 있는 정세들을 자세히 보도하며 민족의식을 함양하는 데 앞장섰고 민족주의 신문의 전통을 이어갈 수 있도록 노력하였다.

이승훈 사회교육사상의 내용과 성격

사회교육의 지향점

남강 이승훈이 평생을 통해 추구하였던 교육사상의 큰 틀은 민족주의와 기독교 사상, 서민정신에 뿌리를 둔 민중에 대한 사랑이라고 할 수 있다. 이승훈이 사회교육을 통해 지향했던 가치를 보다 자세히 살펴보면 다음과 같다.

기독교 사상의 구현

이승훈은 1907년 신민회에 가입하면서 도산 안창호 등에게 영향을 받아 기독교에 호감을 갖게 되었고, 1910년 산정현 교회에서 한석진 목사의 설교를 듣고 기독교 신자가 되기로 결심하였다. 이후 오산교회를 오산학교 내로 옮겨 학교에서 예배를 보았으며, 오산학교의 교육에도 기독교 이념이 많은 영향을 미쳤다.

이승훈의 기독교 정신은 두 가지 특징이 있다. 하나는 민족해방과 연결된 것이고, 다른 하나는 교육과 연결된 것이다. 기독교 신앙을 통하여 민족의 품격을 높이고 백성을 무지한 미신에서 이끌어 내어 부지런하고 덕스러운 자로 만드는 것이 그의 간절한 소망이었다(최관경, 1990).

그는 김교신과 함석헌 등이 주축이 되어 창간한 『성서조선』지의 글을 읽고 깊은 감동을 받았다. 그는 교회와 젊은이들이 기독교의 가르침을 통해 민족과 나라를 구하는 데 전력을 다하지 않고 설교와 행사에 일상화되어 가는 것을 걱정하였는데, 『성서조선』지의 동인들이 구국을 위한 교육에 나서는 것을 보고 기독교에서 희망을 보게 되었다.

민족주의의 함양과 독립

이승훈이 교육실천 과정에서 가장 염두에 두었던 것은 민족정신의 함양을 통해 독립을 이루는 것이었다. 3 · 1운동 때 그와 함께 복역하였던 오화영은 "이승훈의 사업 중 제1은 민족, 제2는 교육, 제3은 사회라고 하였다(서굉일, 1988)"라고 전할 만큼 그의 사상에서 민족주의 정신은 가장 큰 뿌리라고 할 수 있다. 이승훈이 학교를 세우게 된 계기도 민족의 장래를 바라보기 위한 민족교육 차원에서였다. 그에게 있어 학교를 사랑하는 것은 민족을 사랑함이요, 민족을 사랑함은 교육을 통하여 이 민족을 불러일으켜 세우는 것이었다(김선양, 1988).

평민의 행복과 자립

오산 지역이 홍경래의 난 등으로 조선시대부터 배척받았던 평안도에 속해 있었고 자신이 상민 계층 출신이라는 신분적 특성 때문에 이승훈은 소외받는 평민의 서러움과 힘든 삶을 잘 알고 있었다. 그는 젊은 시절 보부상으로 황해도, 평안도, 경기도, 충청도 지역을 돌아다니면서 보았던 평민들의 비참한 삶을 기억하면서 평생 자신이 평민이라는 사실을 잊지않고 그들의 어려움을 해결하기 위해 노력해야겠다고 생각했다.

이승훈이 유기공장을 설립하여 운영했던 방식을 보면 이승훈의 인간중심 사상을 볼 수 있다. 이승훈은 노동자들의 처우를 개선하기 위하여 노동환경을 쾌적하고 깨끗하게 마련하였다. 또한 노동자들의 임금을 올렸으며 작업복을 제공하고 매일 일정 시간의 휴식시간을 제도화하였다. 또한 이승훈은 사람의 귀천을 따지지 않고 모두 따뜻한 온정으로 대해 주었다(조기준, 1988).

이승훈은 지배 민족과 식민지 종속 민족과의 대립이 심화되는 상황에서 가장 희생이 큰 계층이 민중, 평민이라 생각했다. 그래서 그는 토착화된 개화사상에서 시작하여 인도주의적이고 평민지향적인 민족운동을 강조하면서도 항상 자력에 의한 개화와 민족운동을 주장했다(이교헌, 2001). 뿐만 아니라 그는 인간이 가지는 힘, 그리고 평민이 가지는 힘을 믿었으며 인간이 세상을 변화시킬 수 있는 주체라고 생각하였다.

이와 같이 이승훈은 평민들의 삶을 누구보다 잘 알고 있었으며, 이들이 교육과 산업을 통해 자립적으로 성장할 수 있도록 돕기 위해 많은 노력을 기울였다.

복합적 생활공동체 구성

이승훈은 산업과 기술교육을 통한 민족의 자립에 대해서도 심도 있는 고민을 하였다. 그 구체적인 목표는 농촌 기반의 생활공동체를 만들어 가는 것이었다.

요컨대 이승훈의 이상촌운동은 산업, 교육 및 신앙을 하나로 묶어 완전한 자치공동체를 이룩하는 것이었다. 그는 자신의 마을인 용동을 중심으로 오산 전체를 이상적인 농촌공동체로 만들어, 조선에서 가장 모범적인 경제, 문화 및 신앙의 산실로 탈바꿈시키고자 하였다(백승종 외, 2013).

그는 오산공동체의 경우 마을에 생활협동조합, 소비조합, 가내공장을 설립하여 함께 운영하였다. 특히 오산소비조합은 오산공동체운동의 중심이었으며, 오산 일곱 마을의 연합체이자 동회의 상위 기관 구실을 하였다(백승종 외, 2013). 그리고 이 모든 과정에 오산학교가 중심이 되었다.

> 오산학교는 학교 자체 내에서만 끝나지 않고 지역사회의 중심이 되어 학교교육
> 이 지역사회에 영향을 준, 학교의 사회화과정을 이룩했다. 지역이 긴밀히 연결이
> 되어 다른 마을의 시범이 되는 모범촌을 일구게 되었다. 이러한 교육의 사회화 과
> 정은 더욱 확대되어 남강의 민립대학기성회 참여로까지 확대되었고 모범적인 교육
> 이상촌의 구상을 실현할 계획까지 세우게 하였다(이경림, 2001).

이처럼 이승훈은 교육과 산업이 조화롭게 발달하여 개인이나 민족의 품위가 높아지는 복합적 생활공동체를 건설하기 위해 노력하였다. 오산학교와 지역사회는 공동체의식으로 하나가 되었고 오산학교를 기저로 하여 지역사회를 이상촌으로 발전시켜 나갔음을 알 수 있다.

▪▪ 사회교육의 본질

남강 이승훈의 사상과 사회교육 활동의 분석을 통해 사회교육의 본질에 관한 그의 인식을 살펴보면 다음과 같다.

교육과 산업의 연결로서의 사회교육

이승훈에게 교육이란 실제의 삶과 연결되는 것이었다. 오산학교는 물론 이상촌 운동 과정에서 이루어진 그의 교육은 모두 실제 생활과 연결되는 것이었다. 그는 교육을 개인적인 교양 습득이나 인격의 형성만으로 생각하지 않았다. 그는 그 누구보다 실업교육을 강조하였으며, 학생들이 지식과 함께 삶에서 터득할 수 있는 기술을 향유하기를 원하였다. 그에게 있어 사회교육이란 개인의 내적인 성장과 동시에 직업기술을 익히는 것이었으며, 더 나아가 지역공동체와 민족의 경제적 능력

을 향상시키는 것이었다고 볼 수 있다.

사회적 인식 제고 과정으로서의 사회교육

이승훈은 사회교육을 통하여 개인이 사회적 현실을 깨닫고, 본인들의 적성과 개성을 찾아 사회적 역할을 수행하기를 원하였다. 오산학교에서는 학생들이 평등정신, 협동정신, 노동정신을 육성하여 개인의 특성에 맞는 방향을 찾아 사회의 일꾼이 되길 원하였다. 뿐만 아니라 오산공동체의 구성원들도 계몽교육과 의식화 교육을 통하여 사회 현실에 대한 문제의식을 가지고 살아가는 깨어 있는 민중이 되길 원했다. 사회에 대한 관심이 부족했던 민중에게 사회교육을 통하여 사회에서 살아가야 할 이유와 역할을 부여했던 것이다. 이런 의미에서 이승훈에게 사회교육이란 민중이 자신이 처한 사회적 현실을 깨닫고 각자가 수행해야 할 사회적 역할을 준비하는 교육이었다고 볼 수 있다.

독립운동 방편으로서의 사회교육

이승훈은 일제의 강제 병탄에 맞서 의병 활동과 같은 폭력적인 방법보다 신교육운동 혹은 민족 종교운동, 언론계몽운동, 민족산업진흥운동 등과 같은 비폭력적 저항에 초점을 맞추었다. 그가 설립한 오산학교는 민족을 구하기 위한 이념교육을 실시하였으며, 이상촌운동은 교육과 문화, 종교의 힘으로 우리 민족의 민의를 높이고 발전을 도모하기 위한 실무적 교육을 강조하였다. 그에게 있어 사회교육은 민족을 계몽하고 더 나아가 독립을 이루기 위한 최선의 수단이었다.

■ 사회교육의 실천 원리

남강 이승훈의 사회교육 활동에 나타난 실천 원리 중에서 사회교육학 측면에서 의의가 큰 것들을 살펴보면 다음과 같다.

교육적 가치와 경제적 가치의 통합

이승훈은 오산학교를 노작교육의 장으로 만들었다(김선양, 1988: 197). 그것은 교육적 가치와 경제적 가치를 통합하는 것이었다. 그가 생각하는 인재는 글을 많이 읽고 태도가 도도한 손이 하얀 선비가 아니라 손에 비와 괭이를 들어 나라에 헌신할 수 있는 사람이었다. 따라서 오산학교는 실험 실습을 중시한 과학교육, 손으로 직접 일구는 체험교육 등의 다양한 교육 경험을 제공하였다(이경림, 2001).

또한 이승훈은 이상촌운동을 통해 주민소득의 증대와 마을 자립 기반을 조성하기 위해 노력하였다. 그 과정에서 그는 산업과 기술교육을 통한 민족의 자립 능력 향상에 대해 심도 있는 고민을 하였다. 용동 이씨 공동체와 오산교육공동체의 경우도 주민과 학생을 교육하면서 마을을 기반으로 하는 생활협동조합, 소비조합, 가내공장을 설립하여 함께 운영할 수 있도록 하였다. 그 결과 오산 공동체에 사는 주민들 모두가 일의 가치를 깨달을 수 있는 계기가 되었을 뿐만 아니라(백승종, 2013), 마을의 경제적 자립기반을 조성하는 데 가장 큰 토대가 되었다.

공동체적 관계 속에서의 교육실천

이승훈은 오산학교와 이상촌에서 모두 공동체적으로 이루어지는 교육을 추구하였다. 우선 오산학교에서는 교사와 학생들이 함께 기숙사에서 지냈다. 교사들은 낮에는 지식을 전달하고 밤에는 학생들을 모아 세계의 동향과 역사, 지리에 관한 이야기를 하였다. 뿐만 아니라 기숙사에서 학생들과 함께 먹고, 자고, 일어나는 생활을 하면서 함께 어울렸다(김기석, 2005). 오산학교 전체가 커다란 생활교육공동체였던 것이다. 이러한 공동체적 관계는 마을 주민들과의 관계에서도 이루어졌다. 학생들과 마을 주민들은 모두 공동체 구성원의 의식을 가지고 있었으며 서로가 서로를 위해 배려하였다.

오산에 사는 주민들은 이승훈을 '우리 선생'이라고 부르고 학교를 '우리 학교'라고 불렀으며, 학생들을 '우리 학생들'이라고 불렀다. 그들은 집에 학생들을 하숙시

켰는데, 학교의 정신과 방침에 따라 부형으로서 학생들을 보살펴 준다는 생각이었지 학생을 두고 그들에게서 대가를 받을 생각은 하지 않았다. 주민과 주민 사이, 주민과 학생 사이에는 한 가지 소망 아래 같은 마을, 같은 지붕 밑에 있다는 가족의식이 그들의 사리를 맑게 흘렀다(김선양, 1988: 178).

이와 같이 이승훈의 사회교육은 오산학교와 오산공동체를 중심으로 모두 공동체적 인간관계 속에서 이루어졌다.

자치조직을 통한 교육 및 학습 활동 장려

이승훈은 마을의 자치조직을 통한 무형식 학습을 장려하였다. 그는 마을의 소비조합, 자면회, 소년소녀회, 주부회, 호주회 등의 조직마다 교육과 학습 활동을 장려하였다. 소비조합의 경우 정기적인 조합 회의를 통하여 마을 사람들의 의견을 듣고 나눌 수 있는 공론의 장을 마련하였다. 자면회의 경우 야학과 계몽 활동에 선두로 활동하였으며 지역 개선 활동에도 앞장섰다. 뿐만 아니라 지역 내 조직에 몸을 담고 있던 학생들은 방학에 내려와 지식 나눔 활동을 전개하였다. 마을 내 자치조직들의 이러한 노력들은 마을 주민들을 깨우치고 성장하도록 하는 데 큰 역할을 했다.

교육실천을 위한 협력과 연대

이승훈은 오산학교를 설립하였지만 여러 전문가들과 협력하며 일을 처리해 나갔다. 그는 유영모, 조만식 등의 저명한 교육자들을 교장으로 초빙하였으며, 그 외 많은 저명한 교사들을 설득하여 함께 협력하며 학교를 운영하였다. 그는 여러 교육전문가들을 앞세우고 자신은 뒤에서 학교 운영을 물심양면으로 지원하는 역할을 수행하였다. 그는 독립운동의 과정에서 일제에 투옥되어 오산공동체를 떠나 있는 시간이 많았으나 그의 뜻을 익히 아는 제자와 가족, 주민들은 서로 합심하여 오산학교와 마을공동체가 지속적으로 성장할 수 있도록 조력하였다. 일제의 탄압을 받아 오산학교의 건물이 전소되었을 때도 오산학교가 다시 굳건히 일어날 수 있었던 이유는 학교를 재건하기 위해 힘이 되었던 제자들과 주민들이 있었기 때문이었다. 이와 같이 그는 다양한 사람들과 최대한 협력하며 교육 활동을 수행하였다.

■ 사회교육자의 요건

여기서는 남강 이승훈의 사회교육 실천 활동과 교육사상의 분석을 통해 사회교육자의 요건으로 고려할 만한 것들이 무엇인지 살펴보고자 한다.

단상에서 강연하는 이승훈 기록화
http://search.i815.or.kr/ImageViewer/ImageViewer.jsp?tid=co&id=1-007778-000

솔선수범의 실천 능력

이승훈은 열 마디의 말보다 한 번의 행동과 실천으로 보여 주는 사람이었다. 그가 오산학교를 세우기로 결심하기까지는 불과 사흘밖에 안 걸렸지만 이 사흘 내내 한시도 자지 못하고 그 일만을 생각하고 실행하였다(조현, 2010). 그 후 그는 오산학교 설립을 위하여 사람을 만나고, 자본을 투자받고, 집을 수리하고, 교직원을 구성하는 모든 활동들을 스스로 해냈다(김기석, 2005). 또한 이승훈은 학교의 뜰을 먼저 쓸고, 변소를 자기가 손수 치우고 학교를 돌며 상한 데를 고치면서 솔선수범의 자세를 보여 주었다(전제현, 1988: 375). 이승훈의 자세를 본받아 오산학교와 공동체의 사람들은 일에 머뭇거림이 없이 함께 실천하고 행동하였다. 이러한 솔선수범의 실천 능력은 민주적 가치를 중시하는 현대 사회에서 사회교육자에게 더욱 중시되는 요건이라고 할 수 있다.

학습자에 대한 일체감과 배려

이승훈은 학교에서나 마을에서나 공동체 구성원들과 항상 함께하는 삶을 지향하였다. 그는 항상 학교와 마을에 거주하면서 관심을 가지고 돌보았다. 학교와 마을에 문제가 생기면 이를 적극적으로 해결하려 하였고 구성원들의 이야기에 귀를 기울였다. 그는 말썽을 일으켜 모두가 포기하고 퇴교 처분을 내리려던 학생에 대해서도 끝까지 포기하지 않고 지도하여 졸업을 시키기도 하였다(전제현, 1988: 374). 또한 그는 졸업생을 돌아보고 지도하는 데도 열과 성을 다하였다(김선양, 1988: 197). 이와 같이 이승훈은 항상 학습자들과 친밀감을 형성했으며 그들의 성장을 돕기 위해 항상 예민하게 반응하고 고민하였다. 이러한 점은 학습권을 강조하는 현대 사회에서 더 많이 요구되는 사회교육자의 요건이라고 할 수 있다.

추진력과 조정 능력

이승훈은 본인이 옳다고 생각한 일은 누구보다 추진력 있게 진행하였으며, 목표를 이루기 위한 다방면의 노력들을 끈기 있게 해냈다. 또한 실업가 출신인 그는 사업을 하면서 쌓아 온 유연성과 조정 능력을 여과 없이 발휘하였다. 그 한 예를 들면 다음과 같다.

이승훈은 강명의숙을 설립한 두 달 뒤, 중학교를 세우기로 결심했다. 학교를 세워 신식교육을 행하는 것이 나라의 힘을 키우는 것이라 생각하였다. 이승훈은 승천재라는 자리를 중학교 교사로 쓰기로 결정하고 재단으로는 향교의 재산을 유용케 하려 하였다. 이승훈은 이를 실천하기 위하여 평안북도 관찰사를 만나 교육사업이 시급하다는 의견을 내었다. 뿐만 아니라 이승훈은 관찰사에게 자신이 중학교를 세워 실천하고자 하는 계획에 대하여 자세히 이야기하였다. 이에 관찰사는 유림들을 권하여 향교 재산의 일부를 이승훈의 교육사업에 기부케 하여 협력하도록 하였다 (김기석, 2005).

이와 같이 이승훈은 사회교육을 실천하는 과정에서 필요한 부분들이 있으면 직접 부딪쳐 유연하게 조정하면서 일을 꾸려나갔다. 이러한 점은 다원화된 현대 사회에서 사회교육자가 소신 있게 사회교육을 실천하되 갈등을 원활하게 해결하고 일의 효율성을 높이기 위해 갖추어야 할 중요한 요건이라고 할 수 있다.

이승훈 사회교육사상의 의의

남강 이승훈은 일제강점기에 독립을 위한 인재 양성과 이상촌 건설에 앞장선 사회교육자이자 민족지도자라고 할 수 있다. 그가 설립한 오산학교 자체는 오늘날 학교 형태 또는 대안학교 성격이 강한 사회교육기관의 원형으로서 민족지도자를 양성하기 위한 핵심 교육기관이었다. 또한 오산학교를 기반으로 주민들과 함께 다양한 교육과 학습을 통해 형성해 나갔던 이상촌운동은 정신적인 면과 경제적인 면이 통합된 실질적인 독립운동이었으며 오늘날의 평생학습을 통한 마을만들기 운동의 원형이라고 할 수 있다. 이런 맥락에서 이승훈의 사회교육 활동과 사상의 의의를 보다 구체적으로 살펴보면 다음과 같다.

첫째, 이승훈의 사회교육은 개인의 개성을 존중하되 사회적 인식을 제고하는 사회교육이었다. 오산공동체에서 이루어지는 모든 교육은 개인의 잠재력을 계발함과 동시에 평등정신, 협동정신, 노동정신, 민족정신을 함양하였다. 이는 현대에도 의미하는 바가 크다. 현대 지식 기반 사회에서 시행되는 다양한 유형의 사회교육들은 점차 직업전문성과 경제 발전, 성과 중심의 교육을 지향함에 따라 사회적 의식의 함양과 공동체적 가치는 상대적으로 약해지고 있다. 이에 따라 교육의 개별화, 교육의 상품화 현상도 심해지고 있다. 이를 극복하기 위해서는 시민의식을 함양하고 공동체를 추구하는 전통적인 사회교육의 회복이 필요하다. 그런 면에서 이승훈의 사회교육사상은 오늘날 다시 회복해야 할 사회교육의 원형을 보여 준다.

둘째, 이승훈이 추진했던 이상촌운동은 오늘날 평생학습도시 사업과 같은 평생학습을 통한 마을만들기운동의 원형이라는 점에서 의의가 있다(오혁진, 2007). 이승훈의 사상은 농촌사회를 기반으로 한 생활공동체를 구성하는 형태로 발달하였다. 그는 지역공동체와 교육, 산업을 연결한 교육이상촌을 건설하는 데 노력하였으며, 그 결과 지역사회에서 배우고 배움의 성과를 다시 지역사회에 환원하는 모범촌을 만들 수 있었다. 이것은 현대 사회에서 요구하는 평생학습을 통한 마을만들기 개념과 일치한다.

셋째, 이승훈의 이상촌운동은 현재 우리나라에서 이루어지고 있는 지역재생사업을 위한 의미 있는 방향을 제시한다. 현재 지역재생사업은 '마을만들기' 등의 이름으로 활발히 이루어지고 있다. 그러나 마을마다 고유한 특색이 없거나 주민의 참여가 부족하다는 어려움을 겪고 있다. 이런 점에서 이승훈이 이상촌운동에서 보여 준 실천 원리는 좋은 귀감이 될 수 있다. 그는 교육을 통한 마을 주민의 성장, 주민자치조직을 통한 마을 활성화, 주민 소득 증대를 통한 마을 자립 기반 조성, 지속적인 공동체 운영을 위한 리더의 양성 등을 통해 오산공동체를 활성화시켰다. 이러한 원리는 오늘날의 지역재생사업과 같은 주민주도적 마을만들기 운동의 발전을 위해서도 매우 유용한 원리라고 할 수 있다.

넷째, 이승훈의 인격적인 덕목은 현대의 사회교육자가 갖추어야 할 요건에 대해 시사하는 바가 크다. 솔선수범의 실천 능력, 학습자에 대한 일체감과 배려, 추진력과 조정 능력은 민주화되고 다원화되며 학습자의 주체성을 더욱 중시하는 현대 사회에서 사회교육자가 반드시 갖추어야 할 중요한 요건이라고 할 수 있다.

그러나 사회교육의 차원에서 이승훈의 한계에 대해서도 생각해 볼 필요가 있다. 그의 삶은 교육자적인 삶임이 분명하고 사회교육 차원에서도 의미 있는 삶임이 분명했지만 오산학교 운영이라는 학교교육 활동에 비해 일반적인 의미의 사회교육 활동이 다소 미흡했다는 점에서 아쉬움이 남는다. 이 점은 도산 안창호가 점진학교와 대성학교 이외에도 청년학우회, 흥사단 등의 조직을 통해 체계적인 사회교육적 활동을 지속했다는 점에서 다소 대비된다. 비록 오산학교가 오늘날의 사회교육기관으로서의 성격이 강했고 이상촌운동과도 밀접한 관계를 가지고 있긴 했지만 여전히 정규적인 학교교육의 성격이 강했다는 점은 부인하기 어렵다. 그가 오산학교의 운영에 지속적으로 기울인 노력과 그 성과에 비해 오산 지역의 이상촌운동 과정에 기울인 사회교육적 노력과 성과는 다소 미흡한 편이다. 또한 다양한 사회단체를 조직하여 사회교육을 체계적으로 실시하는 데도 비교적 뚜렷한 성과를 이루지는 못했다. 당시 그가 가지고 있었던 민족지도자와 교육자로서의 위상을 고려할 때 그의 활동이 사회교육의 다양한 분야로 더욱 확산되어 더 많은 대중에게 교육적인 영향력을 미치지 못한 것은 아쉬운 점이다.

그럼에도 이승훈은 일제강점기라는 열악한 시대적 환경 속에서 누구보다 교육에 앞장서서 재원들을 성장시켰으며 마을 모두가 잘 살 수 있는 이상향을 꿈꾸었던 선구자적 사회교육자라고 할 수 있다. 또한 그는 남다른 추진력과 용기로 궂은 일을 도맡으며 항상 학생들 앞에서 솔선수범하며 열린 자세를 취했던 사회교육자의 전형이라고 할 수 있다. 이와 같은 이승훈의 이상과 교육적 안목, 그리고 교육자로서의 열정은 오늘날 학교교육과 사회교육 전 분야에서 되살리고 계승해야 할 소중한 자산이라고 할 수 있다.

제2부

국권회복 및 국가재건 변혁기의
사회교육사상가

04 배민수의 사회교육사상

우리나라 현대사에서 적극적으로 발굴하고 재조명해야 할 사회교육자로 배민수(裵敏洙, 1896~1968)를 들 수 있다. 일반적으로 배민수는 목사로서 기독교인이라는 확실한 정체성을 가진 인물이면서도 교회 영역에만 머무르지 않고 민족의 역사 속에서 뚜렷한 족적을 남긴 독립운동가 또는 농촌운동가로도 평가된다(김성수, 2003; 최재건, 2008). 배민수에 대한 연구는 2000년대 접어들어 주로 기독교계 신학대학 차원에서 활발히 진행되기 시작했다. 이들 연구들은 주제 면에서 크게 배민수의 신학적 사상에 주목한 연구(김한원, 2003; 이은직, 2003; 정봉기, 2003; 황해국, 2011)와 민족주의적 농촌운동에 주목한 연구(김명구, 1998; 방기중, 1998; 한규희, 2003; 김성수, 2003; 안철암, 2005; 한규무, 2010; 정창화, 2013)로 양분된다. 한편, 배민수가 관여한 기독교연합봉사회 교육사업의 일환으로 진행된 농민학원의 설립과 운영을 살

펴본 한규무(2010)의 연구는 배민수의 농촌운동을 교육과 연계해서 살펴보았다는 점에서 주목된다. 특히, 그는 세계적으로 평민중심 지역 사회교육의 형성에 큰 영향을 미친 덴마크의 그룬트비히의 사상을 한국의 상황적 맥락에 적용하고자 노력한 대표적인 인물 중의 하나로 평가받는다(안철암, 2005; 오혁진, 2008).

이처럼 신학 및 기독교 역사 분야에서 배민수의 교육사상에 초점을 맞춘 연구가 이루어지고 있는 데 반해 사회교육학계에서는 이러한 배민수의 활동과 사회교육사상에 대한 본격적인 연구가 이루어지지 않았다. 배민수의 농촌운동과 관련된 많은 연구 업적들, 특히 배민수가 그룬트비히의 교육사상을 한국적 맥락에 적용하려 했던 점을 고려할 때 그의 사회교육사상에 대한 체계적인 연구는 가치 있는 작업임에 틀림이 없다. 이 장에서는 배민수의 생애와 사회교육 활동에 대한 통시적인 조명과 함께 그의 사회교육사상의 토대 및 실천 원리, 사회교육자의 요건과 자질, 그리고 현대적인 차원에서 그의 사회교육사상의 의의 및 한계 등을 살펴보고자 한다.

배민수의 생애와 사회교육 활동

■ 생 애

배민수는 구한말부터 일제강점기를 거쳐 해방 이후 국가 재건기에 이르기까지 한국과 미국을 여러 차례 오고 가면서 목회자, 농촌운동가, 사회교육자의 삶을 살았다. 그의 생애를 주요 흐름에 따라 나누어 구성해 보면 다음과 같다.

출생 및 성장기(1896~1912년)

배민수는 1896년 충청북도 북문동에서 태어났다. 부친인 배창근은 청주감영 진위대 육군 보병 부교로서 일제의 군대 해산에 저항하다 일본 경찰에 처형당한 의

병운동가였다. 아버지의 의병 활동으로 집안이 경제적으로 어려워졌을 때 기독교인이던 이웃의 집으로 들어간 것이 계기가 되어 그의 가족은 기독교에 입문하게 된다. 배민수는 청남 기독교학교(1906년)를 거치며 선교사의 특별한 배려와 도움 속에서 그의 삶을 관통하는 기독교적 세계관과 근대적 의식을 갖게 된다. 이러한 기독교 신앙은 아버지로부터 물려받은 민족의식과 함께 그로 하여금 민족적 · 종교적 사명감을 불태우게 하는 원동력이 되었다.

급진적 애국 · 기독 청년활동기(1912~1923년)

배민수는 1912년 기독교적 분위기의 평양 숭실학교에 입학하였으며, 이곳에서 애국충정으로 국가의 독립을 염원하고 실천하는 동료들을 만나게 되었다. 1915년에는 '대한국민회' 조선지부를 결성하여 애국기독청년활동을 벌였다. 그는 무장투쟁적인 비밀결사 활동으로 인해 1918년 1년형을 선고받고 평양 감옥에 수감되었으며, 이듬해 석방되어서도 함북 성진에서 3 · 1 만세운동을 계획 · 주도하다가 체포되어 함흥 감옥에 수감되기도 하였다. 이 시기 배민수의 이념은 즉각적인 독립을 추구하는 급진적 민족주의, 애국주의였으며 여기에 기독교 민족주의가 결합되어 있었다(김성수, 2003: 36).

농촌선교 · 계몽운동기(1923~1931년)

이 시기에 배민수의 무력적 활동은 온건한 장기전으로 변화하게 된다. 그 원인으로는 첫 감옥생활에서의 고통과 위축감, 성진만세운동 이후 갖게 된 평화적 비폭력운동에의 신뢰감, 국제 정세에 대한 인식의 변화, 민족주의 독립운동 세력 간의 분열에 대한 실망, 배우자 최순옥과의 만남과 사랑(1921년 약혼), 그리고 숭실전문학교 진학(1923년) 후의 민족운동가 조만식과의 조우 등을 들 수 있다. 특히, 배민수는 실력 양성을 통해 민족의 자주독립을 추구하던 조만식의 비폭력 · 불복종주의에 큰 영향을 받게 된다. 배민수는 생활고에 시달리는 농민들을 위해 경제적 농촌개혁운동을 펴는 것이야말로 조국의 독립을 가져오는 가장 효과적인 방법이라 여기고 조만식과 함께 농촌순회강연을 펼치게 된다(배민수, 1999: 222). 그는 조만식 및 동료들과 '기독교농촌연구회'를 조직하여 보다 활발한 농촌개혁을 위해 몰두하였으며 덴마크의 그룬트비히가 제시했던 농촌교육운동을 이상적 모델로 받아들이게 된다. 한편, 배민수는 민족의 현실적 문제 해결을 위해 1930년 평양의 장로회 신학교에 진학하게 된다.

미국 수학기(1931~1933년)

30대 중반에 접어든 배민수는 민주주의의 본고장에서 영적 생활과 현실 생활과의 관계에 대한 해답을 얻기 위해 미국의 시카고 맥코믹(McCormick) 신학교에 입학하였다. 그는 이곳에서 공부하는 동안 기독교 보편주의에 대한 자각과 함께 기독교농촌연구회에서 정리했던 농촌운동의 이념과 목표를 신학적으로 재무장하는 과정을 겪게 된다. 또한 배민수는 이곳에서 기독학생운동회(C.C.F: Cooperative Christian Fellowship)를 조직하면서 중도적 노선의 신학 훈련을 받게 되고 인종과 경제적 문제에 대한 기독교적 해결 방법을 모색하게 된다. 이를 통해 그는 민족주의적 조국애에만 경도된 자신을 발견하고 세계 평화를 위한 사해동포적 헌신만이 하나님 나라의 건설에 이바지할 수 있음을 깨닫게 된다.

장로교 농촌부 소속 농촌운동기(1933~1937년)

1933년 기독교인의 사회참여라는 소명 의식을 갖고 귀국한 배민수는 일제에 의해 중단되었던 기독교농촌연구회를 재건하면서 본격적인 농촌계몽교육운동을 전개하였다. 일제강점하 장로교 총회 농촌부는 '예수촌 건설'을 천명하고 농촌전도와 농촌순지지도 등을 통해 농촌복음화와 농사 지식 보급, 협동조합의 조직에 주력하였다. 그는 장로교 총회 농촌부에 초대 총무로 선임(1933년)되었으며 이듬해에는 장로교 목사로 안수를 받게 된다. 그는 주로 순회농촌수양회, 고등농사학원, 『농민통신』 출판사업을 담당하였으며, 그의 활약으로 장로교 총회 농촌부는 독자적 정체성을 갖는 농촌운동조직으로 성장하게 된다. 그러나 일제에 의해 신사참배

지지가 강요되고 장로교 총회 농촌부가 폐지당한 데다가 자신에게 기독교농촌연구회 사건으로 인해 수배령이 내려짐에 따라 그는 다시 미국행을 하게 된다.

미국 활동기(1937~1951년)

미국으로 건너간 배민수는 1938년부터 1941년까지 4년간 미국 전역을 순회하며 1,300여 회에 걸쳐 설교와 강연을 실시하였다. 그는 이러한 순회강연을 통해 미국인과 교민들에게 한국의 상황을 알리고 세계 평화를 통한 하나님 나라의 건설을 촉구하였으며 동시에 모금운동을 벌였다. 이 시기에 그는 미국 프린스턴 신학대학에서 신학을 연구(1941~1943년)하고 태평양전쟁 중에는 미 국무성에서 일본 우편 및 비밀문서를 검열하는 작업을 하였으며, 이승만의 지도하에 독립운동(교육위원)에 참여하기도 하였다. 또한 뉴욕한인교회에서 짧은 기간이나마 담임목사로도 활동하였다. 1947년에는 미군의 통역관으로 일시 귀국하여 반공주의 국가 건설을 위해 최전선에서 행동하였고 이승만을 지지하는 단정수립운동에도 앞장섰다. 이듬해 그는 미국 군무원 신분이라는 이유와 좌익 테러의 위험 속에서 미군 철수와 함께 또다시 미국으로 가게 된다. 그는 미국에서 순회강연 활동(약 800여 회), 언론을 통한 홍보, 구호품 수집 등의 활동을 펼쳤다. 아울러 미네소타주 매칼레스터 대학에서 명예 신학박사를 취득하였고, 1951년에 자서전인 『누가 그의 왕국에 들어갈 수 있는가』를 탈고하였다.

정부 농촌부흥사업 참여기(1951~1956년)

배민수는 한국전쟁 중에 귀국하여 1951년에 대전기독교연합봉사회를 창설하고 대성교회를 설립(1953년)하였으며 숭실대학 이사장에 취임(1954년)하였다. 그리고 이승만 대통령의 권유로 금융조합연합회 회장으로 취임(1953년)하여 식산계(殖産契)부흥사업을 추진하는 데 많은 노력을 기울였다. 식산계부흥사업은 이승만 정권 시절 전국적 규모로 전개된 반관반민의 농촌부흥사업으로서 금융조합의 영농지도와 자금지원을 바탕으로 농촌경제 재건과 농민생활의 자립, 반공정신 함양을 추구한 사업이었다(김성수, 2003: 58-59; 방기중, 1999: 285). 하지만 금융조합의 양곡 및 비료사업을 정부 직영으로 이관하고자 하는 정부 측의 조치로 인해 이승만 정권과 결별하게 되고, 그의 제도권 농촌부흥사업의 꿈은 좌절하게 된다.

농촌운동지도자 양성기(1956~1968년)

배민수는 자유당 정권에서 축출당한 후 기독교농민학원 운영에 전념하면서 평소의 민족관과 종교관, 그리고 교육관을 바탕으로 농촌지도자 교육사업에만 몰두하였다. 그의 노력들은 기독교농민학원의 설립(1957년) 및 초대 원장직 취임, 기독교여자농민학원의 설립(1964년), 일산의 삼애농업기술학원의 설립(1967년) 등의 결실로 이어졌다. 그러나 그 기관들의 운영을 둘러싸고 기독교연합봉사회 이사회와의 갈등도 경험하게 된다. 이 외에도 마닐라에서 열린 동남아반공대회 참가(1956년), 한국보육대학 명예총장 역임(1957년), 쿠알라룸푸르 기독교대회 참가(1958년), 국가재건최고회의 농촌진흥유공자상 수상(1962년), 기독교농민학원의 운영을 위한 미국 순회강연 및 모금활동 등의 활동을 하였다. 그후 그는 1968년 8월 25일 대전 자택에서 영면하였다.

지금까지 살펴본 배민수의 생애를 시기별로 그 주요 성격 및 내용을 요약·정리해 보면 〈표 4-1〉과 같다.

▪ 사회교육 활동

배민수의 생애에 나타난 사회교육 활동 양상은 교육기관을 통한 사회교육 활동, 순회강연을 통한 사회교육 활동, 사회조직을 통한 사회교육 활동, 언론을 통한 사회교육 활동 등으로 유형화할 수 있다. 그 구체적인 내용을 살펴보면 다음과 같다.

표 4-1 배민수 생애의 시기 구분과 내용

구 분	성 격	내 용
출생 및 성장기 (1896~1912년)	민족주의적, 기독교적	• 아버지(배창근)의 애국정신의 영향 • 미국인 선교사들을 통한 기독교와의 조우와 학업
급진적 애국 · 기독 청년활동기 (1912~1923년)	비타협적 항일의식, 민족주의적 · 급진적 투쟁	• 대한국민회 조선지부 결성(1915년) • 함경북도 성진 만세시위운동(1919년)
농촌선교 · 계몽 운동기 (1923~1931년)	온건주의, 경제 · 문화적 실력양성 추구	• 조만식의 영향 • 덴마크 그룬트비히의 영향 • 기독교농촌연구회 조직(1928년) • 농촌계몽 순회강연: 의식화 교육
미국 수학기 (1931~1933년)	온건자유주의, 세계평화주의, 사회복음주의	• 기독학생운동회(C.C.F: Cooperative Christian Fellowship) 조직
장로교 농촌부 소속 농촌운동기 (1933~1937년)	사해동포주의, 기독교 복민주의	• 맥코믹 신학대학 유학 • 기독교농촌연구회 재건(1933년) • 장로교 총회 농촌부 고등농사학원 총무 선임(1934년)
미국 활동기 (1937~1951년)	세계 평화, 하나님 나라 건설 지향	• 미국 전역 순회강연(4년간, 1,300여 회) • 이승만 지도하에 독립운동 참여
정부 농촌부흥사업 참여기 (1951~1956년)	하나님 나라를 위한 모범이상촌 건설 지향	• 대전기독교연합봉사회 창설(1951년) • 이승만의 권유로 금융조합연합회(1953년) 중심의 식산 계부흥사업운동 주도, 결별
농촌운동지도자 양성기 (1956~1968년)	기독교 복민주의	• 농촌지도자 교육기관 설립(기독교농민학원, 기독교여자 농민학원, 삼애농업기술학원)

교육기관을 통한 사회교육 활동

다음은 배민수가 교육기관을 통해 체계적인 사회교육 활동을 수행했던 사례를 고등농사학원, 기독교농민학원, 삼애농업기술학원을 중심으로 제시하고자 한다.

① 고등농사학원

고등농사학원은 교회 청년 중 재능과 열의가 있는 사람을 덴마크 평민대학(국민 고등학교)식의 교육을 통해 농촌지도자로 양성하여 모범농촌을 건설하는 데 목적을 두고 있었다. 고등농사학원은 각 노회에서 추천한 20~30세의 장로교 청년과 농촌교회 청년지도자들, 자작농 이상의 계급적 기반을 갖춘 농민층을 대상으로 농업의 실제적 기술과 조선 농촌 갱생운동의 정신적 작흥을 위한 교육을 실시했다. 주요 교육 내용은 비료학, 과수학, 작물학, 협동조합, 농업경제학, 농촌복음으로 구성되었으며 배민수는 농촌복음을 담당하였다. 수업 연한은 덴마크 평민대학을 모방한 3년 과정의 하기 강습학교로서 매년 여름 2개월간이었고 평양의 숭실전문학교 농과강습소를 이용하였다. 배민수는 농촌부 지도자가 농업 전문지식과 실천적 품성, 그리고 전사의식을 겸비한 투철한 복음주의자여야 한다고 강조하였다(배민수, 1935e). 1936년 2회에 걸쳐 49명의 졸업생을 배출하였으며, 이들 졸업생들로 하여금 각 교회의 농촌사업지도를 담당하도록 하였다.

② 기독교농민학원

기독교농민학원은 농촌공동체, 모범농촌 건설을 목표로 애신(愛神), 애농(愛農), 애로(愛勞)의 '삼애(三愛)'를 기본 강령이자 교육이념으로 삼고(배민수, 1958: 147-150) 기숙제로 운영되었다. 처음에는 단기 강습과정인 전국농촌교역자수양회(1954년)와 농촌지도자강습회(1955년)를 개최하였으며, 1956년부터는 장기 강습과정(8개월)도 시작되었다. 교육 대상은 중졸 이상의 학력을 가진 23세 이상의 기독교인으로 지역과 교파의 제한은 없었다. 이론수업 · 실습수업과 함께 종교교육을 중시했으며 노동의 중요성과 함께 대화와 토의를 통한 의사소통 능력과 실천적 · 실용적 정신을 강조하였다(안철암, 2005: 85). 강습은 오전 시간에는 이론, 오후 시간에는 실습이라는 원칙으로 진행되었으며, 교육 내용으로는 성경, 축산, 비료, 농학, 협동조합론, 4H지도, 생활개선 등이 개설되었다. 특히, 농사 실습을 중시하여 수강생에게 논밭 각 300평을 분배하여 그 수확물로 식비를 조달하게 하였다. 매월 학생

기독교농민학원의 사업 안내 자료
http://archives.kdemo.or.kr/View?pRegNo=00138763

들의 연구 및 봉사 활동 내용과 각지 졸업생들을 방문·지도하며 사후 관리한 내
용을 『농민생활』에 싣기도 하였다(한규무, 2010).

③ 기독교여자농민학원과 삼애농업기술학원

기독교여자농민학원에서는 오전에는 예배와 학습, 오후에는 전시농장에서의 실
습과 노동을 병행함으로써 이론 학습만이 아니라 생활 속의 신앙과 실천을 통한
배움을 지향하였다(연규홍, 1999: 58). 배민수는 이곳에서 그의 저서 『그 나라와 한
국농촌』을 주요 교과서로 삼아 삼애정신과 하나님 나라 건설을 위한 농촌운동의
이념교육을 담당하였다(주명식, 2003: 92). 이후 1967년 말 경기도 일산에 기독교여
자농민학원을 합병한 재단법인 '삼애농업기술학원'으로 설립인가를 받았다(연규
홍, 1999: 134; 방기중, 1999: 296). 이듬해 3월 개강 당시 개설학과는 농업종합과, 축
산과, 원예과 등 총 120명으로 한 달간 신문광고를 통해 모집하였으나 제1기생은
12명이 지원하는 데 그쳤다. 이후 삼애농업기술학원은 부인 최순옥이 원장직을 맡
게 되었으며, 이후 연세대학교 농업개발원에 기증(1976년)되었다(주명식, 2003: 95).

순회강연을 통한 사회교육 활동

배민수의 대표적인 사회교육 활동으로 비형식적 성격을 띠는 것으로는 농촌운동을 배경으로 한 순회강연이나 종교적 성격의 설교 활동을 들 수 있다.

① 기독교농촌연구회 농촌순회 계몽 활동

배민수가 숭실전문학교 시절 참여한 기독교농촌연구회 농촌순회 계몽 활동은 국민의 80% 이상이 농민인 상황에서 덴마크나 스웨덴처럼 농촌을 계몽하는 것이 가장 효과적이고 긍정적인 민족 독립운동의 방법이라는 의식의 전환과 함께 이루어진 것이었다(배민수, 1999: 224). 1924년 조만식을 따르는 일군의 기독교 청년들은 정기적인 소모임을 구성하여 향후 농촌운동의 방향을 모색하였으며 평양 근교를 중심으로 농촌계몽 활동을 전개하였다. 1926년경부터 배민수는 그들과 함께 농촌 대상 순회강연을 시작하여 농촌의 생활개선, 의식개조 및 영농개선을 위한 계몽 활동을 펼쳐 나갔다. 이러한 강연 활동은 일제강점기 우리나라 사회교육의 전형적인 모습으로서 의식 개혁과 함께 생활개선을 추구하는 비형식적 사회교육 활동이었다.

② 장로교 농촌부의 순회농촌수양회 강연 활동

배민수가 총무로 일했던 장로교 총회 농촌부는 순회농촌수양회를 통해 겨울철 농한기(11~3월)에 농촌 현장을 순회하며 성인들을 대상으로 농사 강습과 계몽운동을 펼쳤다. 교육 내용은 성경, 작물, 비료, 채소, 과수, 농용약재, 부업, 가사 등이었으며 배민수는 농촌복음을 담당하였다. 순회농촌수양회는 농업인을 위한 일종의 OJT교육으로서 각종 지식 및 정보의 전달과 함께 의식의 함양을 도모하였다.

③ 미국에서의 강연 · 설교 활동

1937년 장로교 총회 농촌부의 해체와 일제의 탄압을 피해 도미한 배민수는 3년간 미국 전역을 순회하며 강연·설교 활동을 펼쳤다. 그는 한국의 정치적 상황과 일제의 탄압, 세계복음화를 위한 미국의 대외 선교사업의 중요성, 한국 선교 활동의 업적 등을 강조하며 한국 기독교와 조국 독립을 위한 자신의 활동에 지지를 호소하였다(배민수, 1999: 274-285). 강연과 설교는 남녀노소 구분 없이 학교와 교회, 봉사단체, 여성·청년모임에서 이루어졌으며 모임의 성격에 따라 노래나 플루트 연주, 그리고 대화도 나누었다(최재건, 2008: 121). 그는 이러한 활동을 바탕으로 'The Good Samaritan Project in Korea'라는 이름의 후원회를 조직하였으며 미국인 2~3천 명이 이에 동조하였다(최재건, 2008: 122). 이후 배민수는 대전에서 기독농민학원을 운영하던 때에도 미국을 방문하여 1962년부터 1964년까지 미국 전역을 돌며 986회의 강연과 설교를 하였다(방기중, 2000: 405).

사회조직을 통한 사회교육 활동

배민수는 학창 시절부터 여러 가지 사회조직에 참여하였다. 배민수는 이러한 사회조직에 참여하여 활동하는 가운데 다양한 유형의 사회교육을 통해 많은 사람에게 교육적인 영향을 미쳤다. 이를 살펴보면 다음과 같다.

① 급진·민족주의적 사회조직에 의한 사회교육 활동

먼저 평양 숭실학교 시절 조직된 '대한국민회 조선지부'에 의한 무형식적 사회교육 활동을 들 수 있다. 대한국민회 조선지부는 국내에서의 파업 선동, 철교 및 군사시설의 파괴, 미국 하와이에서 오는 신문이나 편지, 사진 등을 전달·유포하는 사업을 도모하였다. 배민수는 이 단체에 가입하여 항일을 위한 사회적 분위기 조성과 함께 민중들의 의식 전환을 위한 무형식적 사회교육 활동에 참여하였다. 또한 그는 3·1운동 당시 성진에서 강학린 목사의 영향 아래 교회 설교 활동에 동참하였으며 독립선언서 낭독과 기도, 연설 등과 같은 일종의 무형식적 사회교육 활동을 실시하였다. 당시 배민수는 이러한 비밀결사조직 활동과 함께 전국을 돌며 음악 선교 활동을 전개하는 등 다양한 무형식적 사회교육에 동참하였다.

② 협동조합을 통한 사회교육 활동

일제강점기에 배민수는 장로교 농촌부의 주요 사업의 하나로 협동조합운동을
적극적으로 추진하였다. 그는 농촌교회가 협동조합의 조직 기반이자 주체가 될 수
있다고 믿고 농촌부흥은 물론 농촌교회의 발전을 위해서 협동조합운동을 적극적
으로 펼쳐 나갔다(방기중, 1999: 178-179). 1936년의 『기독교보』에 따르면 장로교회
협동조합 활동은 10～40명 정도의 소수의 인원으로 구성·출자되어 운영되었다.
이러한 협동조합들은 사업 추진 과정에서 회원들을 중심으로 다양한 사회교육 활
동을 전개하였다. 협동조합 회원 및 주민들에게 음주·도박·미신의 타파를 강조
하는 의식계몽형 사회교육이 이루어지기도 하였다(정창화, 2013: 32). 또한 협동조
합운동을 주도해 나갈 만한 기독교 농촌지도자의 양성교육도 중요하게 다루었다
(주명식, 2003: 88).

언론과 출판을 통한 사회교육 활동

장로교 농촌부는 1935년 3월부터 『농촌통신』이라는 기관지 간행을 통해 주로
복음주의 농촌운동의 이념과 논리를 전파하였다. 배민수는 이곳에 복음주의 농촌
운동론, 예수촌 건설론 등을 발표하며 농촌부의 운동이념과 논리를 천명해 나갔
고, 사회교육의 일환으로 다양한 지식과 정보를 제공하였다. 그는 이밖에도 조선
농가의 연중 행사표를 출간하여 배부하였으며, 『농업성공비결』, 『작물재배법』,
『협동조합론』 등의 책자를 각 지방 농가에 보급하였다(배민수, 1935f). 아울러 농촌
전도지를 배부하기도 하였다(정봉기, 2003: 33).

지금까지 제시한 배민수의 사회교육 활동을 유형별로 정리하면 〈표 4-2〉와
같다.

| 표 4-2 | 배민수 사회교육 활동의 유형 및 주요 내용 |

유형	내용
교육기관을 통한 사회교육 활동	• 고등농사학원, 기독교농민학원, 삼애농업기술학원
순회강연을 통한 사회교육 활동	• 기독교농촌연구회 농촌순회 계몽 활동, 장로교 농촌부 순회농촌수양회 활동, 미국 전역 강연 및 설교 활동 등
사회조직을 통한 사회교육 활동	• 급진적 · 민족주의적 비밀결사조직에 의한 활동, 장로교 농촌부 협동조합운동
언론과 출판을 통한 사회교육 활동	• 장로교 농촌부 협동조합운동, 장로교 농촌부 월간지 『농촌통신』, 『성공백문』, 『농촌총서(비료편)』, 『협동조합론』 발간

배민수 사회교육사상의 내용과 성격

▪▪ 사회교육의 지향점

앞에서 살펴본 바와 같이 배민수는 삼애사상에 입각한 기독교 정신의 실천을 강조하면서 이를 농촌운동의 지도원리로서 제시하였다(김성수, 2003: 56). 배민수의 기본 사상과 사회교육 활동에 나타난 그의 사회교육사상의 지향점을 정리해 보면 다음과 같다.

사회참여적 기독교 세계관의 구현

배민수는 그의 직업이 목사라는 점에서도 나타나듯이 그 누구보다 종교적 신념이 뚜렷했으며 그의 사회교육 활동은 언제나 기독교적 사명을 반영했다. 배민수에게 사회교육은 하나님 나라의 구현을 위한 도구이기도 하였다. 이는 다음의 표현에서 잘 드러난다.

우리는 우리 스스로 주님 사랑을 실천하는 방법의 일환으로, 또한 구체적인 방법을 모색하고 가르치는 과정으로 교육사업을 벌였습니다. …… (중략) …… 우리의 삶은 주님의 뜻을 세우며 살아가야 하는 것입니다(배민수, 1999: 257-259).

이러한 표현에서 살펴볼 수 있듯이 배민수의 삶에서 사회교육이란 종교적 관념성을 극복하고 현실 사회체계와 완전히 결합되는 실천적·모범적 농촌운동을 펼쳐 가는 데 필요한 하나의 과정이며 방법이기도 하였다. 그가 이러한 사회교육 활동을 통해 궁극적으로 이루고자 한 것은 농촌복음과 농민교화를 통한 하나님 나라의 구현이었던 것이다. 그런데 배민수의 복음주의는 당시 한국 기독교 전반을 지배하고 있던 근본주의·원리주의적 사고에 대한 저항의 표명이었으며, 종교와 현실을 함께 고민한 과정에 대한 결과물이었다. 배민수(1935a)에 의하면 복음주의는 예수가 교훈하고 몸소 실천한 대로 신을 사랑하고 인간을 사랑하라는 원리를 따르는 것이었다. 또한 배민수가 평생에 걸쳐 중시하였던 기독교의 사회적 책무에 대한 신앙은 소외 계층인 농민을 대상으로 단순히 영적 문제만이 아니라 현실 세계의 물질적 문제까지도 함께 해결하고자 고민하는 신앙이었다. 그가 사회교육을 통해 구현하고자 했던 것은 바로 이러한 사회참여적 기독교 세계관이라고 할 수 있다.

세계평화주의 사상의 구현

배민수는 어린 시절부터 외국 선교사와의 빈번한 접촉을 통해 새로운 문물과 근대적 생활방식을 받아들이는 데 익숙했지만 조국의 독립을 위한 민족주의 정신만은 생애 전반에 걸쳐 절대적인 것이었다. 조국의 독립을 위해 무력적 저항마저도 마다하지 않을 만큼 급진적 민족주의를 지향하던 그가 민족과 국가를 초월한 세계시민으로서의 역할과 사명감에 눈을 뜬 것은 30대 중반에 경험한 맥코믹 신학교 유학 과정을 통해서였다. 세계평화주의 사상의 확립은 그로 하여금 이전의 민족주의적 사회교육운동이라는 편협함에서 벗어나 그의 관심사를 전 세계의 종교, 정치, 사회, 경제 문제의 해결로 확장하게 해 주었다(배민수, 1999: 253). 기독학생운동회(C.C.F) 활동에서도 '인종 간의 형제화'라는 원칙 아래 인종적 편견 및 계급 간의 투쟁에 대해 많은 토론의 시간을 보냈다(배민수, 1999: 252). 그는 기독주의의 실천과 기독지도자의 책무를 세계교회 및 세계구원을 달성하는 초민족적 · 초국가적인 것으로 파악하였다. 이러한 사상적 토대가 조국에서의 농촌교육 활동은 물론 미국 순회강연 활동의 원동력이 되었다.

서구 자본주의의 한계 극복

배민수는 정치적, 제도적 개혁에도 불구하고 여전히 농촌이 피폐한 상황에 놓여 있게 된 원인 중의 하나로 정신적 기초의 결핍과 황금주의에 의한 오염을 들었다(정봉기, 2003: 38). 그는 서구 자본주의 경제의 모순에 대해 비판하며 기독교주의적인 금욕주의와 표준적인 물질생활을 강조하였다. 이는 필요 이상의 물욕을 억제하고 부의 균등화를 추구하는 상호부조적 협동생활을 의미하는 것으로, 이러한 분배정의는 기독교 박애정신에 의해서 가능한 것이라고 보았다.

> 제 아무리 농산물이 풍부하고 경제력이 증진되었다 하더라도 그 사회 인간들이 이기적 개인주의에 몰두하며 음주, 윤리적 문란, 향락 등 온갖 죄악으로 생활한다면 이는 유해무익한 썩은 생활이요 ······ (중략) ······ 아무 쓸데없는 물질 본위의 생활을 초월하고 우리의 경제생활을 조직적으로 자진 제한함으로써 우리의 신앙생활을 철저히 하자(배민수, 1935c: 1).

이와 같이 배민수는 자본주의로 인해 양산되는 폐해의 극복을 위해 조직적인 경제생활의 영위와 신앙생활의 철저함을 강조하였으며 이를 실현하기 위해 농촌교육 활동에 매진하였다.

공산주의의 극복

배민수는 자본주의에 대한 비판과 함께 경제적 곤궁으로 인한 사상의 경도에도 우려를 나타냈다. 당시 공산주의자들은 농민들과 빈민들의 경제적인 문제뿐만 아니라 사회의 부조리한 현상을 고발하며 지식인들에게까지 파고들었다. 그는 이러한 공산주의의 확산에 대해 다음과 같이 우려하고 있다.

> 공산주의자들은 가난한 자, 농민과 노동자들, 빈민들을 파고들면서 그들의 경제적인 문제로부터 활동의 시발점을 삼았다. …… (중략) …… 공산주의 사상은 지식인들에게뿐 아니라 현실적으로 가진 것이 없는 빈한한 자들에게 급속도로 유포되었다. …… (중략) …… 나는 경제적인 문제 때문에 공산주의에 빠져드는 사람들이 몹시 안타까웠다. 그들의 경제적인 문제를 해결해 주지 않는다면 그들의 고단한 육신뿐 아니라 영혼마저도 병들게 만들 수 있는 일이었다(배민수, 1999: 227).

배민수는 당시 기독교가 사회주의에 대해 무기력했던 것은 사회실천에 대한 기독교의 신학적 기반이 정립되지 못한 데서 비롯되었다고 보았다(방기중, 2000: 140). 그런 이유로 그는 유산자 계급의 종교로 전락한 조선 기독교의 현실에 대한 강한 자기비판 의식을 갖게 되었다. 또한 그는 공산주의를 극복하기 위해 교회가 농촌복음과 농민교화를 통해 농민의 물질적 구원과 경제적 자립에 앞장설 것을 강조하였다.

민족주의 정신의 고수

배민수는 독립 의병장으로 활동한 아버지의 영향으로 기독교적 사상 이전에 이미 민족과 국가에 대한 사명감을 어깨에 짊어지고 있었다. 그는 식민지화되어 가는 위기에서 조국을 구원하기 위해 당시 팽배하던 종교의 탈정치화와 근본주의·원리주의에서 벗어나 한국 교회에 사회참여적 전통을 발현시키고자 노력했다. 그의 사회교육 활동은 이러한 민족주의 정신의 표출이었다. 농촌재건을 위한 사회교육 활동에서 보여 준 그의 열정과 헌신은 한민족의 자주독립을 위한 경제 부흥을 염두에 두었다는 점에서 민족주의적인 애국심의 표현이었던 것이다.

■ 사회교육의 본질

배민수가 사회교육의 기본 성격과 본질에 대해 어떻게 파악하고 있었는가를 정리하면 다음과 같다.

삶의 문제 해결 수단으로서의 사회교육

배민수에게 사회교육은 개인적인 성장과 체험을 도와주는 것에 머물지 않고 삶의 문제를 해결하고 사회 변화를 일으키기 위한 것이었다. 배민수의 사회교육은 농촌운동이라는 과제를 성공시키기 위해 선택한 구체적인 활동 계획 중의 하나였다. 배민수는 당시 농촌에서 시급하게 추진해야 할 사회운동으로 남존여비의 악풍을 개혁하는 부인해방운동, 자녀를 복음주의로 가르치고 키워 나가는 청소년운동, 일용양식의 균등화와 농촌경제를 위한 부업 및 물산장려, 농사 개량 또는 협동조합 등의 조합운동, 문맹퇴치, 보건, 육아, 가정 및 공중위생, 의식주의 개량 등을 들었다(배민수, 1935c). 그는 민중을 가난, 억눌림, 혼란으로부터 구원하는 것이 바로 교육이라고 말하였다. 그에게 사회교육이란 농촌 경제생활의 향상이라는 현실 문제 해결을 위한 조직의 운영 및 활동, 지도자의 양성, 그리고 농민 대상의 계몽 활동을 위한 수단을 의미하였다. 이러한 사실을 통해 그의 사회교육이 개인의 교육적 체험보다는 삶의 문제 해결에 주안점을 두었음을 알 수 있다.

사회 변화를 위한 온건한 수단으로서의 사회교육

배민수에게 사회교육은 비밀결사의 무장 폭력을 대체하는 온건하고 비폭력적인 사회 변화의 방법이었다. 배민수의 사회교육은 사회 변화를 지향하는 사회운동의 연장선상에서 이루어졌다. 그는 학창 시절 초기에 폭력적이고 직접적인 행동을 통한 사회 변화를 추구하였으나 나중에 이러한 방식을 통한 사회 변화에 회의를 느끼게 된다. 그는 직접적인 행동을 통한 사회 변화는 많은 사람들의 희생은 물론 근본적인 변화를 가져오는 데도 한계가 있음을 인식하게 된다. 이에 따라 시간이 오래 걸리더라도 근본적인 변화가 가능한 교육을 통한 사회 변화 방식을 더욱 중요하게 여기게 된다(배민수, 1999: 224). 학교교육이 일제에 의해 통제되던 시절 배민수에게 사회교육은 사회 변화를 위한 온건한 수단이자 근본적인 사회 변화를 가져올 수 있는 유일한 수단이었다.

■: 사회교육의 실천 원리

배민수의 사회교육실천과 사회교육사상에서 두드러지게 나타나는 사회교육의 구체적인 실천 원리에 대해 살펴보면 다음과 같다.

현장 지도자 양성 중심의 사회교육 실천

배민수는 농촌 재건에 있어 가장 시급하고 중요한 당면 과제는 모범농촌건설과 협동조합운동을 주도할 기독교 농촌지도자를 양성하는 것이라고 파악하였다. 배민수 사회교육의 결실이라 할 수 있는 기독교농민학원, 삼애농업기술학원 등은 모두 민족적 위기를 극복하고 종교적 전도 활동을 지속적으로 이어가기 위한 지도자 양성을 목적으로 한 것이었다. 그런데 그는 농촌지도자가 외부에서 파견하는 것이 아니라 바로 그 지역 현장 출신의 평민이어야 한다고 생각하였다.

> 나는 농촌 운동을 시작함에 있어서 농촌지도자의 양성이 가장 중요하다고 생각했다. 나는 구체적으로 한 부락을 지도하는 인물은 반드시 그 부락민 출신이어야 한다는 생각을 했다. 그곳 사정을 잘 아는 사람, 그곳 사람들을 가장 잘 아는 사람이 지도자로 설 때에 모든 개혁운동이 성공할 수 있다고 믿었기 때문이다(배민수, 1999: 257).

이와 같이 배민수는 사회교육을 통해 현장 평민중심의 농촌 지도자를 양성하고
자 하였다.

직업교육과 의식 계몽교육의 조화로운 실천

배민수는 농민들에 대한 직업교육과 의식 계몽교육을 균형 있게 실천하였다(배
민수, 1999: 256). 전자의 경우는 그가 설립하거나 운영한 대표적 교육기관들이 실
무 위주의 직업교육을 강조한 것에서 잘 나타나며, 후자의 경우는 『농민생활』등
의 간행물을 통한 사회교육 활동(폐풍 교정 시리즈 등)과 강연 활동 등을 통해 살펴
볼 수 있다. 배민수가 민중을 가난, 억눌림, 혼란으로부터 구원하기 위해 펼친 농
촌 사회교육은 "예수께서 제일 많이 사용하신 전도 방법으로 상대자의 요구를 응
하신 후에 도를 전하심 같이 우리도 …… 그들의 치명적 요구를 동정"(배민수,
1935b)한다는 발상 아래 이루어진 것이었다. 그는 사회교육을 통해 협동조합 활동
이나 농사기술 및 정보의 확산과 같은 실용적 측면뿐만 아니라 하나님 나라의 재
현 및 이상촌 형성을 위한 사랑과 평화의 정신, 그리고 민족주의 정신 등과 같은
의식적인 측면 또한 소중히 여겼다.

공동체지향적 조직 운영

그룬트비히의 사회교육적 정신을 이어받은 배민수는 농촌지도자 양성 교육에서
상호작용을 통한 의사소통과 기숙사 생활을 통한 협동정신을 무엇보다 강조하였
다. 그는 당시 조직적인 협동생활과 이를 위한 기관의 설립을 강조한 미국인 헨리
(Henry T. Hodgkin) 목사를 소개하였으며(배민수, 1935a), 당시의 경제 문제 해결을
위한 최선의 방법으로 협동을 통한 공동체 생활을 강조하였다(배민수, 1935b). 그가
직접 조직하거나 함께 참여한 대한국민회 조선지부, 기독교농촌연구회, 미국 맥코
믹 신학교 기독학생운동회(C.C.F), 장로교 총회 농촌부, 고등농사학원, 대전기독교
연합봉사회, 대성교회, 기독교농민학원, 기독교여자농민학원, 삼애농업기술학원
등은 모두 공동체적인 성격을 띠고 있었다. 이와 같이 공동체의 원리는 배민수가

중시한 사회교육 실천 원리 중의 하나였다.

운동지향적 소규모 조직의 활용

배민수의 사회교육 활동은 끊임없이 조직을 통해 이루어졌다. 그러나 그의 생애에서 그가 희망을 가질 수 있었던 조직은 비공식적·비체제적이며 활성화되고 열린 소규모 조직이었던 데 반해, 그가 좌절과 함께 비판의식을 표명한 조직은 공식적·체제적이며 닫힌 대규모 조직이었다. 전자의 경우는 숭실학교 시절의 애국청년회, 맥코믹 신학교의 기독학생운동회(C.C.F) 등이 해당되며, 후자의 경우에는 대한장로교 총회와 정부기관이 해당된다. 배민수가 겪어 온 장로교 총회 농촌부의 폐지, 그리고 기독교연합기구였던 기독교농민학원과 관련된 기성교회와 교계 지도자들에 대한 실망감 또한 후자를 뒷받침한다. 이런 맥락에서 그는 '운동(movement)지향적' 사회교육을 실천하기 위한 가장 적합한 방식으로 소규모의 조직을 활용하였다.

■ 사회교육자의 요건

배민수의 사회교육실천과 사회교육사상에서 두드러지게 나타나는 사회교육자의 요건에 대해 살펴보면 다음과 같다.

시대적·사회적 상황에 따른 사회교육 접근 방식의 유연성

인간의 행동과 사상은 사회적 구조와 역사적 상황에 의해 변화를 겪어 가게 된다. 사회교육자 역시 그의 사상적 토대나 활동의 흐름은 시대적·사회적 상황에 영향을 받을 수밖에 없다. 그런 점에서 배민수는 누구보다 더 시대와 사회를 능동적이고도 적확하게 파악하면서 사회교육의 방법 및 내용에서 유연성을 발휘하였다. 그는 우선적으로 국가 독립을 위한 민족지도자들의 3가지 활동 유형, 즉 무장저항에 의한 독립운동, 점진적인 부국강병에 의한 독립운동, 외교적 루트를 통한 독립운동 중 어느 하나에 치우치지 않고 시기별로 적절히 활용하였다. 즉, 평양 숭실학교에서의 전투적·무력적·급진적 애국청년 활동, 기독교농촌연구회 이후의 온건적·비폭력적·장기적 농촌계몽 순회강연 활동, 그리고 미국 생활기에 펼친 대외적 설교 및 순회강연 활동 등이 그것이다. 그의 이러한 행보는 해방 이후에도 이어져 제도권 농촌부흥사업에 몸담기도 하는 등 자신 앞에 펼쳐진 상황 변화에 따라 유연하고 적극적인 사회교육 활동을 전개하였다.

사회교육 활동에 대한 확고한 목표 의식과 사명감

배민수의 사회교육 활동은 비록 그 방법 및 수단에서는 상황에 따라 시기별로 변화가 있었지만 사회교육의 기본적인 지향점에는 변함이 없었다. 즉, 전 생애를 통해 민족주의와 기독교 복음주의적 사상은 물론 사회참여적 기독교 세계관의 구현, 세계평화주의 사상의 구현, 서구 자본주의의 한계 극복, 공산주의의 극복 등을 변함없이 지향하였다. 배민수는 지도자 양성의 중요성을 깨달은 이후 한 번도 사회교육의 장을 벗어나지 않았으며 일생 변함없이 사회교육자로서의 확고한 목표 의식과 사명감을 갖고 활동하였다. 배민수는 그가 참여한 지도자 양성 과정에서도 흔들림 없는 목표 의식과 사명감을 견지하기 위해서는 투철한 복음주의와 이를 위한 실천적 품성이 필요하다고 역설하였다. 그는 전 생애에 걸쳐 말과 실천을 통해 사회교육자에게 필요한 확고한 목표 의식과 사명감의 중요성을 보여 주었다.

유기적 지도자로서의 리더십

배민수는 농촌지도자의 자격을 거론하며 인격적, 도덕적인 측면 이외에 구체적으로 한 부락을 지도하는 인물은 반드시 그 부락민 출신이어야 하며, 그곳 사정을 가장 잘 아는 사람이어야 한다고 믿었다(배민수, 1999: 257). 이는 그람시(Antonio Gramsci)의 '유기적 지식인'과 유사한 발상이라고 할 수 있다(주진호, 2005). 배민수 자신도 평민의 자손으로서 평민들을 위한 사회교육자의 삶을 살았으며 항상 평민과 함께하려는 자세를 가지고 있었다. 그런 면에서 배민수 자신도 유기적 지도자로서의 리더십을 갖춘 사회교육자였다고 할 수 있다.

배민수 사회교육사상의 의의

배민수는 일제강점기와 해방 이후에 걸쳐 가장 활발히 농촌운동에 힘쓴 사회교육실천가였다. 그는 자신의 인생 전반에 걸쳐 사회 지도자로서 활동하였으며 지도자 양성을 위한 사회교육기관의 설립과 운영에 매진하였다. 또한 그는 그룬트비히의 정신을 한국적 상황에 적용시키기 위해 노력하였으며 제국주의가 만연하던 시기에 사회교육을 통해 세계평화주의, 사해동포주의를 실현하기 위해 노력한 사회교육사상가였다. 이와 관련하여 배민수의 사회교육사상이 갖는 역사적, 실천적 의의를 보다 구체적으로 살펴보면 다음과 같다.

첫째, 배민수 사회교육사상의 의의는 당시 한국의 기독교와 교회를 적극적으로 사회교육 실천의 장으로 끌어들이는 데 기여했다는 점이다. 그는 종교적 관념성을 극복하고 현실 사회체제와 결합되는 실천적 의미의 모범적인 농촌교육의 비전을 제시하였다. 그는 영과 육, 내세와 현세를 구분하고자 했던 당시 한국의 종교적 상황에 맞서 소외 계층인 농민의 편에 서서 교육을 통해 사회 변화를 실천하고자 노력했다는 점에서 큰 의미를 가진다. 그의 사상은 현대 사회에서 종교 및 종교지도자의 사회교육적 역할에 대해 의미 있는 시사점을 제시하고 있다.

둘째, 배민수의 사회교육사상은 그룬트비히의 사회교육 정신을 한국적으로 토착화하여 발전시켰다는 점에서 의의가 있다. 배민수가 설립한 사회교육기관의 교육 이념과 교육 방법 등에서 그룬트비히 정신의 계승을 엿볼 수 있다. 당시 그룬트비히의 삼애정신(애신, 애인, 애토)은 세계 기독교 협동조합운동의 일반적 실천이념으로 보급되고 있었으며, 배민수 역시 기독교 농촌연구회 시절부터 그룬트비히의 정신을 농촌운동을 위한 사회교육의 기본 정신으로 채택하였다. 하지만 그는 이를 그대로 모방하지 않고 한국의 농촌 환경을 고려하여 요목을 수정함으로써 한국적 사회교육 이념으로 재정립하는 데 기여하였다.

셋째, 배민수의 사회교육사상은 지역사회개발형 사회교육의 원형을 제공한다는 점에서 의의가 있다. 그는 보편적 세계평화주의를 내세우면서도 지역공동체 형성과 지역사회의 경제적 발전도 함께 추구하였다. 경제적인 관점에서 협동조합운동과 같은 공동체 상호부조적인 활동을 지향하며 경제적 피폐에서 벗어나고자 노력하였다는 점, 그리고 사회적인 관점에서 농민 및 여성의 계몽과 생활의 개선을 도모하여 신생활 수용에 앞장섰다는 점에서 그는 현대 사회에서 중시되는 지역사회 개발형 사회교육의 선구자라고 할 수 있다.

넷째, 배민수의 사회교육사상은 현대 사회교육자에게 진정으로 필요한 조건이 무엇인가를 보여 준다는 점에서 의의가 있다. 그의 삶은 사회교육의 환경, 여건, 제도적 뒷받침도 중요하지만 사명감과 유연성, 적극성, 그리고 유기적 지식인으로서의 모습이 사회교육자의 가장 중요한 요건들임을 상기시켜 준다. 근래 신자유주의적 세계화에의 대응으로써 지역공동체적 사회교육이 강조되고 있고 이를 이끌어 갈 지역사회교육 지도자들의 양성이 이슈화되고 있다. 단순히 기능적 직업인으로서의 사회교육 전문가 양산을 뛰어넘어 지역공동체를 가장 잘 알고 애착을 가질 수 있는 사회교육자의 양성이 바람직하다는 주장 또한 이러한 배민수의 사상과 맥을 같이한다고 할 수 있다.

반면, 배민수의 사회교육사상은 몇 가지 점에서 한계를 드러내고 있다.

첫째, 그의 사회교육사상에는 민중에 대한 애정에도 불구하고 학습자 주체성에 대한 존중이 미흡하게 나타나고 있다. 그는 교수자 주도적 입장에서 사회참여적 기독교 세계관의 관철을 강조했으며 전반적으로 계몽적, 교화적 성격을 많이 드러내고 있다.

둘째, 그의 사회교육 활동은 제도적 차원으로의 발전적인 승화라는 차원에서 만족스러운 결과를 얻지 못했다. 식민지 시기의 기독교 총회 농촌부의 활동이나 해방 이후 이승만 정권에 협조하며 농촌진흥운동을 펼친 때도 있었으나 이러한 제도권 활동들은 결국 만족스러운 결과를 이끌어 내지 못하였다. 결과론적으로 그의 사회교육은 제도권을 벗어난 영역에서 보다 빛을 발했다고 볼 수 있다. 그 까닭은 그가 국가 기관 및 정치권의 힘의 논리에 민중의 힘을 모아 조직적으로 대처하지

못했고 국가 및 정권의 속성에 대한 비판적 의식이 다소 부족했기 때문이 아닌가
라고 생각해 볼 수 있다.

셋째, 그는 자신의 인생 전반을 통해 사회적 지도자로서 활동하였고 인생 후반에
는 지도자 양성을 위한 사회교육기관의 설립과 운영에 매진하였으나 그의 유지를
받들만한 후계자의 확립으로 직접 연결하지는 못하였다. 이는 그의 타계 직후 진행
된 급격한 도시화와 농촌 인구 유출 등의 사회적 분위기와 이로 인한 농촌지도자
양성기관의 전반적인 쇠퇴 분위기를 고려하더라도 아쉬운 부분임에 틀림없다. 그
럼에도 배민수의 사회교육사상은 역사적 의의가 매우 크다. 배민수의 사회교육사
상은 현대의 사회교육자들에게 소외 계층을 위한 사랑, 공동체 의식, 사명감과 열
정, 유기적 지식인으로서의 자세가 필요함을 보여 주고 있다. 그런 면에서 배민수
의 사회교육사상은 오늘날 건전한 평생학습사회 구현을 위해 지속적으로 존중되
고 발전적으로 계승되어야 한다.

05 함석헌의 사회교육사상

이 장에서는 20세기의 대격변기를 거치면서 한국은 물론 세계적으로 인정받는 사상가이자 실천가인 함석헌(咸錫憲, 1901~1989)의 사회교육사상에 대해 살펴보고자 한다. 그는 사상가임과 동시에 독립운동가, 언론·출판인, 민권운동가, 종교인, 교육개혁가이기도 하였다(김성수, 2005; 김상봉, 2013). 그는 이러한 공로로 인해 1979년과 1985년 두 차례에 걸쳐 노벨평화상 후보로 추천되었다.

그런데 함석헌의 사상 및 실천은 사회교육과 매우 관계가 깊다. 그는 대안적 성격이 강한 비정규 교육기관인 오산학교에서 교육 활동을 시작하였으며 이후에도 제도권 밖 비형식 교육에 참여하였다. 또한 강의, 출판, 저술과 같은 다양한 활동을 통해 씨올이라 불리는 민중을 교육하였다. 그런 점에서 그는 학교교육보다 사회교육과 더 밀접한 관계를 가졌다고 볼 수 있다. 또한 그의 '씨올사상'에 나타난 민중의 성장과 사회변혁, 공동체 형성과 세계 평화 등에 대한 관심은 전통적인 사회교육의 이념과 맥을 같이한다(오혁진, 2012).

그럼에도 함석헌의 생애와 사상을 사회교육의 관점에서 구체적으로 다룬 연구, 특히 현대 사회에서 사회교육의 주요 문제에 대해 시사점을 얻기 위한 연구는 거의 없는 실정이다. 지금까지 함석헌의 생애와 사상에 대한 연구는 주로 한국의 정치, 사회, 종교, 비폭력 평화, 영세 중립 등의 차원에서 다양하게 이루어져 왔다(함석헌기념사업회 편, 2001; 박재순 편, 2013; 강종일, 2014: 1). 또한 함석헌의 교육사상에 대한 연구도 일부 이루어져 왔지만(전죽표, 1995; 강해영, 1996; 임경주, 1999; 이영미, 2007; 김조년, 2001) 양적으로도 부족할 뿐만 아니라 사회교육의 관점에서 구체적으로 이루어지지 못했다는 점에서 한계가 있다. 이런 맥락에서 이 장에서는 함석헌의 사상과 사회교육실천을 분석함으로써 함석헌 사회교육사상의 특징과 그 의의를 살펴보고자 한다.

함석헌의 생애와 사회교육 활동

■: 생 애

함석헌의 생애를 살펴보면 출생 및 성장기, 오산학교 교사 시절, 월남 이전의 정치적 사회운동 모색기, 월남 이후의 언론·문필활동기, 군사정권하에서의 민주화운동기로 나누어 볼 수 있다. 함석헌 저작집과 평전 등의 자료를 종합하여 함석헌의 생애를 시기별로 구성하면 다음과 같다.

출생 및 성장기(1901~1927년)

함석헌은 1901년 3월 평안북도 용천군의 사자섬(獅子島)이라는 곳에서 한의사였던 함형택과 김형도의 장남으로 출생하였다. 이후 덕일소학교(1906년)와 평양고등보통학교(1916)를 거쳐, 1921년에 오산학교 3학년에 편입하여 평생의 스승이라 할 수 있는 이승훈과 조만식, 유영모를 만나게 되어 역사와 민족정신을 배웠다(함석헌 저작집 6).[1] 1923년 오산학교를 졸업한 함석헌은 이듬해 동경고등사범학교 문과1부에 입학하게 되고 그곳에서 우치무라 간조(內村鑑三)[2]가 주도한 성서연구집회에 가입하였다(함석헌 저작집 25: 53). 그는 이 모임에서 만난 김교신과 송두용, 정상훈, 유석동, 양인선 등과 교제를 계속 이어나갔으며, 1927년 동경에서 『성서조선』을 창간하고 귀국 후에도 출간 사업을 이어갔다.

오산학교 교사 시기(1928~1937년)

함석헌은 1928년 자신의 모교인 오산학교에서 역사를 가르치는 교사로서 교직생활을 시작하였다. 그는 한국의 고난의 역사가 영광의 역사가 될 수 있다는 믿음을 가지고 학생들에게 민족정신을 심어 주기 위해 혼신의 노력을 다하였다. 그러나 일본총독부에 의해 제3차 조선교육령이 시행되어 학교에 대한 일제의 통제와 탄압이 점차 심해지자 1938년 3월 학교를 사임하였다(김상웅, 2013; 함석헌 저작집 6, 함석헌 저작집 25).

월남 이전의 정치적 사회운동 입문기(1938~1947년)

오산학교를 그만둔 후 함석헌은 오산에서 2년간 과수원 농장을 하면서 학생들을 지도하였고, 이후 1940년 김두혁으로부터 송산농사학원을 인수하였다(함석헌 저작집 6: 299). 1940년 3월 동경에서 김두혁이 '계우회' 사건으로 체포됨에 따라

---

1) 이 장에서 인용된 함석헌 저작집(30권)은 2009년에 편찬된 것으로서 번호는 저작집의 일련번호를 의미한다.
2) 일본의 기독교계 지성인으로 대표되는 그는 원래는 신문기자 출신으로 노·일전쟁을 반대하고 천황 칙어에 예를 하지 않았다 하여 국가로부터 매국노로 취급받았다. 그가 신봉한 신앙은 '무교회(無敎會) 신앙'이었으며, 이는 중간 매개자의 도움 없이 하나님께 직접 나아간다는 참의 정신과 절대적인 하나님 앞에서 모든 사람이 똑같다는 사랑과 평등의 신앙을 뜻한다.

그도 연루자로 체포되어 평양 대동경찰서에서 1년간 구류되기도 하였다. 1942년 용천으로 내려가 농사를 짓던 중 『성서조선』의 글이 문제가 되어 서대문형무소에서 미결수로 1년간 복역하기도 하였다(함석헌 저작집 6: 301). 그는 해방 후 고향 용암포 및 용암군의 자치위원장과 평북의 자치위원회 문교부장을 맡으면서 정치적 활동을 시작하였다. 하지만 이후 신의주반공학생의거사건의 배후로 지목받아 소련군사령부에 체포되어 두 달간 구금되었고, 이후에도 공산당에게 체포되어 총살 직전까지 가는 위기를 겪기도 하였다. 이 시기 그의 삶은 개인적, 신앙적, 학교교육적인 차원에서 점점 정치적, 역사적, 사회운동적인 차원으로 접어들게 되었다(함석헌 저작집 6: 297).

월남 이후의 언론 · 문필활동기(1947~1962년)

1947년 공산주의를 피해 남한으로 탈출한 함석헌은 이듬해부터 서울 YMCA 강당에서 일요성서집회를 시작하였다. 성서집회는 한국전쟁 중에도 피난지인 부산에서 계속되었다(김성수, 2005). 그는 전쟁이 끝난 후 1955년 『말씀』이라는 잡지를 발간하였으며, 1956년 장준하가 창간한 『사상계』에 여러 글을 발표하였고 그중 "생각하는 백성이라야 산다"라는 글로 인해 서대문형무소에 20일간 구금되었다. 1957년 천안의 기증받은 땅으로 '씨올농장'을 시작하였으며(함석헌 저작집 6: 99), 이후 1961년에는 강원도 고성군 안반덕에서 씨올농장을 운영하였다. 당시 많은 제자들이 함께 참여하여 직접 농사를 지으며 '씨올사상'을 연구하였다(함석헌 저작집 6: 297).

군사정권하에서의 민주화 투쟁기(1963~1989년)

함석헌은 1963년 민정에서 군정으로 정권이 이양되면서 시국강연과 시위에 적극적으로 참여하였다. 1967년에는 장준하의 국회의원 선거 옥중 출마를 위한 찬조연설을 하였으며, 1970년 4월 19일 『씨올의 소리』를 창간하고 사회 전반에 씨올사상을 전파하는 사회운동을 일으켰다(김상웅, 2013; 함석헌 저작집 25). 곧이어 문공부로부터 『씨올의 소리』 폐간을 고지받았으나 1971년 잘못된 고지였다는 대법원 판결을 받았으며, 그해 김재준과 함께 삼선개헌반대투쟁위원회를 결성하였다. 1973년 씨올농장을 정리하고 장준하를 비롯한 몇 사람의 도움으로 모산에서 구화 고등공민학교를 시작하였다. 그러나 1974년 박정희 유신정권의 긴급조치 발표 때는 물론 1979년 10ㆍ26 사건이 발생한 이후 전두환 신군부에 의해서도 연행과 구속이 반복되었다. 1980년 7월 『씨올의 소리』는 계엄당국에 의해 다시 일방적으로 폐간되었다가 1988년에 복간되었다. 그는 1979년과 1985년에 미국 퀘이크 세계협회로부터 두 차례에 걸쳐 노벨평화상 후보로 추천되기도 하였다. 그는 1989년 2월 4일 서울대학병원에서 생을 마감하였으며, 이후 2002년 8월 15일 독립유공자로 선정되어 대한민국 건국포장을 추서받았다.

■ 사회교육 활동

함석헌은 일생 사상가 및 사회운동가로서의 삶을 살았지만 다른 한편으로 다양한 유형의 사회교육 활동을 실천한 사회교육자의 삶을 살기도 하였다. 고등사범학교를 졸업한 함석헌은 해방 전에 이미 남강 이승훈이 설립한 오산학교에서 10여년 동안 교직생활을 한 경험을 가지고 있다. 당시 오산학교는 사립학교법에 의한 정식 학교였지만 실제적으로는 철저히 민족교육을 실시하는 일종의 대안학교적 성격이 강했다. 일제에 의해 사립학교에 대한 통제가 강화되자 그는 학교교육의 현장을 떠나게 되고 이후에는 다양한 사회교육 분야의 활동에 참여하게 된다. 그가 수행한 다양한 사회교육 활동을 유형별로 살펴보면 다음과 같다.

학교 형태의 사회교육 활동

함석헌은 오산학교를 떠난 이후에도 청소년을 대상으로 하는 교육에 많은 관심을 가졌다. 그가 참여하였던 청소년 대상 학교 형태 사회교육기관에서의 교육 활동을 살펴보면 다음과 같다.

먼저, 송산농사학원을 들 수 있다. 1940년 3월 함석헌은 평양 송산농사학원을 인수하였다. 송산농사학원은 원래 김두혁이 고당 조만식의 뜻을 따라 덴마크의 평민대학을 모방하여 설립한 시설이었는데 경영이 어려워지자 함석헌이 인계를 받게 된다(함석헌 저작집 25: 62). 학생 20여 명의 송산농사학원에서 함석헌은 교육, 기독교 신앙, 농사일이 결합된 통합적 교육활동을 실시하였다. 송산농사학원의 하루 일정은 아침 5시 반 기상, 6시 예배, 7시 아침 식사, 8시 반부터 두 시간 동안의 학과수업으로 진행되었다. 함석헌은 주로 성경, 고등원예, 국어, 역사, 한문, 농사법을 가르쳤다. 점심을 먹고 난 후에는 농업 실습으로 이어졌다. 학원에 기숙하는 학생 아홉 명을 포함한 열세 명의 학생이 함석헌과 송산학원의 설립자인 김두혁을 중심으로 공부하면서 약 5,000평의 과수원과 밭을 일구는 생활을 하였다.

다음, 구화고등공민학교를 들 수 있다. 함석헌과 장준하 등의 동료들은 1973년 여름에 모산에 있는 구화고등공민학교를 인수하였다. 천안의 씨올농장을 정리하여 빚을 청산하고 남은 돈으로 경영상의 어려움을 겪고 있던 인근의 한 학교를 인수하였던 것이다(함석헌 저작집 8: 159). 그들은 교사 진용을 새로이 하고 건물을 수리하고 화장실을 새로 짓는 등 하나씩 정돈해 나갔다. 교장은 계훈제가 맡았으며 함석헌은 학교에 자주 들러 교육 활동에 참여하였다(함석헌 저작집 8: 211-212). 그들은 장차 이 학교를 직업학교로 키워 생활교육을 추진하며 방과 책을 갖추어 사람들이 마음대로 와서 일하고 쉬고 생각할 수 있는 곳으로 만들고자 하였다. 함석헌은 이 학교를 오산학교의 정신을 이어받은 씨올교육의 전당으로 만들고자 하였으나 유신정권하에서 운영하기가 쉽지 않아 얼마 못 가서 문을 닫을 수밖에 없었다.

생활공동체를 통한 사회교육 활동

교육, 노동, 그리고 기독교 신앙을 강조했던 함석헌은 이 세 가지가 통합된 형태의 생활공동체 활동을 중시하였다. 그 대표적인 예로 씨올농장에서 이루어진 사회교육을 들 수 있다.

함석헌은 간디의 톨스토이 농장을 본받아 정만수, 홍명순 등의 도움으로 1957년

3월 천안에서 뜻을 같이하는 사람들과 생활공동체인 씨올농장을 설립하였다. 씨올
농장은 기독교적 공동체였으며, 밥상공동체이면서도 농사를 함께 짓는 생산공동
체였다. 일부 청년들은 하루 두 끼씩만 식사하며 새벽 3시부터 천안 시내 가옥들을
방문하여 인분을 퍼 나르기도 하였다. 그들은 노동 못지않게 성경 연구에도 심취
하였으며 동양의 고전사상에 이르기까지 다양한 학문을 깊이 있게 섭렵하면서 건
강한 신앙적 인격을 키우는 데 전력하였다. 이와 같이 씨올농장은 생활공동체이자
학습공동체의 성격을 가지고 있었다. 그러나 그는 훗날 이 시기에 그가 씨올농장
주위의 지역 농민들과 친구가 되지 못한 것을 반성하기도 하였다(함석헌 저작집 6:
100).

언론을 통한 사회교육 활동

함석헌은 사회운동 차원에서 신문과 잡지 등의 언론매체를 민중을 깨우치는 효
과적인 교육 수단으로 파악하였다(함석헌 저작집 2: 274). 언론매체를 통한 함석헌
의 사회교육 활동에 대해 구체적으로 살펴보면 다음과 같다.

첫째, 무교회주의를 표방한 『성서조선』 발간에의 참여 및 집필 활동을 들 수 있
다. 함석헌은 김교신 등과 더불어 『성서조선』 발간에 참여하였으며, 이곳에 '성서
적 입장에서 본 조선역사' 등 다양한 내용의 글을 게재함으로써 독자들의 의식 함
양에 힘썼다.

둘째, 잡지 『말씀』의 발간 및 집필 활동을 들 수 있다. 1955년 4월부터 그는 강
연 내용과 성서 해석이 주로 담긴 『말씀』이라는 잡지를 펴냈다. 이 잡지는 6호까지
발간되다가 5 · 16 파동으로 중단되었다.

셋째, 1956년 1월 장준하가 창간한 『사상계』에 대한 활발한 기고 활동을 들 수
있다. 함석헌은 『사상계』에 당시 기독교계의 문제점을 비판하는 글인 '한국 기독
교는 무엇을 하고 있나?'를 게재함으로써 사회에 큰 반향을 일으켰다. 또한 1957년
'할 말 있다'와 '생각하는 백성이라야 산다' 등 수많은 글을 사상계에 기고하며 민
중의 의식 함양에 힘썼다.

넷째, 『씨알의 소리』 발간 및 기고 활동을 들 수 있다. 그는 1970년 4월 19일 4·19 학생혁명 10주기를 맞아 스스로 『씨알의 소리』를 창간하여 씨알사상을 사회 전반에 전파하고자 노력하였다. 『씨알의 소리』는 이후 반체제 지식인 집단에게 동지적 유대감을 형성시키는 데도 매우 중요한 역할을 수행하였다(이해학, 2002). 『씨알의 소리』는 창간 후 폐간과 복간을 거듭했지만 한국의 민주화의 진전과 더불어 100회가 넘도록 발간되었고 한국의 지성을 결집시키고 씨알들을 조직화하는 데 기여하였다.

각종 집회 및 강연을 통한 사회교육 활동

함석헌은 각종 정기집회 및 대중집회에서의 강연을 통해 민중을 대상으로 하는 사회교육 활동을 하였다. 그 대표적인 예로 일요성서집회와 고전강좌 및 대중강연을 들 수 있다.

먼저, 일요성서집회는 함석헌이 1947년 3월 월남하여 이듬해 서울 YMCA 강당에서 시작하였다. 이때 시작된 성서집회는 한국전쟁 때 피난지 부산에서도 계속되었다. 1974년에는 봉원동 퀘이커교 모임을 오전 10시에 가졌으며, 명동가톨릭 여학생회관에서는 오후 3시에 성서모임을 가졌다. 또한 매월 둘째 일요일 오후 3시에는 부산 복음병원에서 모임을 가졌다(김삼웅, 2013: 282).

다음으로 함석헌은 지속적으로 고전강좌 및 대중강연을 통한 사회교육 활동을 실시하였다. 예를 들어, 1974년의 경우 매주 월요일 오후에는 명동 젠센기념관에서 고전강좌를 개설하였다. 또한 1986년에는 가톨릭 여학생회관, 신문사 주관 문화센터, 향린교회 등에서 노자 및 장자에 대한 강의를 하였다(함석헌 저작집 25: 85). 그 외에도 함석헌은 수많은 학교, 사회단체, 교회 등에서 대중강연 활동을 하였다.

| 표 5-1 | 함석헌 사회교육 활동의 유형 |

시 기	학교 형태 사회교육기관을 통한 활동	생활공동체를 통한 사회교육 활동	언론을 통한 사회교육 활동	각종 집회 및 강연을 통한 사회교육 활동
일제강점기	오산학교 송산농사학원		『성서조선』	오산학교 내 성서집회
해방 후~ 1960년대		씨올 농장	『말씀』 『사상계』	일요성서집회 고전강좌 각종 강연
1970년대 이후	구화고등공민학교		『씨올의 소리』	

함석헌 사회교육사상의 내용과 성격

▇ 사회교육의 지향점

함석헌은 자신의 모든 사상을 씨올이라는 개념 위에 정립하였다. 함석헌의 정치적·사회적 투쟁은 본인이 스스로 하나의 씨올로서 전체를 대표해서 수행한 것이었다. 그는 위로는 하나님이요, 아래로는 씨올을 믿었다고 밝혔다(함석헌 저작집 9: 123). 그러한 씨올사상의 기초에는 무교회주의 및 퀘이크주의를 바탕으로 한 기독교 사상, 노장사상, 간디와 톨스토이의 평화 사상 등이 자리하고 있었다. 이런 사상을 배경으로 그가 추구했던 사회교육의 목표에 대해 구체적으로 제시하면 다음과 같다.

씨올의 성숙

함석헌은 무엇보다도 개인적인 씨올의 성숙을 지향하였다. 씨올이야말로 새 시대의 민중이며, 새 역사의 창조자이며, 모든 정신적·물질적 활동의 목표가 된다고 보았다(함석헌 저작집 2: 137-138). 이러한 씨올을 형성하는 교육이 곧 씨올교육이었다(함석헌 저작집 3: 294). 그가 "생각하는 씨올이라야 삽니다. 씨올은 생각하는 것입니다. 생각하면 씨올입니다. 생각 못 하면 쭉정이입니다."(함석헌 저작집 8: 77)라고 주장한 바와 같이 성숙한 씨올을 형성하기 위한 교육의 시작은 '생각하는' 씨올이 되도록 하는 것이었다. 그에 의하면 사람은 꿈도 있어야 하고 잘 살고 싶어 하는 욕심도 있어야 하지만, 그보다 더 필요한 것은 '깨는' 일이었다(함석헌 저작집 9: 254). 이와 같이 씨올을 형성하는 것, 즉 민중의 의식화를 통한 자기 주체성의 확립이 곧 함석헌 사회교육의 지향점이라고 할 수 있다.

권력의 부당한 지배가 없는 사회의 구현

함석헌에 의하면 정치는 아무리 덕치와 인정으로 한다고 해도 인격적 관계가 아니기 때문에 결국은 지배와 피지배의 관계로 타락하기 마련이라고 하였다(함석헌 저작집 2: 97). 또한 우리 사회는 보수와 진보가 모두 필요하지만 현실적으로는 대개 기득권층의 이익을 위해 보수에 기울어지게 됨으로써 제도가 잘 고쳐지지 않는다고 파악하였다. 따라서 "사회에는 늘 싸움이 있게 생긴 것"(함석헌 저작집 1: 56)이며 사회를 건전하게 발전시키려면 제도를 끊임없이 고쳐야 한다고 주장하였다.

그는 기존의 교육이 제도는 그냥 두고 개인에게만 고치라고 했기 때문에 실제적이지 못하였다고 지적하였다(함석헌 저작집 1: 51). 함석헌에 의하면 씨올교육은 이러한 제도를 고치는 것까지 지향해야 한다. 또한 사람은 자유를 추구하는 생명체이자 인격체이기 때문에 저항은 인간의 본성이며 저항할 줄 모르는 것은 사람이 아니라고 하였다(함석헌 저작집 2: 109). 이와 같이 그가 추구했던 씨올교육은 기득권층에 유리하게 작용하는 제도에 저항하여 권력의 부당한 지배가 없는 사회를 만드는 것을 목적으로 하였다.

열린 자치적 공동체의 구현

함석헌은 꾀나 권력이 다스리는 세계가 아니라 과거 품앗이에서 나타난 바와 같이 사랑과 믿음이 다스리는 세계를 추구하였다(함석헌 저작집 7: 225). 이런 맥락에서 그는 '최소한으로 다스려라'는 원칙을 강조하며 그 대안으로 민중이 주체가 되는 지방자치 공동체의 발전을 제안하였다.

> 장래를 봐서 인류는 새로운 문명 단계로 들어가지 않고는 살 길이 없어요. 소국가주의를 강조해야 되고, 소국가주의를 하노라면 자연히 공동체 살림, 조그마한 공동체 살림이 늘어가야 되는 거지요. 민중계몽이 필요하게 되고, 교육과도 크게 관계되는 거지요(함석헌 저작집 25: 221).

이와 같이 작은 자치공동체를 형성하고 운영할 수 있는 씨올의 능력을 함양하는 것이 곧 그가 추구했던 사회교육의 지향점이라고 할 수 있다. 이러한 내용은 현대 사회에서 논의되고 있는 세계화에 대한 대응전략으로서의 지역화 원리와 맞닿아 있다(IFG 이주명 역, 2002).

남북통일을 위한 국민적 성격의 형성

함석헌은 세계 속에서 우리 민족의 역할과 성격에 대한 성찰이 필요하다고 하였다. 그러기 위해 먼저 정신적인 면에서 남북통일을 이루어 낼 수 있는 국민적 성격의 성립을 강조하였다. 그는 남북통일을 결코 '힘의 철학, 부국강병주의'로 이룰 수 있는 것이 아닌, 정신적 '비폭력 혁명'을 통해서만 이룰 수 있는 것으로 판단하였다(윤영천, 2014: 58).

> 만일 우리가 완전히 통일된 국민정신을 가졌다면 아무리 밖에서 오는 압박이 있었어도 우리를 남북으로 양단해 두 나라를 만들 수는 없었을 것이다. 아직도 그 선이 없어지지 않고 있는 것은 아직도 우리가 참 국민적 자아를 발견 못 했음을 증명하고 있는 것이다(함석헌 저작집 4: 28).

그는 통일을 위해서는 정신적인 면에서 통일을 지향하는 국민 성격을 형성하되 억압에 의해서가 아니라 각 개인이 개성을 가지고 그것을 발휘해야 한다고 하였다(함석헌 저작집 4: 184-185). 그에게는 이와 같이 자율적인 도덕적 정신으로 남북을 통일하는 인물을 길러 내는 일이 곧 교육의 목적 중의 하나였던 것이다(함석헌 저작집 3: 249).

국가주의를 초월한 세계주의의 구현

함석헌은 전 세계가 하나가 되어 발전해 가고 있는 상황에서 관념적으로 옛날의 국가관, 민족관, 계급관, 역사관에 매여 있는 것이 문제라고 보고 이를 극복하고자 하였다.

> 나라를 위해서는 모든 것을 바친다는 가르침이 아니었더라면 우리는 동물의 지경을 벗어나지 못했을 것이요, 겨우 깨기 시작한 자아의식 때문에 서로 싸워 모든 정력을 다 써버리고 멸종이 됐을지도 모른다. …… (중략) …… 이제는 그 국가에 무조건 복종만을 해서는 안 될 것을 알게 되었다. 이것이 자란 증거다(함석헌 저작집 4: 222).

그는 한쪽으로는 애국주의의 선전으로 이웃나라와의 관계를 이간질하며 한쪽으로는 향락주의를 선전해 민중의 정신력을 약화시켜 그 사이에서 권력과 부를 독점하던 국가주의 정치가들의 속셈이 차차 드러나고 있다고 주장하였다(함석헌 저작집 12: 71). 그런 맥락에서 그는 과거 '국민학교'란 이름에는 일본이 전체주의 정치를 실시하기 위한 국가지상주의·민족숭배사상이 들어 있다고 비판하며 이를 고칠 것을 주장하였다(함석헌 저작집 3: 244). 그는 이제 세계 전체가 하나의 유기체로 되어가고 있기에 개체 국가의 이익을 뛰어넘어 세계를 살리기 위해서 노력해야 할 때가 왔다고 주장하였다(함석헌 저작집 4: 291). 그러기 위해 교육자가 앞장을 서서 하나의 세계를 만드는 정신적 개척자로서의 사명감을 가져야 한다고 역설하였다(함석헌 저작집 3: 383).

■ 사회교육의 본질

함석헌이 사용한 '사회교육'이라는 용어는 학교를 중심으로 이루어지는 공교육 이외의 교육을 의미하는 전통적인 사회교육의 개념과 큰 차이가 없다.[3] 그러나 그의 사회교육실천과 사상에 반영된 사회교육의 본질은 그만의 독특한 특징을 가진다. 여기서는 사회교육의 본질에 대한 그의 생각을 추출해 보고자 한다.

평생교육 일환으로서의 사회교육

함석헌은 교육의 본질적인 의미와 의의를 '평생교육'의 차원에서 이해하였다. 이와 관련된 부분을 살펴보면 다음과 같다.

> 넓고 깊은 의미에서 생각할 때 사람이 하는 모든 일이 결국 교육입니다. 사람의 일만 아니라 생명의 전 과정이 곧 교육입니다. …… (중략) …… 하는 줄 알면서도 하고 하는 줄 모르면서도 합니다. 찬성하면서도 하고 반대하면서도 하게 되는 것이 교육입니다. …… (중략) …… 금하려 해도 금할 수 없습니다. 살림 그 자체, 정신 그 자체가 가르치는 것이요 또 배우는 것이기 때문입니다(함석헌 저작집 7: 47).

그는 또한 생명은 자라는 정신이요, 진화의 과정은 자기 교육의 과정이라고 주장하였다(함석헌 저작집 3: 173). 특히 그는 의무교육의 필요성을 주장하면서도 인간성 회복을 위한 교육개혁, 그릇된 입시제도의 개혁과 개성 상실의 획일적 학교교육 제도의 개편 등을 강조했다(강해영, 1996: 60). 이러한 교육관에는 교육을 청소

---

3) 그가 사회교육이라는 용어를 사용한 예를 들면 다음과 같다. "요새 데모대 막는 사람들 모양으로 숨어드는 걸 따라가서 끌어내고 그렇진 않습디다. 그렇게 지냈던 정신에 따라서 기념을 하고 그러면 사회교육도 되고, 내 속에서 약하던 것이 강하게도 되고 그래요." (함석헌 저작집 13: 192). 이와 같이 함석헌도 일반적인 의미에서 학교교육 이외의 교육을 의미하는 전통적 '사회교육'의 개념을 가지고 있었음을 알 수 있다.

년 시기와 학교 중심으로만 파악했던 전통적 교육관이 아니라 사회교육을 포함하는 진정한 의미의 평생교육적 관점이 엿보인다.

평등하게 누려야 할 권리로서의 사회교육

함석헌은 정치보다 높은 것이 교육이며 정치가 교육에 간섭해서는 안 된다고 강조하였다(함석헌 저작집 3: 284; 함석헌 저작집 9: 32-34). 교육이 정치 앞에 굴종하는 풍토에서는 절대로 제대로 된 교육이 이루어질 수 없다는 것이다. 또한 그는 교육은 누구에게나 평등하게 주어져야 한다고 주장하였다.

> 교육은 우량아에게만 하고 열등아에게는 하지 말란 것은 아니다. 반대로 열등아야말로 교육의 필요가 있다. 그 아이는 그 아이대로 적당한 교육이 있어야 할 것이다(함석헌 저작집 3: 230).

그의 이러한 주장은 특히 사회적으로 소외되고 배제된 이들에 대한 학습 기회의 보장을 강조하고 있다는 점에서 사회교육의 전통 및 학습권 사상과 맥을 같이 하고 있다.

사회와 밀접한 관계를 갖는 사회교육

함석헌은 교육과 사회와의 밀접한 관계성을 강조하며 당시 사회의 요구에 부응하지 못하는 학교교육의 한계성에 대해 경계하였다.

> 사실 교육의 주체는 사회인데, 실시하기는 학교라는 일정한 기관이나 선생이라는 특수한 개인이 하지만 그 교육을 시키는 것은 사회인데, 이제 말로는 사회생활을 할 수 있는 일원을 만드는 것이 교육의 목적이라 하면서 정작 졸업을 하고 나와도 그 사회의 요구와 맞지 않는다면 그런 큰 일이 어디 있나. …… (중략) …… 사회가 급격히 변하였다고 해도 변명이 아니 된다. 그럴수록 그런 일을 하자는 것이 바

로 교육이 아닌가(함석헌 저작집 3: 231).

그는 교육이 사회를 떠나 존재할 수 없다고 보았으며 항상 사회와의 밀접한 관계 속에서 교육을 파악하였다. 이러한 그의 교육관은 삶을 위한 교육, 삶 속에서의 교육을 강조하는 사회교육의 전통과 맞닿아 있다.

평민주체적 교육으로서의 사회교육

함석헌은 교육의 평민주체적 속성을 강조하였다. 이에 관해 그가 언급한 내용을 살펴보면 다음과 같다.

> 참 스승이 어디 있습니까? 씨올내놓고 다른 데 있을 수 없습니다. …… (중략) …… 씨올은 맨 사람입니다. 하늘에서 받은, 또 민족을 통해 받은 내 근본, 나를 가리울 만한 어떤 겉의 것도 가진 것 없는 것이 씨올입니다. 그렇기 때문에 좋은 교육자 찾으려거든 씨올에게로 가야 합니다(함석헌 저작집 2: 276).

이와 같이 함석헌은 교육에 있어 씨올 또는 평민주체적 속성을 강조하였다. 이는 세계 각국에 나타난 사회교육의 원형적 성격과 맥을 같이 한다.

사회 변화 가능성 확대 과정으로서 사회교육

함석헌은 현실 속에서 교육이 민중에 대한 사회적응의 유도와 정치적 지배에 활용되고 있음을 간파하면서 그 과정에서 나타날 수 있는 교육의 저항적 가능성에 대해서도 인식하였다.

> 사실 지배자가 피지배자에게 교육을 줄 때는 언제나 자기네를 위한 종을 기르잔 목적이다. 그러나 생명에는 모체 반항의 신비로운 법칙이 있어서 모든 지배자는 제 길러낸 종의 칼에 죽었다. 그러니 아무리 자본주의-물질주의의 잔재를 얻어먹고

컸다 하더라도 거기 대해 반항도 할 줄 모르고 도리어 저를 스스로 천시한다면 그것
은 짐승만도 못한 것이다(함석헌 저작집 3: 232).

그는 일제강점기에 이루어진 일본의 교육을 예로 들며 지배자를 심판할 지혜와
그것을 극복할 능력을 다른 사람이 아닌 지배자 자신이 가르쳐 준다고 파악하였다
(함석헌 저작집 7: 50). 이는 비판적 사고를 통한 주입식 교육의 극복과 대안적 의식
화를 통한 사회 변화의 가능성을 강조하는 전통적 사회교육관과 맥을 같이 한다.

■: 사회교육의 실천 원리

함석헌의 사회교육 활동과 그의 사상을 바탕으로 그가 적용했던 사회교육의 실
천 원리를 분석하면 다음과 같다.

씨올의 교육적 가능성과 한계 인식

함석헌은 우리나라의 민주화를 위해 해야 할 일은 민중이 '깨는' 것밖에 없다고
하였다(함석헌 저작집 4: 35-36). 그는 전체 씨올이라고 무조건 옳은 것은 아니며
씨올 전체가 지배자와 하나가 되어 잘못하는 때도 있다고 보았다(함석헌 저작집 9:
123). 대중은 고상한 이상에 통일되지 않는 한 '우중(愚衆)'이라고까지 표현하였다
(함석헌 저작집 2: 240). 그러므로 그는 씨올을 위한 교육의 중요성을 강조하였다.

적극적으로 민중을 가르치지 않고는 안 돼요. 하여간 가르쳐 줘야지. 가르쳐 주
지 않고는 안 되는 거야. 씨올이라는 사람들은 가능성을 가지고 있으니까. …… (중
략)…… 그것도 가르쳐 줘야 계발이 되지. 계발 못된 생각으로는 되나. 일시적인 기
분에 이쪽에 기울여졌다, 저쪽에 기울여졌다 하면 강한 힘이 있는 것 같지만, 참 힘
은 되지 않는 거지(함석헌 저작집 25: 220).

그는 씨올교육을 위해서는 그 가능성과 한계에 대한 객관적인 인식을 바탕으로 특별한 각오를 가져야 한다고 보았다. 이와 같이 민중교육을 통한 사회 변화의 가능성에 대한 정확한 인식과 강한 의지는 함석헌 사회교육의 중요한 실천 원리라고 할 수 있다. 다만, 민중을 주로 교육의 대상으로 보는 그의 인식은 오늘날의 사회교육이 평생교육의 관점에서 학습자의 주체성을 강조하는 것과 비교할 때 논의의 여지가 있다.

권력과 자본의 교육 지배 극복을 위한 노력

함석헌은 기본적으로 정치적 통제 및 경제적 성과와 무관한 교육의 실시를 주장하였다. 그는 정치가 교육에 직접 간섭을 하지 않을 때에만 교육이 바로 된다고 주장하였다(함석헌 저작집 3: 285). 그는 특히 국가 권력과 기업이 결합하여 교육을 지배하는 것에 대해 다음과 같이 비판하였다.

> 그런데 지금 문명을 산업문명이라 나라를 산업국가라 하는 때의 산업주의는 뭔가? 모든 것을 온통 차지하겠다는 사상이다. 그리고 그것이 같은 양심을 가지는 정치와 결탁하여 기업국가가 될 때 그 폐해는 말할 수 없이 크다. 거기 항거하고 자기의 성역을 지켜서만 사명을 다할 수 있는 교육이 그렇지 못하고 그 종으로 떨어졌으니 거기 밝은 내일이 어떻게 있겠는가(함석헌 저작집 3: 289).

이와 같은 함석헌의 인식에서 사회교육이 국가 권력과 자본의 통제에서 벗어나기 위한 최선의 노력을 다해야 한다는 실천 원리를 발견할 수 있다.

교육에서의 정신적 · 종교적 요소의 강화

함석헌은 혁명을 지향했으나 이는 교육을 통한 정신적인 혁명을 의미하였다. 그는 칼과 활로 하는 혁명이 껍데기 혁명이라면 속알의 혁명은 교회와 학교를 통해 이루는 정신혁명이라고 하였다(함석헌 저작집 10: 98). 그는 과학 발전이라는 명분으로 정신과 종교를 배척하고 기술 만능을 강조함에 따라 인격 교육이 소홀히 여겨지는 것에 대해서도 비판하였다(함석헌 저작집 3: 282-283). 그는 교육에서 정신적, 특히 종교적 요소의 중요성을 다음과 같이 주장하였다.

> 교육에서 맨 먼저 있을 것은 이념인데 이념은 종교 없이 있을 수 없다. 그 다음 교육 활동이 되려면 권위 없이는 될 수 없는데 권위의 근원은 어디인가? 그것은 종교다. ……(중략)…… 교육은 빼빼마른 지식이나 기술의 전달만이 아니라 심정으로 하는 인격의 변화이기 때문에 감격 없이 될 수 없는데 그 감격의 원천도 어디 있느냐 하면 종교에 있다. 해방 후 우리 교육이 실패한 것은 이러한 참 종교적인 이념, 권위, 감격이 없기 때문이다(함석헌 저작집 3: 284).

이와 같이 그는 인간의 문제가 정치적·경제적인 것에만 있는 것이 아니라 더 근본적으로 인간의 본질과 존재의 성격에서 기인하는 것으로 보고 정신과 종교적 요소가 강화된 교육을 강조하였다.

민중 주도 및 민중문화 중심의 교육 실천

함석헌은 근대의 정치 이념은 링컨의 '민중을 위한, 민중에 의한, 민중의' 라는 세 마디에 다 포함된다고 하였다. 즉, 민중의 운동은 누가 시키는 것이 아니라 스스로 움직이는 것이라고 하였다(함석헌 저작집 4: 139). 따라서 교육도 민중 주도로 주체적으로 이루어져야 한다고 보았다.

> 거의 만능이 되어 버린 정치의 자리에 있는 사람들은 더욱 반성해야 할 것입니다. 그러나 누구보다도 책임 있는 것은 씨올입니다. 교육하는 것도 씨올이요 교육받는 것도 씨올입니다. 정말 세상을 건지는 것은 씨올의 교육입니다. 씨올을 위해 씨올에 의해 이루어지는 교육입니다(함석헌 저작집 9, 32-34).

그는 오늘날에는 정치가가 민중을 가르친다는 말을 할 수 없으며 도리어 민중에게 겸손히 듣고 배워야만 정직한 정치가가 될 수 있다고 하였다(함석헌 저작집 4: 218). 그러기 위해 민중에게 접근하려면 민중의 언어를 무시하지 않고 존중해야 한다고 강조하였다(함석헌 저작집 25: 159). 이를 통해 그의 사회교육사상에서 민중주도 및 민중문화 중심의 사회교육 실천 원리를 도출할 수 있다.

인격 성숙과 조직화의 조화

함석헌은 지배자들의 과학적이고 조직적인 지배에 대항하기 위해서는 씨올들도 과학적이고 조직적으로 접근하지 않으면 안 된다고 하였다(함석헌 저작집 2: 135). 그러나 그는 조직만을 중시하는 것에 대해 반대하였다. 조직은 그것을 바르게 사용할 성의와 역량을 가지는 인격이 없으면 곧 타락해 버리기 때문이다. 그러므로 의식과 인격이 충분히 성숙되기 전까지 조직을 서둘러서 만들어서는 안 된다고 하였다(함석헌 저작집 2: 285). 그 대안으로 그는 유기적인 하나의 작은 인격적 생활공동체가 생겨야 한다고 보았으며(함석헌 저작집 2: 251, 283), 간디의 인격적 조직운동에서 그러한 역사적 사례를 찾았다(함석헌 저작집 12: 140). 이와 같이 그는 사회교육의 실천 원리로 인격화와 조직화의 조화를 강조하였다.

생활 속에 침투하는 게릴라식 교육의 지향

함석헌은 교육을 통해 진정한 삶의 변화를 이루기 위해서는 삶의 구석구석에서 이루어지는 '게릴라식 교육'이 필요하다고 주장하였다.

이제는 우리끼리 서로 씨올 속에 깊이 파고들어야만 합니다. ……(중략)…… 기술이 발달하면 할수록 사상의 유격전은 더욱 필요합니다. 이제 우리 싸움터는 국회의사당도, 법정도, 학교도, 교회도, 신문조차도 아닙니다. 직장, 다방, 선술집, 소풍놀이터에 있습니다. 이것은 누구의 일만이 아니요, 누가 해낼 수 있는 일도 아니요, 생활의 한 부분이 아니라 모두의 일, 내가 해야 하는 일, 생활의 전부이기 때문입니다(함석헌 저작집 2: 275).

이와 같은 함석헌의 생각은 그람시(Gramsci, A.)가 사회 변화의 전략으로 제시한 진지전과 맥을 같이한다. 또한 특정한 시간, 특정한 교육기관이나 시설에서만이 아니라 씨올들이 있는 삶의 모든 현장에 찾아가서 교육이 이루어지도록 하는 것은 사회교육의 오랜 전통과 맥을 같이 한다.

▪️ 사회교육자의 요건

함석헌에 의하면 모든 혁명 운동은 지도인물, 조직, 이론이라는 세 가지 요소로 구성되어 있으며, 그중에서 가장 중요한 것은 지도인물이다(함석헌 저작집 2: 38). 그 까닭은 뜻이 있으면서도 생각을 못 하거나, 생각을 하면서도 말을 못 하는 민중에게 분명한 이론을 제시하고 정정당당한 말을 할 수 있도록 하는 것은 오직 지식인만이 가능하며, 혁명의 주체는 민중이지만 조직이 없는 민중으로 하여금 조직을 만들고 민중을 하나로 뭉치게 돕는 것도 지식인의 역할이라고 보았기 때문이다(함석헌 저작집 4: 25). 사회교육의 관점에서 볼 때 이러한 지식인은 곧 사회교육자라고 할 수 있다. 함석헌의 사상에서 드러나는 사회교육자의 요건이 무엇인가 살펴보면 다음과 같다.

역사적 소명감

함석헌은 교사의 마음속에는 역사적 통경, 역사적 투시, 역사적 전망이 있어야 한다고 하였다(함석헌 저작집 3: 253). 이에 대한 표현을 살펴보면 다음과 같다.

전체적인 면에서 말하자면 그는 역사적 달관을 가져야 한다. 역사의 의미를 모르고 교사가 되는 것은 소경이 남을 인도하는 것과 마찬가지다. 교육이란 앞을 보고 인도하는 일인데 역사가 어디로 흐르는지 그것을 모르고는 할 수 없다(함석헌 저작집 3: 252).

이와 같이 함석헌은 교사에게 역사적 달관이 필요하다고 주장했다. 이는 사회교육자에게도 예외는 아니다. 그가 주장하는 역사적 달관이란 역사라는 거울을 통해 현재를 반성하고 미래를 설계할 수 있어야 한다는 것을 의미한다. 함석헌의 사상에 의하면 사회교육자는 사회 변화를 위해 앞장서야 할 책임이 있는 지식인으로서 누구보다도 사회의 역사적 변화에 민감해야 한다.

모범적 인격

함석헌은 교사에게는 지식이나 기술의 권위가 아닌 전인격적인 차원에서의 권위가 필요하다고 하였다. 함석헌에 의하면 교육은 다른 일과 달라서 아무리 분업화한 현재에서도 교육자에게는 일정한 정신적 자격이 요구된다(함석헌 저작집 3: 314). 이는 다음의 표현에서 잘 나타나고 있다.

> 지식에서는 권위가 있을 수 있고 기술에서도 권위가 있을 수 있으나 전인적인 인격을 무시하고 기술인간화하여 팔아먹기에 급급했던 현대 교사는 인격적으로는 불구자다. 그러므로 과학자로는 대접을 받고 기술자로는 대접을 받을지 모르나 사람으로는 아무것도 아니라는 대접을 받고 있다. 그래가지고 인격도야를 할 수 없다(함석헌 저작집 3: 324).

지식과 기술에 앞서 교육자의 인격적인 면을 강조해야 하는 것은 학교교사는 물론 사회교육자의 경우에도 마찬가지라고 할 수 있다. 함석헌에 의하면 본인이 인격을 갖추지 않고서는 다른 사람들을 인격적으로 교육할 수 없다. 그는 선생이란 자신이 앞장서서 나선다고 될 수 있는 것이 아니라 이른바 '사표(師表)'라는 말이 의미하듯이 남에게 지식과 덕행을 통해 모범을 보임으로써 자연스럽게 인정받는 것이라고 하였다(함석헌 저작집 3: 234). 이와 같이 함석헌은 사회교육자가 갖추어야 할 요건으로 인격적, 정신적 모범의 중요성을 강조했다.

교육과 정치의 관계에 대한 비판적 인식

함석헌은 교육자가 정치적으로 이용당할 수 있음을 지적하면서 교육자는 이러한 속성을 간파하고 경계할 수 있는 안목이 있어야 한다고 주장하였다.

> 살빛, 말, 풍속이 조금 다르다고 서로 배척을 하고, 서로 싸울 아무 까닭도 없는데 싸워 온 것이 인류 역사요, 그 싸움을 붙여 놓고 중간에서 이를 취한 것이 지금까지의 정치가, 군인, 영웅하는 물건들인데, 교육자는 공연히 속아 그 앞잡이를 하고 열심을 내어 민족의 신성, 국가의 신성, 계급의 권리를 가르쳐 왔다. ……(중략) …… 이제 교육자는 그렇지 않는 것을 스스로 깨달아야 한다. 정치업자, 전쟁업자들에게 고용을 당해서는 아니 된다(함석헌 저작집 3: 249).

그에 의하면 교육과 정치의 관계에 대한 비판적 의식이 없는 교육자는 자신도 모르게 특정한 권력의 이익에 봉사하는 교육적 도구가 될 수 있다. 그런 면에서 그의 사회교육사상에 의하면 사회교육자의 경우에도 교육과 정치의 관계에 대한 사회과학적 안목이 요구된다.

사명 수행을 위한 헌신의 자세

함석헌에 의하면 교육자는 본인 스스로 하나님에게서 중대한 사명을 받았다는 확신과 의무감이 있어야 한다(함석헌 저작집 9: 276). 그는 천편일률적이고 지식과 기술의 전문성만 강조하는 직업전문인을 양성하는 교사양성 체계를 '사범(死凡)' 교육이라고 부르며 비판하였다. 그러면서 교육자에게는 죽음으로 모범을 보이는 자세가 필요하다고 하였다.

> 사범이 정말 사범이 되려면 사범(死範)이어야 할 것이다. 죽기를 바로 죽도록 본을 보여 주어야 한다. 사람이 정말 배울 것은 사는 법이 아니고 죽는 법이다. ……(중략)…… 몸으로써 본때를 보여야 참 스승이라 하지만 본때란 죽는 본때다. 본때

있게 죽는 것이 스승이다(함석헌 저작집 6: 27).

이와 같이 함석헌은 교육자의 헌신을 강조하면서 죽어서도 모범이 될 수 있는 교육자를 양성하는 것이 필요하다고 주장하였다. 모범을 보여야 하는 것이 청소년을 대상으로 하는 교육자에게만 필요한 것이라고 할 수는 없다. 씨올교육의 관점에서 볼 때 성인을 대상으로 하는 교육에서도 헌신적인 자세로 모범을 보이는 사회교육자의 자세가 요구된다.

민중에 대한 애정과 존중

함석헌은 교육자에게 필요한 요건으로 민중에 대한 애정과 존중을 강조하였다(함석헌 저작집 3: 322). 함석헌은 민중과의 호흡이 끊어지는 순간 혁명의 힘도 끊어지는 것으로 보았다(함석헌 저작집 2: 42). 이러한 점은 씨올농장에서 지역의 농민들과 친구가 되지 못한 자신의 모습에 대해 반성하는 모습에서도 엿볼 수 있다(함석헌 저작집 6: 100). 그는 모든 지식층의 지도자가 처음에는 불붙는 성의를 가지고 혁명을 시작하였다가도 마침내는 민중을 저버리거나 민중에게 저버림을 당하게 되는 것은 민중을 다스리고 간섭하고 교도하려는 의식 때문이라고 보았다. 그러므로 그의 사상에 의하면 사회교육자는 학습자에 대한 애정을 가지고 학습자와 하나가 되기 위한 겸허한 마음이 있어야 한다.

함석헌 사회교육사상의 의의

함석헌은 대안학교적 성격이 강한 오산학교에서의 교육 활동을 시작으로 제도권 밖 비형식 교육과 강연, 출판, 저술과 같은 다양한 사회교육 활동을 통해 우리나라의 사회변혁과 민주화에 평생을 바쳤다. 함석헌은 현대 평생교육의 관점에서 교육의 항상성과 편재성을 인식하고 있었으며 교육과 사회와의 관계를 강조하였다. 그리고 사회교육의 원형에 어울리는 평민중심의 교육관을 지향하며 사회교육을 통해 그가 추구하는 사회를 구현하고자 노력하였다. 그는 사회교육을 통해 씨올들이 부당한 권력과 자본의 지배를 극복하고 자치적으로 운영하는 지역공동체를 형성하며 편협한 국가주의를 벗어나 세계주의를 지향할 수 있기를 기대하였다. 한마디로 함석헌은 개별적인 씨올의 성숙과 민주적 시민사회의 형성을 위해 사회교육의 필요성을 강조한 사상가이자 실천가라고 정리할 수 있다. 이러한 함석헌의 사회교육 활동 및 사상이 갖는 몇 가지 의의를 제시하면 다음과 같다.

첫째, 함석헌은 교육과 학습의 항상성과 편재성에 기초한 평생교육의 관점에서 사회교육의 중요성을 인식하고 실천한 선구자라는 점에서 의의가 있다. 그는 단지 학교교육의 보완이나 단편적인 사회운동의 수단 차원에서만 사회교육을 실시한 것이 아니라 삶의 전 영역과 전 생애에 걸친 학습을 전제한 교육을 강조하였다. 또한 씨올의 교육적 주체성과 가능성에 대해 매우 긍정적인 입장을 취했다는 점에서도 오늘날 이상적인 평생교육의 원리와 맥을 같이 한다고 볼 수 있다.

둘째, 함석헌은 교육과 사회와의 관계를 통합적으로 인식하였다는 점에서 의의가 있다. 그는 민중이 주체가 되는 교육을 강조하는 한편, 건전한 사회를 건설하기 위한 수단으로서도 교육을 인식하였다. 또한 그는 교육이 사회변혁을 지향하되 개인의 정신적 성숙을 전제로 해야 한다고 생각하였으며, 교육이 사회 변화에 이바지해야 함을 강조하면서도 교육이 국가와 기업의 권력으로부터 독립되어야 할 것을 강조하였다. 또한 그는 개인의 인격 성숙을 전제로 한 사회 변화지향적 조직화를 강조하였다. 이런 점에서 함석헌의 교육사상은 특히 시민교육의 차원에서 시사하는 바가 크다. 그의 사상에 나타난 사회교육의 실천 원리는 현대 사회에서 시민교육이 시민사회적 가치와 교육적 가치를 통합하기 위해 활용할 수 있는 구체적인 방법이라고도 할 수 있다. 즉, 생활중심의 시민교육, 학습동아리와 같은 작은 모임 중심의 시민교육에 대한 시사점을 제공한다. 그러나 그의 사회교육 실천 원리에서 정부와의 협치 등의 원리는 아직 구체화되지 못한 측면이 있다. 그것은 그의 활동이 주로 권위주의적인 정부와의 대립 과정에서 이루어졌기 때문이다.

셋째, 개인의 자율성 존중과 집단의 해방이라는 서로 대립 가능한 두 가지 가치의 추구와 관련하여 함석헌은 비교적 균형 있는 시각을 제시하고 있다. 학습은 개인의 문제로서 출발하지만 인간의 사회성을 고려할 때 집단의 존재를 무시할 수는 없다. 진정한 의미에서 개인이 자율을 영위하기 위해서는 집단의 해방이 전제되어야 한다. 반대로 집단의 해방 역시 개인의 자율이 전제된 의식화 과정이 전제되지 않고서는 진정한 의미를 찾기 어렵다. 이러한 맥락에서 함석헌의 사회교육사상은 씨올의 성숙이라는 개인적 자율을 중시함과 동시에 이를 민주적 시민사회와 억압받는 계층을 위한 집단의 해방과 연결하고 있다는 점에서 의의가 있다.

넷째, 함석헌의 사회교육사상에 반영된 사회교육자의 요건은 오늘날 사회교육 분야의 교육전문가라고 할 수 있는 평생교육사의 정체성에 대해 되돌아볼 필요성을 제기한다. 함석헌의 사회교육사상에 의하면 평생교육사는 단순히 전문지식을 활용하여 학습자가 요구하는 교육서비스를 효과적으로 제공하는 직업적 전문가가 아니라 교육의 원리와 교육 정의를 고민하는 교육사상가, 인류 보편적 가치를 추구하기 위한 사회 변화에 앞장서는 교육실천가, 부당한 정치와 자본의 폐해로부터 교육을 지켜 내고 학습자에 대한 사랑과 사명으로 헌신하는 '사범(師範)'으로서의 교육자가 되어야 한다. 이러한 점에서 함석헌의 사회교육사상은 현대 한국의 평생교육사 양성 과정에서도 지식적, 기능적 전문성만이 아니라 교육철학적인 면과 인격적인 면, 사회과학인 안목의 중요성이 강조되어야 함을 보여 준다.

이처럼 함석헌은 스스로 사회교육자로서의 실천을 했을 뿐만 아니라 사회교육사상가로서의 체계적인 교육관을 정립하였다. 그러나 그의 사회교육실천과 교육사상에는 시대적인 한계도 존재한다.

첫째, 함석헌은 현대 평생학습사회의 기본 흐름에 비추어 볼 때 민중의 자발적인 학습보다는 민중에 대한 교육에 보다 많은 무게감을 두고 있다는 점에서 한계가 있다. 그는 사회 변화에 있어 민중의 주체적인 학습의 중요성을 강조하기는 했지만 전반적으로는 여전히 민중의 교육을 위한 지식인의 책임과 역할에 큰 비중을 두었다고 볼 수 있다. 이는 현대 사회에서 점차 민중의 자발적인 학습의 중요성이 더 커지고 있으며 학습자의 주체성을 강조하는 추세와 거리가 있다. 그러나 다른 한편으로 교육자의 역할을 강조하는 그의 사회교육사상은 현대의 학습주의가 지나치게 학습자의 자율성과 역량을 강조하는 것에 대한 경종이 될 수도 있다는 점에서 보다 많은 성찰을 요구하고 있다.

둘째, 함석헌은 사회교육의 실천 측면에서 사회교육자로서 다소간의 한계를 드러낸다. 그는 지속적으로 민중을 위해 사회교육 활동에 참여하였지만 스스로 민중과 직접적인 교류는 잘하지 못하였다고 고백하였다. 즉, 농사꾼임을 자처하고 농사꾼의 벗이 되려고 애를 썼으나 크게 성공하지는 못하였다는 것이다(함석헌 저작집 6: 301). 그리고 스스로 조직력도 리더십도 부족하였다고 밝혔다(함석헌 저작집 25: 19). 이러한 점을 고려할 때 함석헌의 경우 교육사상가로서의 위상에 비해 교육실천가로서의 위상은 다소 그에 미치지 못하는 것이 아닌가라는 판단을 하게 한다.

그럼에도 함석헌은 현대 사회교육사에서 매우 비중 있게 다루어야 할 인물임에 틀림없다. 그는 씨올사상에 입각하여 사회교육의 원형에 어울리는 평민중심의 교육관을 지향하며 사회교육을 통해 그가 추구하는 사회를 구현하고자 노력하였다. 또한 그는 사회와 교육의 관계를 항상 염두에 두면서 인류 보편적 가치에 입각한 사회 변화와 교육의 고유한 본질 사이의 통합적인 균형을 이루고자 노력하였다. 이러한 업적들은 사회교육실천에서 더욱 발전적으로 계승되어야 할 소중한 자산이라고 할 수 있다.

06 이찬갑의 사회교육사상

역사적으로 사회교육은 학교교육에 대한 대안적인 성격을 띠고 시작된 것이 일 반적이다. 그런 의미에서 현대 사회에서 그 중요성이 커지고 있는 대안학교는 사 회교육의 전통과 매우 밀접한 관계를 가진다. 전통적으로 과거의 대안학교는 국가 의 재정적 지원과 학력의 인정을 받지 않는 대신 교육 운영상의 법적, 제도적 제약 을 덜 받는 교육기관이라는 점에서 사회교육기관의 한 유형이었다고 볼 수 있다. 한편, 많은 수의 사회교육기관들은 학교교육이 지향하는 바와 다른 교육적 가치를 지향했다는 점에서 대안학교의 성격을 띠고 있었다. 그런 점에서 우리나라 사회교 육사에서 대안학교와 사회교육기관은 매우 밀접한 관계를 가진다.

우리나라에서 대안학교의 성격이 강한 사회교육기관을 운영한 대표적인 인물 중의 한 사람으로 이찬갑(李贊甲, 1904~1974)을 들 수 있다. 이찬갑은 남강 이승훈의 증손자격(종증손)에 해당되는 사람으로서 오산학교에서 수학했으며 이승훈을 도와 오산학교의 발전을 위해 노력한 인물이다. 또한 그는 한국전쟁 후 한국의 대표적인 대안학교 중 하나인 풀무학교를 주옥로와 함께 설립하고 오산학교의 정신을 풀무학교에 옮겨심기 위해 노력하였다. 이러한 노력에 힘입어 풀무학교는 현대 우리나라를 대표하는 가장 대표적인 지역사회 중심의 대안학교로 성장하였다(김조년, 1998; 이병환, 김경식, 1999). 최근에는 '풀무농업고등기술학교'로서 학력을 인정받고 교육청의 지원도 일부 받고 있지만 역사적으로 풀무학교는 우리나라 학교형태 사회교육기관의 원형이라고 할 수 있다. 또한 이찬갑은 덴마크 사회교육의 선구자인 그룬트비히의 교육정신을 한국에서 가장 그 원형에 맞게 체계적으로 구현한 선구적인 인물로 알려져 있다. 국어와 역사의 중요성을 강조하며 지역사회와 평민중심의 공동체 교육을 강조하는 풀무학교의 정신은 그룬트비히의 교육관과 밀접한 관계가 있다(오혁진, 2008).

그는 비록 대중적으로는 널리 알려지지 않았으나 평민중심의 교육자이자 대안학교 운동가로서 교육계의 주목을 받아 왔다(백승종, 2002; 홍순명, 2006). 그럼에도 그의 생애와 사상에 대해 아직 사회교육 분야에서는 깊이 있는 연구가 이루어지지 못하고 있는 실정이다. 이런 맥락에서 이 장에서는 이찬갑의 생애와 사상을 사회교육의 차원에서 살펴보고 그 성격과 의의를 분석해 보고자 한다.

이찬갑의 생애와 사회교육 활동

■ 생 애

이찬갑의 생애는 격동의 한국 현대사의 굴곡을 빠짐없이 받아들이고 체험하며 살아온 역사라 해도 과언이 아니다. 제국주의가 득세하던 구한말에 태어나 일제강점기에 청년기를 보내고 민족 분단의 비극과 한국전쟁, 독재와 부정부패 등 한국 현대사의 어둠을 뼈저리게 겪은 그는 정치·경제·사회적 격변기를 살아온 산증인이라 할 수 있다. 또한 그는 사회평등의 이념과 공동체의 정신, 소외계층에 대한 배려심이 절실히 요구될 수밖에 없었던 시대적 상황을 온몸으로 부딪치며 나아간 인물이라고 할 수 있다. 먼저 그의 생애를 살펴보면 다음과 같다.

성장 및 수학기(1904~1921년)

이찬갑은 1904년 평안북도 정주군 용동에서 이윤영과 승갈현의 장남으로 태어났다. 그의 집안은 할머니 때부터 기독교 신앙을 수용하였다. 또한 그의 조부 이자 경과 종중조부이던 이승훈 등의 영향으로 일찍부터 기독교적·민족주의적 배경 속에서 자라났다. 그는 조만식, 이승훈, 함석헌, 안창호, 이광수, 김교신, 최태사 등 식민지 조선을 대표하는 민족주의자들과 함께 교류하는 가운데 배우고 성장하였다. 그는 7세부터 오산보통학교에서 수학하였고 이후 오산중학교를 거쳤으며 그 이후에도 줄곧 오산학교의 성쇠와 함께했다. 특히, 중학교 시절에는 야구선수로 전국대회에 출전해서 일본 팀을 모두 이기고 우승하여 민족적 쾌거를 이루어 주위 어른들을 기쁘게 하였다.

오산학교 재학 중이던 시절부터 이승훈을 도와 오산학교의 경영에 힘을 보태기 시작했다. 3·1운동 과정에서 이승훈은 민족대표 33인의 한 사람으로 체포되어 투옥되고 오산학교는 일본 헌병에 의해 불타 버렸을 때 이찬갑은 아버지 이윤영(오산학교 1회)이 학교를 재건하는 일을 도왔다. 이후 일제가 사립학교 규칙을 통해 민족진영의 사립학교에 대한 통제를 강화할 때 오산학교가 일제의 방침을 따라 오산고등보통학교로 승격(실제 인가는 1926년에 이루어짐)하는 것을 반대하다 1921년에 오산학교를 중퇴하게 된다. 일제의 강압 속에서 자율적인 민족교육기관 운영의 한계를 느끼고 제도권 내 학교로의 발전을 꾀하려는 이승훈과 오산학교 설립의 초심을 유지하려는 두 사람의 견해 차이는 훗날 이승훈의 동상 제막식에 대한 이찬갑의 반대 및 불참으로 나타났다(백승종, 2002: 99). 이러한 일련의 과정은 이찬갑에게 새로운 사회교육 형태로서 제도권 학교교육을 뛰어넘는 지역사회 속의 대안학교형 교육기관을 꿈꾸게 하는 계기가 되었다.

오산학교 지원 중심 이상촌운동기(1921~1930년)

이찬갑이 용동에서 펼친 이상촌운동은 이승훈의 별세 이전과 이후로 나뉜다. 먼저, 그는 일찍부터 이승훈이 이상촌 건설을 위해 조직한 용동회(1907년) 및 자면회에서 중요한 역할을 담당하였다. 그는 오산의 일곱 마을에 각각 동회를 조직하고 그 전체를 하나로 묶어 소비조합[1]을 설치하는 데 동참하였다. 소비조합은 본래 학생과 주민들에게 생필품과 학용품을 값싸게 공급하기 위한 것이었다(백승종, 2002: 132). 오산학교와 일곱 마을의 공동체 활동은 학교와 교회, 농촌으로 나뉜 현장을 교육과 산업으로 구조화하고 정신과 물질이라는 양면으로 구체화하는 작업이었다.

그는 1923년에 최태사 등과 함께 '오산학우회'를 조직하고 회장이 되어 오산학교를 위한 활동을 적극적으로 펼쳐 나갔다. 1923년 김경의와 결혼하여 이후 슬하에 7남 1녀를 두게 된다. 1926년 부친 이윤영이 연통제 사건으로 일본 경찰에게 받은 고문의 후유증으로 별세하자 그의 민족주의 정신은 더욱 강렬해졌다. 한편, 김교신, 함석헌, 송두용 등이 무교회신앙 잡지『성서조선』을 창간하고 1928년 함석헌이 오산학교에 부임하여 성서모임을 결성하였을 때 이찬갑은 이승훈과 함께 이 모임에 적극적으로 참여하였다.[2] 그는 1928년 서울 피어슨고등성경학교에서 잠시 수학하였으나 주위의 바람대로 목사가 되기보다는 평생 평신도의 길을 가기로

---

1) 일제강점기 조선에서 소비조합이 처음으로 개설된 것은 1922년 12월이었다. 염태진과 이광수가 서울에서 만든 자작회가 그것으로 외국제 수입상품을 배격하기 위한 것이었다(백승종, 2002: 133). 오산의 조합은 일종의 은행이었다. 오산학교 학생들의 학비 송금이나 보관, 물품 구입 등을 정확히 계산하고 기입하는 경제적 교육의 장이었다. 소비조합 사업도 사실은 이찬갑과 김봉국 두 사람이 1929년 9월 일본에서 돌아온 뒤 '같이 시작했다'고 한다.

2) 함석헌 중심의 성서모임은 해방 뒤 다시 조직되어 1980년대 말까지도 '일심회'란 이름으로 존재하였다. 개인적인 사정으로 이찬갑은 일심회에 관여하지 않았지만 이들 멤버들 중 일부(최태사, 백연욱 등)는 훗날 그가 창설한 풀무학교를 물심양면으로 지원하였다.

굳게 결심하기도 하였다.

그는 1928년부터 2년간 일본 하마마쓰에 있던 성예원, 동경의 빈민굴, 지바현 등의 농촌을 돌아다니며 일본의 도시 문제, 농촌 문제에 대한 견문을 넓히고 협동조합운동에 관심을 갖게 되었다. 특히, 이 시기 그는 근대 덴마크의 아버지라 불린 그룬트비히의 사상을 바탕으로 한 농촌교육을 구상하였다. 1920년대 후반부터 이찬갑의 뇌리에는 그룬트비히가 남긴 "그 나라의 역사와 말이 아니고서는 그 민족을 깊은 잠에서 깨어나게 할 수 없다."라는 말이 깊이 새겨지게 되었다(백승종, 2002: 49). 당시 이찬갑은 그룬트비히가 품었던 민족 부흥의 이상을 일제강점기 조선의 농촌에서 과연 어떻게 실천할 수 있을까 하는 문제로 고심하며 불면증에 시달리기도 하였다(백승종, 2002: 113).

용동 이상촌운동 및 대안적 민족교육 모색기(1930~1948년)

종증조부 이승훈의 별세(1930년) 이후 이찬갑은 평북 정주군 용동에서 과수원을 경영하면서 소비조합운동 등을 통해 기독교적 이상사회의 실현에 전념하였다. 오산양계조합(김봉국 경영)의 조합장(1931~1933년)으로도 활동하였으며 오산소비조합의 전무이사(1933~1935년)를 역임하였다. 이후 1948년 월남할 때까지 과수원(오산농원) 경영에 전념하였다.

1937년에 그는 민족과 국어 사랑의 실천이라 할 수 있는 신문 스크랩 활동을 본격적으로 시작하여 1940년 『조선일보』와 『동아일보』가 강제 폐간될 때까지 계속하였다. 당시 각급 학교에서 조선어 교육이 폐지되는 분위기에서 그는 주변에 남아 있는 국어로 된 책과 잡지 등을 모두 사들여 민족정신의 뿌리를 지키려 하였다.

그는 1938년 6월부터 1939년 8월에 걸쳐 그룬트비히 사상을 바탕으로 한 농촌교육을 구체화하기 위하여 일본으로 건너가 여러 교육기관을 견학하였다. 아동중심주의를 지향하며 무교회주의 교사들에 의해 경영되던 무사시노학원이나 노작교육과 전인교육으로 유명한 다마까와 학원 등이 그 대상이었다. 특히, 그는 덴마크의 평민대학을 모방해서 설립된 시즈오까현 구즈라 국민고등학교에 입학하기도 하였다. 이러한 활동은 향후 풀무학교를 열기 위한 초석이 되었다. 그는 1942년 『성서조선』 사건으로 무교회주의 동지들과 함께 투옥되기도 하였으며 해방되던 해에는 오산학회 총무를 역임하기도 하였다.

월남 이후 제도권 교육 활동기(1948~1958년)

공산 학정을 견디지 못하여 가족을 이끌고 월남하여 서울에 정착한 그는 1949년 한국개척공단의 이사로 취임하고 서울에서 제본소를 운영하기도 하였다. 1950년 민족상잔의 시기에는 민족의 나아갈 바를 밝힌 저서 『다시 새날의 출발』을 저술하였다. 이후 부산 대연국민학교 강사(1951. 11.~1954. 9.), 경기도 여주군 대신중학교 강사(1954. 10.~1955. 3.), 인천시 해성고등학교 강사(1957. 4.~1958. 3.) 등을 역임하면서 제도권 교육의 현실을 바라보게 되고 이에 대한 비판과 대안으로서 풀무학교의 틀을 구상하기 시작한다.

풀무학원 교육기(1958~1974년)

그는 1958년 4월 23일에 예수를 닮은 위대한 평민 양성을 위해 주옥로와 함께 충청남도 홍성군 홍동면에 풀무학원을 설립하고 제도권 교육의 폐해를 보완할 수 있는 대안교육 및 사회교육 활동에 투신하게 된다. 그러나 그는 1960년 연탄가스 중독과 겹친 과로로 쓰러진 이후 14년간을 요양했지만 1974년 끝내 별세하였다.

■ 사회교육 활동

이찬갑이 교육과 관련된 많은 활동을 한 경력에 비해 풀무학교 활동에 실제로 참여한 시기는 그리 길지 않다. 그러나 그는 풀무학교 이전부터 다양한 형태의 사회교육 활동을 해 왔으며 그의 사회교육사상은 그때부터 형성되어 왔다고 볼 수 있다. 그 과정을 살펴보면 다음과 같다.

표 6-1 이찬갑의 생애

시기	생애 및 활동	비 고
성장 및 수학기 (1904~1921년)	• 평안북도 정주군 출생 • 기독교적, 민족주의적 집안 배경 • 오산보통학교 수학, 오산중학교 중퇴	
오산학교 지원 중심 이상촌 운동기 (1921~1930년)	• 이승훈을 도와 오산학교의 경영에 조력 • 용동회와 자면회의 청년회 활동 참여 • 오산학우회 조직 • 함석헌의 성서모임 참여	• 덴마크의 그룬트비 히 사상에 기초한 농촌교육 구상
용동 이상촌운동 및 대안적 민족 교육 모색기 (1930~1948년)	• 과수원 경영으로 소비조합운동을 펼침: 기독교적 이상사회의 실현에 전념 • 오산양계조합의 조합장(1931~1933년), 오산소비조 합 전무이사(1933~1935년) • 일본의 교육기관 시찰 및 견학(1938년): 금련국민 고등학교, 무사시노 학원 등 • 『성서조선』 사건으로 김교신 등 무교회주의자들과 함께 투옥됨(1942년 6~11월) • 오산학회 총무(1945~1946년)	• 신문 스크랩의 본격적 시작
월남 이후 제도권 교육 활동기 (1948~1958년)	• 공산 학정을 견디지 못하고 월남하여 서울에 정착 (1948년) • 한국개척공단 이사. 서울에서 제본소 운영(1949~ 1950년) • 부산대연초등학교(1951년), 경기도 대신중학교 (1954년), 인천시 해성고등학교(1957년) 강사 역임	• 『다시 새날의 출발』 출간(1950)
풀무학원 교육기 (1958~1974년)	• 충청남도 홍성군 홍동면에 풀무학원 설립(1958년): 주옥로와 함께 예수를 닮은 위대한 평민 양성에 투신 • 연탄가스 중독과 과로로 투병생활 시작(1960년) • 별세(1974)	

조직 및 단체를 통한 지역사회개발형 사회교육

이찬갑의 조직 및 단체를 통한 사회교육 활동은 주로 용동회 및 자면회를 통해 이루어졌다. 1925년 기독교청년회(YMCA)에서 간이교육강습소를 설치하여 농촌 중심의 전문지식 전파를 하기 훨씬 이전부터 용동에서는 문맹 퇴치와 위생사업 등을 자발적으로 실시하였다(백승종, 2002: 174). 이찬갑의 조부 이자경과 부친 이윤영 등은 이승훈이 이상촌 건설 운동을 지속적으로 추진하기 위해 조직한 '용동회'[3] (1907년)에서 중요한 역할을 담당하였다. 이찬갑은 3·1운동으로 수감되었다 출옥한 이승훈을 도와 '자면회(自勉會)'로 개칭된 용동의 동회에서 중추적인 역할을 수행하였다. 이와 관련하여 이찬갑의 오산학교 후배 최태사는 이찬갑의 자면회 활동에 대하여 이렇게 증언하였다.

> 선생께서는 소년회, 청년회 등을 조직하셔서 청소년들을 참되고 바르게 자라게 하며, 그 마음에 신앙의 눈을 뜨게 하려고 여러 가지로 애쓰시며 지도를 해오셨습니다(최태사, 1974; 이찬갑, 1994: 391; 백승종, 2002: 136).

이에 비추어 볼 때 이찬갑은 용동 자면회의 실질적인 주역이었다고 할 수 있다. 자면회의 활동에 힘입어 용동의 남녀노소 중에는 한 사람의 비문해자도 없었다고 전해진다(김도태, 1950: 240-241; 백승종, 2002: 131).

근면, 청결, 책임을 조직의 목표로 표방한 자면회의 주된 사업은 농지 개량, 연료 개량, 협동 생산, 협동 노동 및 소득 증대였다. 자면회 중에서도 이찬갑이 소속된 청년회(18~45세)는 1920년대 조만식이 전개한 조선물산장려운동에 적극 호응하였으며, 금주·금연 및 절약운동과 신지식의 보급에도 힘썼다. 청년회는 또한

---

3) 『조선일보』 1930년 5월 10일 보도에 따르면 용동회는 조선 최초의 근대적 동회로서 자치적으로 마을의 위생, 교양, 풍기는 물론이고 마을의 모든 일을 처리한 결과, 모범촌을 건설하는 데 성공했다고 한다. 용동회는 남성뿐만 아니라 여성 가운데서도 한 명씩 간사를 선출하여 마을 일을 함께 의논할 정도였다(백승종, 2002: 126).

계몽강연회와 주야간 강습회를 개최하였으며 오산학교 운동회를 주관하기도 하였
다. 또한 농산품 생산에 대한 자문과 구매조합의 운영, 생산물 품평회, 기독교 전
도 사업, 이발소 경영 등의 지역사회개발 및 사회교육을 진행하였다. 이러한 활동
의 주요 무대로 오산학교가 적극적으로 활용되었다. 그 밖에도 이찬갑은 뜻있는
인사들과 더불어 교회, 동회 및 야학을 통하여 주민을 지도하는 데 참여했다(서광
일, 1988: 275; 백승종, 2002: 134).

풀무학교 설립을 통한 학교 형태의 사회교육기관 운영

풀무학원의 공동설립자인 이찬갑과 주옥로는 1953년 무교회 성서모임 공주 집
회에서 처음 만나 농촌과 교육에 대한 서로의 관심을 알게 된다. 1957년과 1958년
성서모임이 주옥로가 거처하는 풀무골에서 열리면서 오랫동안 농촌교육을 준비하
며 홍동을 최적지로 생각하고 있던 이찬갑은 주옥로에게 함께 학교를 만들 것을
제안하였다. 이에 대해 1958년 2월 주옥로의 결단으로 지방 유지 8명과 함께 학교
발기회로 모여 토론한 끝에 기성회를 발족하게 되고 20여 명이 총회를 갖게 된다
(김광선, 2008: 46).

풀무학원의 설립 목적은 가난 때문에 배움을 중단한 순진한 젊은이들에게 배움
의 길을 열어 주고 진리와 복음의 씨를 뿌려 농촌의 일꾼으로, 조국의 아들딸로,
하나님의 사람으로 만들고자 하는 데 있었다. 주옥로는 주로 학교 설립에 필요한
재정적, 물질적 책임을 지고 자신의 토지 약 32,000평을 학교 부지와 실습지로 내
놓고 학교운영비 일체를 조달하는 데 힘썼으며 이찬갑은 주로 풀무학원 건학이념
을 제시하여 풀무의 정신적 기초를 놓는 데 공헌하였다(최어성, 1999: 22). 그는 풀
무학교의 모델로 덴마크의 그룬트비히가 창시한 사회교육기관인 평민대학(국민고
등학교)을 제시하고 있다. 그러나 그룬트비히가 평민대학을 통해 주로 정신교육을
강조한 것에 비해 이찬갑은 풀무학교를 통해 정신교육뿐만 아니라 실무적인 교육
도 강조했다는 점에서 차이가 있다(이찬갑, 1983: 78).

풀무학원은 독자적 교육이념을 펼치기 위해 정부의 지시에 따라야 하는 정규 중

학교로서의 인가보다는 '풀무고등공민학교'로 인가를 받았다. 교육 대상은 홍성군 내 거주자이면서 가정 형편이 어려워 초등 졸업 후 가사를 돌보거나 남의 집 머슴 살이를 하며 배움의 갈증을 해소하고자 들어온 학생들이 대부분이었다. 교육과정 은 기초 학력, 체험학습을 위한 실업, 예체능을 통한 정서 함양, 교양과 다양한 자 치 활동, 특강, 발표, 토론 조사 발표, 실험, 견학 등으로 구성되었다. 학생은 진학 자나 직업인이기 전에 종합적인 인격체(김광선, 2008: 52)라는 점에서 인문 · 실업 통합형 전인교육을 지향하였으며 진리 탐구의 자세, 더불어 사는 정신과 평화 정 신의 함양, 기숙사 생활, 서로 간의 다양성과 이질성 수용, 상호 보완이라는 정신 으로 공동학습을 추구하였다. 또한 '지역 속의 학교, 학교 속의 지역'을 꿈꾸며 학 교는 지역의 일부이고 지역사회는 열린 교과서이자 교실로 이해되었다.

독서운동 및 신문자료 열람을 통한 사회교육

이찬갑은 특별히 도서나 자료의 수집과 정리에 많은 노력을 기울였다. 이러한 노력들은 독서운동과 자료열람을 통한 사회교육으로 연결되었다. 그는 『동아일 보』와 『조선일보』를 자세히 살펴보면서 필요한 기사를 스크랩하였다. 그 시작은 1930년이었으며 외국에 나가 있는 기간을 제외하고는 계속되었다. 그는 『조선일 보』와 『동아일보』가 폐간되고 일제의 민족말살정책이 극에 달하게 되자 1941년 그동안 만들었던 7권의 스크랩북을 다른 한글 책들과 함께 오산농원의 뒤쪽 언덕 에 파묻어 숨기기도 하였다(백승종, 2002: 37).

또한 그는 일제의 탄압이 심해지는 가운데 한글의 명맥이 아주 끊어질지도 모른 다는 염려를 하며 한글로 출판된 서적을 하나도 빠뜨리지 않고 모두 구입하려고 노력했다. 오산 용동에서의 이상촌운동 시절 이찬갑은 청년회를 이끌면서 신문과 잡지의 열람을 권장하고 독서운동도 벌였으며 농촌문고의 설립에 관심을 기울였 다. 이는 당시 이찬갑이 『조선일보』와 『동아일보』를 정기구독하고 대부분의 조선 어 서적을 수집하고 있었던 사실과 무관하지 않다(백승종, 2002: 135). 특히, 그는 이러한 자료들을 교육적으로 활용하기 위한 마을도서관의 운영에 많은 관심을 기울였다. 그러나 중일전쟁이 발발하고 이찬갑 자신이 『성서조선』 사건으로 감옥에 갇히게 됨에 따라 마을도서관은 끝내 개관하지 못하였다(백승종, 2002: 59).

이찬갑 사회교육사상의 내용과 성격

▒ 사회교육의 지향점

이찬갑은 궁극적으로 자급자족적인 기독교 신앙공동체의 건설을 꿈꾸었다. 그의 사회교육 활동에는 종교와 교육, 농촌이 하나라는 신념이 뿌리 깊게 자리하고 있었다. 이찬갑이 사회교육을 통해 지향했던 것이 무엇인지 살펴보면 다음과 같다.

평민 중심의 기독교 인간관 구현

이찬갑의 사회교육사상은 인간 존중, 개성 존중, 평민 중심의 기독교적 인간관을 토대로 하고 있다. 그의 사회교육은 올바른 가치관과 실무 능력을 갖춘 평민을 기르는 평민 교육, 인격을 존중하고 소질과 능력이 피어나게 하는 인간 존중 교육, 삶의 체험과 학문을 통해 성서에 가까이 가게 만들고 깨닫게 하는 신앙 교육을 중심으로 펼쳐졌다(최어성, 1999: 28). 그는 참된 새 인간은 영원한 새 나라를 가르치는 성서를 기초로 형성된다고 보았다. 따라서 성서를 통해 더불어 사는 삶의 원리를 깨우치는 신앙 교육을 제일 우선시하였고 인성 복원 및 인격 형성의 교육을 추구하였다. 여기서 그의 기독교 사상은 당시 한국 기성 기독교의 활동 및 정신에 비판을 가한 무교회 기독교주의를 지향했다.

또한 그의 사상적 상징이라 할 수 있는 '무두무미(無頭無尾)'의 정신은 평민사상을 대변한다(홍순명, 1998). 그는 재능의 많고 적음에 관계없이 모든 사람의 인격은 똑같이 고귀하다고 보았으며 교육을 통해 육성되어야 할 '깬 사람'은 자신을 기꺼이 희생할 줄 아는 위대한 평민이어야 함을 강조했다. 성서에 근거한 양심의 규범에 따르는 사람, 진리를 탐구하는 사람, 자유롭게 행하되 옳은 일로 일치되는 사람을 위한 평민교육론(주옥로, 1980: 239-242)은 이후 풀무학원 설립의 기반이 되었다.

지역의 학교화, 학교의 지역화 구현

그는 지역사회 안에 존재하는 학교, 일상 자체가 배움이 되는 학교를 지향하였다. 풀무학교가 추구하는 지역사회교육운동의 특징은 초기 단계에서는 학교가 참여해 주로 학교 부지에서 사업을 시작하지만, 자립 단계가 되면 지역민 스스로 운영하며 완전 토착화될 수 있게 하는 것이었다. 그것은 한편으로 학교가 지역의 자치와 생명, 협동적 공동체에 공감하는 사람을 기르며, 다른 한편으로는 학교가 지역에서 배우고 지역은 주민의 교육을 담당한다는 것이었다(김광선, 2008: 55). 이는 지역의 교육력을 최대로 활용하고, 학교가 지역사회를 움직이는 상호작용의 원리인 것이다.

농촌문명의 갱신과 생태주의 구현

이찬갑은 산업화로 상징되는 현대 도시문명에 맞서 농촌 중심의 새 문명을 창조하고자 노력하였다. 이찬갑은 도시로부터 발화된 근대교육의 폐해에 대해 실망하고 질타하였다. 근대교육은 우승열패, 생존경쟁, 입신양명, 감투바람을 중시하고 있다는 것이다. 이찬갑은 당시 세계적 시대 상황에서 일어나고 있는 열강의 제국주의화, 국제적 모럴 헤저드, 인종차별주의, 열강 중심의 편 가르기 등에 대해 분노와 좌절감을 느꼈다. 또한 열강의 침략적 성향과 힘의 논리가 지배하는 현실 세계에 대해 비판하였다. 이는 근대적 도시적 문명에 대한 거부감을 드러낸 그룬트비히 정신과 일맥상통한다. 이찬갑은 농촌이 근본적, 정신중심적, 호조적, 생장적, 자연적, 해방적, 우주적, 하늘(종교)적인 데 반하여 도시는 현대적, 유물적, 기계적, 말초적, 살벌적, 향락적, 조작적, 속박적, 국부적, 평야적인 구정물 문화의 암흑세계(이찬갑 1994: 13; 백승종, 2002: 183)라고 보았다. 즉, 농업은 인생의 본업이며 농촌은 생명이자 정신이며 인간의 이상향이며 농촌이 없는 사회는 뿌리 없는 사회와도 같다는 것이다(배유태 2006: 40; 이찬갑, 1994: 20).

또한 이찬갑이 말했던 농촌 문명이란 오늘날의 관점에서 본다면 생태계의 기본 법칙을 존중하는 것, 또는 환경친화적인 생활방식을 추구하는 것과 맥을 같이 한다. 지식인이라면 누구나 다 기계화와 도시화를 비롯한 '근대화' 문제에 매달려 있었던 시대에 이찬갑은 이미 환경 최우선의 생활을 주장하고 있었다. 그가 기초를 놓은 풀무학교에서 후계자인 홍순명이 한국 최초로 유기농업의 길을 닦아 놓았다는 점은 결코 우연이 아니다(백승종, 2002: 170). 그는 도시 문명화에 맞서 농촌 사회의 갱생을 주장하면서 일찍부터 생태주의적 입장을 견지해 왔다. 자연의 오아시스인 농촌 없이 교육의 싹이 틀 수도 없을 뿐 아니라, 농업 위주의 기독교 생활공동체야말로 그가 꿈꾼 이상적 사회였다는 점이 이를 뒷받침한다.

■ 사회교육의 본질

이찬갑은 농촌 중심의 기독교 생활공동체를 꿈꾸며 그 수단으로써 사회교육을 활용하였다. 그가 남긴 사회교육 활동 및 관련 어록을 통해 파악할 수 있는 이찬갑이 바라보는 사회교육의 본질은 다음 몇 가지로 정리할 수 있다.

제도권 교육의 대안으로서의 사회교육

이찬갑은 교육적인 면에서든 종교적인 면에서든 제도화의 경직성을 비판하였다. 오산학교가 총독부의 인가를 받아 통제를 받게 되는 것에 반대했고 목사라는 특권층이 없는 무교회주의를 꿈꾼 것에서 잘 나타나듯이 그는 제도나 정책적인 얽매임을 원치 않았던 것이다. 그는 종교에 교회당이 없어야 한다는 것과 같이 교육에 학교가 없어지는 것이 인간의 이상이 아닐까라는 생각을 가졌다(이찬갑, 1983: 65). 그는 당시의 제도권 교육이 전반적으로 권력과 돈의 문제에 깊숙이 연관되어 있는 반면 민중의 삶에 다가가지 못하고 있음을 비판하였다.

세계의 평균 개인소득이 적기로 밑으로 셋째가 된다는 우리나라에서도 하류에 속하는 우리 일반 백성의 생활과는 관계가 있을 수 없는 양, 턱도 없는 굉장한 건물, 훌륭한 시설만을 위주로 삼습니다. ……(중략)…… 그 유력자 활동객들은 어떻게 하든 흔한 원조를 받아다가 그런 건물에 간판부터 내걸고 학생도 될 수만 있으면 남보다 돈 잘 낼 수 있는 층을 모집하여 일류니 이류니 하며 하나의 왕국을 만들어 이 사장·교장 하고 들어앉는 것입니다(이찬갑, 1983: 60).

이와 같이 그는 제도권 학교에서 벌어지는 비교육적 행태에 대해 강하게 비판하였다. 또한 그는 당시 제도권 교육의 행정을 맡고 있는 관료들의 교육정책과 행태에 대해서도 신랄하게 비판하였다(이찬갑, 1983: 60-61). 그는 제도권 교육을 정치권력의 시녀라고 파악하였다(백승종, 2002: 327). 이런 표현에서 볼 수 있듯이 그는 제도화에 감쳐진 권력의 속성을 파악하고 있었다.

이런 면에서 그는 사회교육을 제도권 교육의 폐해를 극복하는 대안으로 인식하였다고 볼 수 있다. 그가 추구하는 대안학교로서의 새로운 교육은 권력이나 물질, 관료나 특정한 법적 규칙에 의해 움직이는 것이 아니라 차라리 무두(無頭)로, 오직 생명의 진리만으로 움직이는 교육을 의미하였다(이찬갑, 1983: 63). 이러한 특징은 학교교육에 비해 비형식성을 강조하는 사회교육의 성격과 일맥상통한다고 볼 수 있다.

평생에 걸친 깨우침으로서의 사회교육

그에 의하면 참된 교육은 학생 각자의 숨은 재능을 찾아 길러 내고 이 세상의 짐을 짊어지고 나가려는 절실한 각오와 사명감을 일깨우는 것이다. 그는 농촌 문제 해결의 핵심을 '깬 인간'에서 찾고자 했다. 그가 보기에 그룬트비히로부터 배워야 할 것은 '그 나라의 역사와 말'을 통해 민족적으로 깨어나게 해야 한다는 것이다 (백승종, 2002: 181). 이와 같이 그가 생각하는 교육의 본질은 '깨우침'이었다. 따라서 사회의 개혁을 위해서는 개인의 자각이 우선되어야 한다.

한편, 그의 교육관에 의하면 이러한 깨우침으로서의 공부는 평생에 걸쳐 이루어져야 한다. 그는 학생들에게도 끊임없이 '공부는 죽는 날까지 일생 해야 된다'는 점을 강조하였다(이찬갑, 1983: 450). 비록 그가 풀무학교를 중심으로 사회교육을 실시했지만 그의 기본적인 교육관에는 평생학습의 관점이 전제되어 있었던 것이다. 이런 점을 종합해 볼 때 그에게 있어 사회교육관이란 평생에 걸친 깨우침이었다고 볼 수 있다.

개인의 각성을 통한 사회 변화 수단으로서의 사회교육

그에 의하면 개인의 각성을 돕는 교육은 이상적인 사회의 실현을 앞당기는 수단이 된다. 그는 사회 변화에 앞서 개인의 철저한 각성과 변화가 필요함을 다음과 같이 표현하고 있다.

> 우리는 이에 비로소 하나의 크나큰 원리를 알게 되지 않았는가? 이 독특한 20세기의 현실마저도, 현재의 자리에서 180도 전환인 인간의 근본인 양심을, 참됨의 새로운 것을, 그리고 그것도 구체적인 개인의 것으로부터 인간의 큰일을 기어이 요구한다는 것이다. 그런 의지적 행동적인 인간의 근본적인 반성과 회개, 그리하여 아주 다시 나는 새 사람, 새 나라의 것, 그것이 아니고는 도무지 어찌할 수도 없으려니와 또 아니 된다고 엄정히 거부한다는 것이다(이찬갑, 1983: 9-10).

여기에는 개인의 자각을 통한 사회 개혁의 원리가 내재되어 있다. 개인은 교육을 통해 각성하게 되며 이는 사회를 점진적으로 변화시키는 전제가 된다. 이러한 입장에 따르면 개인의 각성을 위한 사회교육은 점진적인 사회 개혁을 위한 유용하면서도 가장 기본적인 수단이다.

▪ 사회교육의 실천 원리

이찬갑은 이전의 교육이 현대문명의 총아인 도시를 중심으로 도시교육, 선발교육, 물질교육, 간판교육, 출세교육을 통해 민족을 황폐하게 했다면 새로운 교육은 새 시대의 총아인 농촌을 중심으로 농촌교육, 민중교육, 정신교육, 실력교육, 인격교육을 통해 민족을 소생시키고 인간을 새롭게 해야 한다고 주장하였다(이찬갑, 1983: 81-82). 이러한 주장은 곧 그가 생각하는 사회교육 실천의 기본 원리라고 할 수 있다. 이찬갑의 사회교육사상에 나타난 사회교육의 실천 원리에 대해 구체적으로 살펴보면 다음과 같다.

외적인 교육 조건보다 건전한 교육철학 강조

그는 새로운 교육을 실천하는 과정에서 교육시설적인 측면보다 정신적인 가치를 더 강조하였다. 그는 이와 관련하여 오산학교의 변천 과정을 반면교사로 삼았다.

> 그 학교(오산학교)는 그렇게도 정성스러운 정신적인 학교이었습니다. ……(중략)…… 그랬건만 3·1운동 뒤 남의 흉내 따라 튼튼한 토대를 만든다고 재단법인을 만들고, 어디로 올라가는지 승격한다고 굉장히 떠들더니만, 결국 그 학교는 정신이고 사상이고 다 달아나 버렸습니다. 무슨 정성도 아무 특색도 없어진 그때 시절의 하나의 소위 학교가 되고 말았습니다(이찬갑, 1983: 69).

그가 보기에 오산학교는 일제의 사립학교 법령을 수용함에 따라 외적으로는 우수한 시설과 호화 교사진을 갖춘 명문사학으로 발전한 것처럼 보였지만 실제로는 건전성을 잃고 평범한 학교로 전락하였다(이찬갑, 1983: 69). 그는 교육에서 중요한 것은 실험실이나 농장, 공장 따위의 물리적 시설이 아니라 교육기관을 움직이는 정신이라고 주장하였다(이찬갑, 1983: 65). 이와 같이 그는 교육 실천에 있어 외적인 교육 요건보다 그 저변에 깔려 있는 교육철학의 중요성을 더 강조하였다.

민족의 역사와 말의 중요성 강조

이찬갑은 그룬트비히의 영향으로 우리나라의 역사와 한글로 된 양서를 읽음으로써 민중의 각성이 이루어질 수 있다고 굳게 믿었다.

> 청년이 자기정신이 올바로 서면 자기 고향에 가서 뭘 어떻게 해야 될까 하는
> 구체적인 문제를 스스로 발견해 낼 수 있을 것이라는 생각이었다고 합니다. 그
> 런 정신을 깨우치는 작업을 역사와 말로 했는데, 그 나라의 역사와 말이 아니고
> 서는 그 민족을 깨우칠 수 없다는 것이 그룬트비히의 생각이었다고 합니다(백
> 승종, 2002: 115).

그는 오산에서 이상촌운동을 할 때부터 스스로 신문 스크랩 활동을 지속적으로
수행하였으며 가계에 무리가 되는 상황에서도 당시 서울에서 간행된 조선어로 된
서적의 대부분을 구입했다(백승종, 2002: 120). 그는 독서의 생활화를 꿈꾸며 자기
가 애써 수집한 책들을 이용해서 언젠가는 농촌문고를 경영할 뜻을 가지고 있었
다(백승종, 2002: 59). 그는 풀무학교에서도 역사교육을 통해 민족이 지난날의 무
지와 죄를 회개하고 깨어나며 우리말로 된 글을 익혀서 영혼의 순수성을 회복하
기를 염원하였다.

노작교육의 원리 중시

그는 완전한 인간이 되기 위해서는 우주의 창조에 참여하는 노동의 신성과 참
의 나라를 찾아가는 진리의 이해가 요구된다고 보았다(이찬갑, 1983: 31). 그는 자
녀들에게도 방학 때면 시간을 정해 놓고 과수원 일을 하게 함으로써 일과 공부는
반드시 병행되어야 한다고 보고 노작교육을 지향하였다(백승종, 2002: 117). 그는
일과 공부를 병행하는 교육이 시작되어야 할 곳은 '수난의 상징인 농촌'이어야 한
다는 신념을 견지하였다. 이는 일상생활을 중시하고 일상생활 속에서 진리를 깨
닫게 되는 생활교육의 원리와도 연결되는 것이었다. 그는 "일만 하면 짐승, 생각
만 하는 건 도깨비"라는 말로 평생 부지런히 일과 공부를 병행할 것을 호소하며
솔선수범하였다.

평민 양성을 위한 교육평등의 추구

이찬갑은 풀무학교를 통해 오산학교의 정신을 잇고자 하였으나 구체적인 교육과정에서는 다소 차이가 있었다. 오산학교가 지도자 양성을 중심으로 했다면 풀무학교는 평민의 양성을 지향하였다. 이찬갑은 개인을 소중히 여기는 인성교육과 개인의 자유를 존중하며 무두무미의 정신을 강조하였다. 그리고 계층에 관계없이 누구나 필요한 교육을 받을 수 있는 교육의 평등을 강조하였다. 그는 재능이 많고 적음에 관계없이 모든 사람의 인격은 똑같이 고귀하다는 생각과 함께 교육을 통해 '깬 사람'인 위대한 평민으로 다시 태어나게 해야 한다는 입장을 견지하였으며 누구나 그 가능성을 담고 있다고 보았던 것이다. 이는 평민 또는 민중을 중심에 둔 역사관의 구체적인 적용이라고 할 수 있다.

신문 스크랩 및 독서를 통한 자기 성찰의 강조

이찬갑은 학생들에게 성경 읽기, 기도하기, 일기 쓰기를 통한 자기 성찰을 강조하였다. 또한 학생들에게 독서의 생활화와 잡지의 열람, 그리고 신문 스크랩을 권장하였다. 이것은 단순히 시대를 파악하기 위한 정보의 습득은 물론 자기 성찰을 추구하기 위함이었다. 이는 그 자신이 스스로 모범을 보인 것이기도 하였다.

■ 사회교육자의 요건

이찬갑은 청교도적인 엄격함과 내면적 열정을 겸비한 인물이라고 할 수 있다(강영택, 2010: 16). 이러한 인격적 요소들은 교육의 장에서 더욱 뚜렷하게 나타났다. 이찬갑의 생애와 사회교육 활동에서 두드러지게 나타나는 사회교육자로서의 요건을 살펴보면 다음과 같다.

현실과 타협하지 않는 교육적 사명감

이찬갑은 오산학교의 경영에 적극적으로 힘을 보태어 왔으나 사립학교법 제정을 통한 일본총독부의 간섭과 외형적 성장을 추구하는 오산학교의 경영 방침에 불만을 가지면서 오산학교를 중퇴하기도 하였다. 종증조부인 이승훈이 일구어 온 교육기관이었음에도 불구하고 제도권 학교로 발전시키는 문제를 둘러싸고 두 사람 간의 견해 차이는 심각하였다. 그는 오산학교가 자신이 꿈꾸어 오던 민족 자립을 위한 교육기관이 되지 못한다고 생각하며 현실과 타협하지 않는 모습을 보인 것이다. 또한 정부의 지시에 따라야 하는 제도권 교육보다는 독자적 교육이념을 펼칠 수 있는 대안적 교육기관의 설립을 위해 노력한 것도 바로 이러한 비타협의 정신에서 찾을 수 있다. '언제든 참되고 옳게 무어든 밝고 맑게 헤치어 나가'는 것은 교육자로서 그가 가지고 있었던 기본적인 자세였다고 할 수 있다(이찬갑, 1983; 백승종, 2002: 118).

학습자에 대한 사랑과 열정

이찬갑은 학생들에 대해 남다른 사랑과 열정을 소유하고 있었다. 이를 잘 보여주는 사례를 살펴보면 다음과 같다.

> 이 선생님은 우리들에게 항상 바른 사람이 되라고 강조하시고 종아리도 치시고 눈물도 흘리시고, 당신 자신의 종아리를 쳐 피도 흘리시고, 우리들을 사람 되게 하기 위해서 가슴을 치시며 아픈 마음을 달래셨습니다. 한번은 전교생이 학교를 못 가고 쫓겨나서 우리들은 이 선생님께 용서를 받으러 가기도 했습니다. 지금 우리들 모두가 이만큼이라도 배우면서 살게 된 것은 이 선생님의 뜨거운 마음이 깃들어 있는 고마움을 알아야 하겠습니다(이기범, 1983: 451).

이 사례에서 나타나듯이 그는 학생들을 엄격하게 가르쳤으나 그 기저에는 학생들에 대한 열정이 강하게 자리 잡고 있었다. 또한 그는 학생들이 잘하는 것을 보면 그 일이 작고 크고 간에 칭찬을 아끼지 않고 좋아하였으며 학생들과 항상 함께하며 배려하는 자세를 취했다(김은숙, 1983: 452; 이번영, 1983: 442). 이러한 교육자적 자세는 학생들에게 큰 감동을 주었다.

철저함과 솔선수범의 교육실천력

교육자로서 이찬갑은 학생들에 대해 스스로 철저하며 솔선수범하는 자세를 취하였다. 그의 이러한 자세는 그의 제자들의 증언에서 많이 나타나고 있다. 그 예를 들면 다음과 같다.

> 선악에 대한 판단이 명철하셔서 아무리 작은 일이라도 잘한 일이 있으면 극구 칭찬하셨고, 또 사소한 일이라도 잘못하면 지나칠 정도로 심한 책망을 하시며 시정을 해 주셨습니다(주호창, 1983: 449).

> 선생님들 중에서도 특히 이찬갑 선생님께서는 모든 면에서 더욱 철저하셨는데, 당신은 비수같이 정직, 청결, 질서 등을 강조하셨다. ……(중략)…… 선생님의 강직하고 청결하심은 책상 줄 하나 비뚜로 놓을 수 없었고, 강의를 하시는 중에도 교실 바닥에, 그것도 마룻바닥도 아닌 흙바닥에 티 하나라도 떨어져 있기라도 하면 반드시 주워 쓰레기통에 넣으시고야 수업을 계속하시었다(김은숙, 1983: 452).

어떤 면에서 그의 교육 행위는 현대적인 기준에서 보면 지나치게 엄격하고 '까탈스럽기'까지 한 측면도 있었다고 볼 수 있다. 그러나 그는 스스로 내적으로 성실하고 표리부동하지 않았기에 그러한 특징들이 긍정적인 교육적 성과를 가져올 수 있었다.

시사 자료의 분석과 활용 능력

그는 일제강점기부터 신문을 스크랩하며 분석하고 자신의 의견을 정리하는 습관을 가지고 있었다. 그는 신문 지면에 사설이나 기사에 관한 자신의 견해 및 소회를 부기(附記)하듯 적었다. 이러한 작업을 통해 그는 시대적 상황에 대한 정확한 인식 능력과 통찰력을 키울 수 있었다. 이러한 생활습관과 이로 인해 배양된 능력은 교육자로서 학생들에게 정확한 시대적 상황을 전달하고 올바른 방향성을 제시하는 데 큰 도움이 되었다. 아울러 학생들도 이러한 능력을 갖도록 하는 데 많은 도움이 되었다.

이찬갑 사회교육사상의 의의

이찬갑은 일제강점기와 국가 재건기에 걸쳐 농촌을 중심으로 평민의 자각과 성장을 위해 대안적 사회교육에 투신한 평민 지식인이자 사회교육자였다. 그는 그룬트비히의 교육철학을 한국적 실정에 맞게 적용하기 위해 노력한 사회교육사상가이기도 하였다. 그의 사회교육 활동은 소외와 수난의 상징인 농촌과 평민 지식인 중심으로 전개되었다. 그는 이승훈의 오산학교 정신을 계승하고자 하였으며 오산학교의 성패를 교훈 삼아 풀무학교에서 그 뜻을 펼치려 하였다. 이와 관련하여 그가 추구한 사회교육사상의 현대적 의의를 정리하면 다음과 같다.

첫째, 그는 평민교육을 강조하며 교육정의와 사회정의를 종합적으로 추구하였다. 먼저 사회정의의 차원에서 수월성을 앞세워 제 능력을 자랑하며 출세하여 뽐낼 지배자를 키우는 교육이 아니라 공동체의 무거운 짐을 떠메고 앞으로 나갈 사람, 평범하지만 올곧은 평민을 양성하는 데 교육의 목적을 두었다. 단지 평민에게 교육의 기회만을 평등하게 제공하는 것이 아니라 평민의 가치, 평민의 사명을 강조한 평민 중심의 교육을 지향한 것이다. 이는 평민을 교육의 수혜자, 교육복지의 대상자로 파악하는 것이 아니라 평민의 존재가치, 평민의 언어와 역사, 문화가 갖는 교육적 의의를 강조한 것이다. 이는 프레이리 민중교육론의 원형이라는 점에서 의의가 크다.

둘째, 그의 사회교육사상은 제도권 교육의 대안으로서의 사회교육의 정체성과 책임을 확인시켜 주었다는 점에서 의의가 있다. 그는 일제강점기는 물론 해방 이후에도 대부분의 정규 학교들이 제도화 속에서 평민교육, 민족교육, 인성교육의 본질을 상실하고 점차 정치적, 경제적 수단이 되고 있는 폐해에 대해 비판하였다. 그는 초기 대안학교로서의 오산학교의 정신을 풀무학교에서 잇고자 하였으며 정규 학교가 되는 것을 포기하였다. 이는 현대 사회에서 '평생교육'의 일반적 흐름에 대한 성찰과 사회교육의 원형 회복을 위해서도 시사하는 바가 크다. 이찬갑의 사회교육사상에 비추어 볼 때 현대 사회에서 평생교육의 제도화가 활발하게 이루어지고 있지만 학교교육 제도화의 연장선상에서 보수화, 관료화, 권력화, 상업화의 부작용을 끊임없이 드러내고 있는 것에 대해서는 비판적 성찰이 요구된다.

셋째, 그가 농촌과 지역공동체를 중시하고 학교의 지역화, 지역의 학교화를 강조한 것은 오늘날 평생학습마을만들기, 지역학습공동체 운동의 원형이 된다는 점에서 의의가 있다. 현대 사회에서도 다양한 유형의 지역사회개발 정책들이 시행되고 있지만 이러한 정책들이 진정으로 성공하기 위해서는 지역주민의 공동체 의식과 지역 발전을 위한 전문 역량이 강화되어야 한다. 그런 면에서 학교와 지역주민이 함께 협력하여 지역공동체의 형성과 발전을 이루는 데 앞장섰던 이찬갑의 사회교육 활동과 사상은 현대에도 매우 큰 의의가 있다.

한편, 사회교육자 개인으로서의 이찬갑의 활동이 그리 길지 못한 점은 아쉬운 점으로 남는다. 풀무학교 설립 후 병석에 눕지 않고 좀 더 많은 시간을 활동할 수 있었다면 그의 사회교육 실천과 사상이 더욱 구체화되었을 것이다. 그럼에도 이찬갑의 사회교육 실천은 이승훈이 오산학교를 통해 이루고자 했던 정신을 발전적으로 계승하였으며, 오늘날 지역사회교육, 문해교육, 시민교육, 직업교육을 통해 추구해야 할 사회교육의 이상을 표본적으로 보여 주었다는 점에서 의미가 크다.

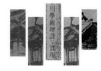

07 김용기의 사회교육사상

　일가(一家) 김용기(金容基, 1909~1988)는 역사상 우리나라의 가장 대표적인 사회교육 선구자 중의 한 사람으로 인식되고 있다(오세택, 1989; 임영철, 1993; 황종건, 2001; 이상오, 2000). 그는 국가에서 사회교육에 대한 관심을 본격적으로 기울이기 이전부터 가나안농군학교를 통해 사회 각 분야의 국민에게 정신적인 각성을 불러일으켜 성공적인 사회교육자로 인정받고 있다. 그는 농민운동가이자 이상촌운동을 실천한 인물로 널리 알려져 있으며(조동걸, 1983; 한규무, 1998; 이만열, 1998; 이석재, 1999), 그의 활동이 새마을운동의 모델이 되었다는 것도 일반적인 평가다(박진환, 2001). 또한 그의 이상촌운동은 하나의 지역공동체 건설, 즉 일종의 지역사회개발 과정이며 그 과정에서 그가 채택한 방법은 바로 지역사회조직과 지역사회교육을 종합적으로 적용한 것으로 이해된다(황종건, 2001: 86).

그럼에도 지금까지 김용기의 생애와 사상을 신학적, 농민운동, 사회운동 차원에서 다루었거나, 아니면 김용기의 사회교육 활동을 가나안농군학교를 중심으로 다룬 연구물들은 많았으나 사회교육 차원에서 그의 전 생애와 사상을 종합적으로 다룬 연구는 부족한 실정이다. 이런 맥락에서 이 장에서는 우리의 역사 속에서 사회교육에 앞장섰던 대표적인 인물 중의 한 사람인 김용기의 생애와 사상을 종합적으로 살펴보고자 한다.

김용기의 생애와 사회교육 활동

▪▪ 생 애

일반적으로 일가 김용기의 생애는 성장기를 제외하고 대부분 개척 활동과 관련된다. 그의 개척 활동은 봉안이상촌, 삼각산농장 개척, 용인에덴향, 가나안농장, 제1 가나안농군학교, 제2 가나안농군학교의 순으로 이어졌다(가나안복민연구소, 1997). 그의 생애를 개척 활동 단계별로 살펴보면 다음과 같다.

성장 및 수학기(1909~1931년)

김용기는 1909년 9월 5일 경기도 양주군 와부면 능내리(봉안마을)에서 아버지 김춘교와 어머니 김공윤 사이에 다섯 아들 중 넷째로 태어났다. 그는 일찍이 기독교에 입문한 아버지의 영향으로 기독교 신앙을 갖게 되었으며, 1922년 몽양 여운형이 설립한 광동중학교에 입학하여 1927년에 졸업하였다. 같은 해 김봉희와 결혼했으며, 만주와 강화도 마니산 등을 전전하며 자신이 일생 해야 할 과제가 무엇인가에 대해 고민하였다.

| 표 7-1 | 김용기의 생애 |

시기	내용
성장 및 수학기 (1909~1931)	• 경기도 양주군 와부면 능내리(봉안마을)에서 출생 • 광동학교 졸업(1927)
봉안이상촌 건설기 (1932~1945)	• 고향에서 황무지 개간, 환경 개선, 농업기술 보급, 협업마을 건설 • 독립운동의 기지로서 활용되기도 함
이상촌운동 확산 모색기 (1945~1954)	• 해방 이후 경기도 고양군 은평면 구기리(현 서울 은평구 구기동)에 삼각산농장 개척(1945~1950)을 통해 한국 농민운동을 위한 연구 실시. 농장 안의 교회 설치로 전국복음화운동 추진 • 1950년부터 1954년에 걸쳐 경기도 용인군 원삼면 사암리에 5만 평의 '에덴향'을 건설하며 농민운동 및 사회개혁운동 전개
가나안농군학교 형성기 (1954~1972)	• 경기도 광주군 동부면 풍산리 황산마을에 황무지 1만 평을 5년 만에 개척하여 가나안농장을 만듦 • 1962년 가나안농장 안에 가나안농군학교를 설립하여 지역주민을 대상으로 기숙제 교육 활동을 시작한 후 전국적으로 교육 대상 확대 • 1966년 막사이사이상 수상(사회공익 부문)
가나안농군학교 성과 확산기 (1973~1987)	• 1973년 강원도 원주군 신림면 용암리에 15만 평의 산을 개척하여 신림농장과 제2 가나안농군학교 설립 • 1978년 필리핀 세이비어 대학교 명예박사학위 수여 • 1982년부터 '농군사관학교' 운영

봉안이상촌 건설기(1932~1945년)

1932년부터 김용기는 아버지의 유언을 따라 농민이 되어 이상촌을 건설할 것을 결심한다. 그가 고향에서 시작한 봉안이상촌은 김용기의 가족과 그의 동지들을 중심으로 10세대가 모여 시작되었다.[1] 그리 큰 규모는 아니었지만 이들은 조그만 마

---

1) 봉안이상촌의 구성원은 김용기의 가족을 비롯하여 그의 동지인 여운혁과 그의 아내 정효정, 김재홍[당시 서울, 이후 도미(渡美)함], 김수상(당시 신학생, 이후 목사가 됨), 이인준(홍천 출신), 최광열 형제(광능내 출신) 등이었다. 이들을 중심으로 10세대가 모여 이상촌을 만들었으며, 가나안 농군학교의 교육이념인 근로, 봉사, 희생의 정신이 이때부터 강조되었다(김용기, 1987: 36-37).

을을 중심으로 하나의 지역공동체를 형성하였다. 봉안마을에서 이루어진 일들을 정리하면 다음과 같다.

- 식구 수에 따라 적당한 토지 분배를 실시함
- 가옥은 검소하면서도 실용적으로 짓고, 일체의 담장을 없애는 반면, 집둘레에는 무궁화를 심어 은연중에 민족혼을 일깨우게 함
- 마을 중앙에는 교회를 세움(봉안교회). 독립운동의 연락처라고 해서 일제의 예리한 주목을 받음(양주 경찰서에서 감시 경찰관으로 홍상혁을 파견함)
- 의복은 일체의 사치를 금하는 한편, 활동하기에 편한 염색 작업복으로 갈아입음
- 집집마다 젖 짜는 염소를 키우게 하여 영양분을 보충함
- 농기구 중 빈번히 사용하지 않는 농구는 부락 공동비품으로 하여 돌려 가며 사용함
- 한 달에 한 번씩 집집마다 돌아가며 회식을 겸한 토론회를 가짐. 마을의 모든 문제는 이때 토의되고 여기서 결정된 사항은 그대로 실천됨
- 집집마다 의무적으로 닭을 비롯하여 토끼, 돼지 등 가축을 키우는 한편, 과수로는 복숭아, 배, 포도 등을 심게 함
- 반드시 고구마를 간작함. 고구마 첫해 40가마, 다음 해 230가마를 생산함
- 모든 사람이 신앙생활을 함

이러한 활동 외에도 봉안마을은 각종 조직의 구성과 운영을 통해 지역공동체의 성격을 강화해 갔다. 협동조합의 운영, 소비조합 운영, 공제상호조합(병, 상해, 길흉사의 상부상조) 운영 등이 그것이다(김용기, 1987: 40-41).

김용기는 이 기간에 독립운동의 과정에서 어려움을 겪고 있던 몽양 여운형을 봉안마을에서 지낼 수 있도록 도왔으며 독립운동가들과 학병 탈출자들을 숨겨 주기도 하였다. 1944년에는 경기도 양평 용문산에서 농민 대표들이 모여 농민동맹을

결성하고 공출 반대, 징병징용 반대 등의 독립운동을 전개하였다.

이처럼 봉안마을은 이후 정신적, 경제적으로 커다란 성장을 이루었으나 한국전쟁의 와중에서 모두 파괴되는 아픔을 겪기도 하였다(김용기, 1987: 111). 그가 건설한 봉안이상촌은 비록 그 규모는 작았지만 일제강점하에서 실시된 이상촌운동의 가장 성공적인 사례이자 기독교 농촌운동의 맥을 잇는 것으로 평가받고 있다(조동걸, 1983; 이석재, 1999: 9). 당시의 농민운동은 각각 사회주의 계열, 기독교 민족주의 계열, 천도교 계열로 나누어 볼 수 있다. 사회주의 계열은 주로 토지 소유의 문제와 소작 관계 모순의 개혁에 힘썼고, 천도교의 경우는 공동 경작의 성격이 강했다. 반면, 민족주의 계열에 속하는 기독교 계통의 농민운동은 문맹 퇴치, 농사 개량, 부업 장려, 농사강습회의 개최 및 농촌지도자 양성기관의 설립 등에 역점을 두었다. 즉, 기독교 계열의 농민운동은 천도교가 설립한 조선농민사의 농민운동에 비해 농촌계몽운동과 농민야학의 측면에서 상대적으로 우세하고, 공동경작운동에서는 상대적으로 그 활동이 미약했다(이만열, 1998; 한규무, 1998). 그러나 김용기의 봉안이상촌의 경우에는 전통적인 기독교 계열과 천도교 계열의 성격이 통합되어 나왔고, 농민조합운동에서 나타나듯 소작쟁의운동도 함께 했다는 점에서 종합적인 성격을 띠고 있었다.

이상촌운동 확산 모색기(1945~1954년)

해방이 되자 김용기는 상경하여 농민동맹 결성과 이상촌운동을 전국적으로 확산시키고자 노력하는 한편, 신탁통치반대운동을 벌이다 재판을 받고 복역하다 풀려나기도 하였다. 1946년에는 경기도 고양군 은평면 구기리(현 서울 은평구 구기동)에서의 삼각산농장 개척(1945~1950)을 통해 한국 농민운동에 대해 연구하였으며 농장 안에 교회를 설치하고 전국복음화운동을 추진하였다(임영철, 2009).

김용기는 한국전쟁의 와중에서도 용인을 중심으로 황무지 개척 사업을 계속하였다. 이른바 용인에덴향은 1952년 3월 용인군 원삼면 사암리 황무지 6만 평을 개척하는 것으로 시작되었다(김용기, 1987: 112). 용인에덴향에서는 본래 김용기, 강태국 목사, 한진교(한에녹) 장로 및 여운혁, 표광렬, 박승복 등 40여 명의 청년과 그 가족들만으로 완전협업농장을 시도하였다. 그러나 점차 이들 외에도 토착 지역주민들의 참여와 이해를 얻게 되었다. 이는 외부에서 집단 이주한 이념 중심의 생활공동체와 토착 지역주민이 통합되어 진정한 의미의 이상적인 지역공동체가 성립되기 시작했음을 의미한다. 그러나 협업농장을 이룩하려고 했던 김용기의 꿈은 외부에서 함께 참여한 동지들 간의 의견 불일치로 결국 좌절되고 만다.

가나안농장 개척과 가나안농군학교 설립기(1954~1972년)

제4개척시대라고 할 수 있는 황산 가나안농장부터는 김용기의 직계가족 중심으로 황무지 개척운동이 이루어졌다(김용기, 1987: 127). 황산 가나안농장은 1954년 11월 16일 김용기의 일곱 식구를 중심으로 경기도 광주군 동부면 풍산리 1만 5천 평의 땅을 개척하는 것으로 시작되었다. 가나안농장에서의 활동은 자연스럽게 가나안농군학교의 설립으로 이어졌다. 그런데 그가 처음부터 이곳에 농군학교를 세우기로 계획한 것은 아니었다. 처음에는 봉안이상촌, 삼각산농장, 에덴향과 마찬가지로 이곳에서도 황무지를 개척하여 농사를 짓는 땅으로 바꾸어 볼 생각으로 시작했다. 그러나 점차 배우러 오는 사람들이 늘어남에 따라 자연스럽게 농장에서 연수기관으로 변화된 것이다. 가나안농군학교를 통해 전국에서 다양한 사람이 교육을 받게 됨에 따라 김용기의 활동은 점차 전국적인 차원으로 영향을 미치기 시작했다.

가나안농군학교 성과 확산기(1973~1987년)

김용기는 1973년 강원도 원주군 신림면 용암리에 15만 평의 산을 개척하여 신림동산농장과 제2 가나안농군학교를 설립하였다. 제2 가나안농군학교가 설립됨에 따라 김용기의 사상은 더욱 강하게 전국적으로 파급되어 갔다. 그는 지속적인 교육 활동을 전개하던 중 1988년 8월 1일 80세를 일기로 세상을 떠났다.

가나안농군학교에서 이루어진 교육 장면
http://ggholic.tistory.com/593

지금까지 살펴본 바와 같이 김용기의 생애는 곧 다양한 양상의 공동체를 추구하는 삶이었다고 볼 수 있다. 그는 철저하게 공동체 속에서 자신의 존재 가치를 깨닫고 이기적인 동기에서 활동하지 않도록 노력하였다(김용기, 1975). 이와 관련하여 그의 생애 속에 나타난 공동체의 성격을 정리하면 〈표 7-2〉와 같다.

표 7-2 김용기의 생애 과정 속에 나타난 공동체들의 성격 비교

구 분	봉안이상촌	용인에덴향	제1 가나안 농군학교	제2 가나안 농군학교
공동체의 성격	지역주민 중심공동체	이주민 중심 생활공동체	가족 중심 학습공동체	이념 중심 일반인 학습공동체
공동체의 주 구성원	토착화된 주민으로서의 동지	동지	가족, 지역주민, 일반학습자	직원, 일반학습자

이러한 공동체는 가정에서부터 시작되어 점차 확대되어 나가는 것이었다. 그는 먼저 건전한 정신적 가치에 기초한 가족공동체를 구현하고, 건전한 교육장으로서

의 가정을 표본으로 하여 이웃과의 지역공동체를 이룩하며, 더 나아가 하나 된 민족공동체를 구현하고자 했던 것이다. 그러나 무엇보다도 그가 우선적으로 지향하였던 공동체는 지역공동체였다고 할 수 있다. 봉안이상촌과 같이 직접적으로 지역공동체를 형성하기 위해 참여한 활동은 물론이고 가나안농군학교를 통해 지역공동체 지도자를 양성하기 위한 활동까지 그의 생애는 곧 지역공동체의 형성과 밀접한 관련을 맺고 있었다.

▪ 사회교육 활동

이러한 지역공동체를 형성하는 데 있어 김용기는 교육을 매우 중요하게 활용하였다. 일가 김용기가 평생에 걸쳐 추구했던 것은 결국 근로 · 봉사 · 희생의 정신으로 하나님 · 인간 · 자연을 사랑하는 공동체를 구현하는 것이었다(황종건, 2001). 그는 신앙을 바탕으로 근로, 봉사, 희생의 정신을 갖추는 정신교육을 강조했으며, 흙을 바탕으로 이웃과 더불어 사는 방법을 가르치는 공동체 교육을 강조하였다.[2] 이와 관련하여 김용기의 지역공동체 활동 전개 과정에 나타난 사회교육의 양상을 보다 자세히 살펴보면 다음과 같다.

봉안이상촌에서의 사회교육 양상

봉안이상촌의 경우 다양한 형태의 사회교육 활동이 이루어졌다. 이를 정리하면 다음과 같다(김용기, 1987: 41).

---

2) 김용기는 스스로 자신의 사상을 천지인(天地人)의 인생관이라고 표현한다(김용기, 1975: 11). 이러한 인생관은 곧바로 지역사회교육 활동의 산물이자 정신적 토대가 되고 있다. 즉, 자연(흙)이 지역공동체를 이루는 물리적 공간(region)이자 경제적 토대이고, 인간(이웃, society)은 지역공동체를 형성하기 위한 인적 토대라고 한다면 신은 지역공동체를 움직여 나가는 정신적 토대라고 할 수 있다. 그리고 근로, 봉사, 희생은 이것을 가능하게 하는 기본 원리들이라고 할 수 있다.

- 농촌 유년교육: 봉안교회 안에서 유치원 교육을 실시함. 겸하여 농번기 탁아
  소를 운영함
- 농촌 소년교육: 일반적인 소년교육은 물론 4H 활동을 통해 하나님 사랑, 이웃
  사랑, 흙을 사랑하는 마음(삼애정신)을 학습함
- 농촌 청년교육: 소년교육과 함께 마찬가지로 삼애정신을 습득하도록 다양한
  활동이 이루어짐

이 외에도 다양한 형태의 사회교육이 이루어졌다. 그중의 하나가 봉안교회를 중심으로 조직된 청년회의 교육 활동이었다. 1936년에 봉안청년회가 조직되어 여운혁의 주관으로 야학이 실시되었다. 야학은 처음에 교회당을 중심으로 추진되다가 후에는 마을회관과 도서실에서 유년·소년·청년·성인교육으로 단계적으로 확장되었다. 야학의 과목은 한문, 한글, 지리, 산수, 사회학, 주산, 체조, 농작법 등이었으며 교사는 여운혁 외 5명이었고, 학생 수는 매년 평균 30명이었다(김용기, 1975: 389).

또한 무형식적인 사회교육의 하나로 집집마다 정기적으로 순회하며 회식을 겸해 이루어진 연구발표회를 들 수 있다. 그 내용을 인용하면 다음과 같다.

> 우리 마을에는 1개월 1회의 회식을 집집마다 돌아가며 하였다. 그 목적은, 첫째,
> 친목이고, 둘째, 회식 때 의식주를 비롯한 생활개선에 대한 연구발표회를 갖기 위
> 한 것이었다. 그에 대한 전체의 평가를 받고 좋다고 채택되면 그것을 즉시 실천에
> 옮기었다(김용기, 1998: 90).

이러한 연구발표회 이외에도 봉안이상촌에서는 주로 일터와 가정에서 개인적, 집단적 연구와 강습 등의 무형식 교육이 활발하게 이루어졌다.

그런데 김용기는 마을 주민들에게 개척기술과 영농기술을 습득시키고 생활개선을 선도하는 것에 앞서 무엇보다도 먼저 신앙을 강조하였다. 또한 근로, 봉사, 희생의 이념이 강조되었다. 그에 의해 이루어진 직업기술 교육은 모두 신앙 및 인격

교육과 통합되어 이루어졌던 것이다.

용인에덴향에서의 사회교육 양상

용인에덴향의 경우는 이전보다 교육 활동이 체계화된 형태로 이루어졌다. 이곳에서는 다른 개척지와는 달리 육영사업에도 큰 관심을 기울여 용인복음고등농민학원을 설립하였다(김용기, 1987: 114; 김용기, 1998: 187). 이곳에는 학생 60명이 입학하였다. 학교 설립 자본은 최호(광산업자, 재산가)가 투자하였으며, 이곳에서 훗날 가나안농군학교의 근간이 되었던 생활헌장을 만들었다. YMCA를 중심으로 유준호, 현동완, 오근영 목사 등을 재단이사로 초빙하였으며 실력 있는 교사진을 구성하였다.[3] 농촌의 청소년 중에 농민이 될 사람만 뽑아 80%의 장학금으로 농업기술, 성경, 교양 과목의 교육을 실시하였다. 이와 더불어 성인 농민을 대상으로 단기간에 걸쳐 교육을 실시하는 복음농도원이 운영되었다. 복음농도원은 농민의 자기 부담으로 운영되었으며 농업기술, 의식구조의 변화(정신교육)를 위한 교육을 실시하였다.

가나안농군학교에서의 사회교육 양상

경기도 광주군 가나안농장의 경우에도 다양한 교육 활동이 이루어졌다. 먼저, 그들은 본격적인 개척에 앞서 겨울 동안 4부자 악단을 조직하여 광주군 일원을 돌며 농촌계몽운동을 벌이기도 하였다(김용기, 1987: 146). 이러한 활동도 농촌교육의 연장선상에 있다고 볼 수 있다. 또한 농장 안에 천막을 치고 상급학교에 진학하지 못한 마을 아이들 50여 명을 모아 중등학교 교과를 중심으로 지도하기 시작하였다. 또한 마을 어른들을 별도로 모아 농사에 대한 강습을 시작하였고 '가나안의 노래'를 지어 마을 사람들에게 보급하기도 하였다(김용기, 1987: 150). 이러한 활동들

---

3) 구체적으로 영어, 수학은 보성전문학교 출신의 차두형, 교무는 표광렬, 서무는 여운혁, 역사, 기타 과목은 박대혁 장로, 최진호 장로, 서효근 집사, 김용기 등이 맡아보았다(김용기, 1987: 114).

은 자연스럽게 가나안농군학교의 설립으로 이어졌다.

　김용기는 가나안농군학교를 통해 인근 지역에서는 물론 전국에서 모여든 교육생들을 고향의 농촌지도자로 양성하기 위해 힘을 기울였다. 황무지 개척자를 양성하기 위한 가나안농군학교의 초기 교육과정에는 김용기의 특유한 신앙 훈련이나 정신교육 외에 각종 농업기술 및 실습과정이 포함되어 있었다. 황무지 개간 7개년 사업, 고구마 농사와 12개월 저장법, 축산, 딸기, 포도, 작약 등 소득 증대와 관련된 농업기술 등이 그 예이다. 이는 정신적인 면과 경제적인 면이 통합된 이상촌을 이룩하려는 체계적인 교육과정이라고 할 수 있다.

　가나안농군학교가 설립되어 전국에서 찾아온 교육생을 대상으로 교육을 실시하게 된 이후에도 인근 지역주민을 위한 사회교육 활동은 계속되었다. 한 예로 1980년 4월 12일 제1 가나안농군학교 내에 있는 가나안교회 주관으로 주부대학 제1회 졸업생 149명이 수료하기도 하였다.

　강원도 원주군의 제2 가나안농군학교의 경우도 비교적 장기과정인 농군사관학교(農軍士官學校) 등을 통해 전국의 농촌지도자를 양성하였다. 농군사관학교는 전에 하던 농촌지도자 양성과정과 유사하나 이론보다는 실천을 중요시하였다. 다만, 가나안농군학교는 구체적인 영농기술보다는 정신 및 교양에 집중하고 기술교육, 농업기계공업 등은 농촌진흥청이 맡도록 협력하였다. 그러한 과정에서도 인근 지역주민들을 위한 사회교육 활동은 지속되었다. 그 예를 들면 다음과 같다.

　　1973년 3월 18일 주일 맑음. 안운영, 김성희 두 사람이 수련동 마을회관에서 어린이 20명을 데리고 첫 유년주일학교를 개설하였다. 수련동

개척의 종을 치는 김용기
http://www.canaanin.or.kr/%EA%B0%
9C%EC%B2%99%EC%9E%40%EA%B9%80%EC
%9A%A9%EA%B8%80/

은 사하촌 절 아랫마을이다. …… (중략) …… 마을회관에서 세 번째의 모임 끝에 이날 주일학교가 첫 개설되어 하나님께 찬송의 예배를 드렸다(김용기, 1987: 193).

이와 같이 가나안농군학교의 교육은 지역주민이 아닌 일반 국민을 대상으로 확산하여 갔지만 이웃주민들에 대한 관심도 계속 이어졌다.

이상에서 살펴본 바와 같이 김용기의 사회교육 활동은 일종의 농민계몽운동과 농촌개발 중심의 교육에서 시작하여 점차 일반 국민을 대상으로 하는 교양 및 정신교육 중심의 교육으로 전개되었다. 이를 정리하면 〈표 7-3〉과 같다.

표 7-3 김용기의 활동 시기별 사회교육 활동

시 기	주요 사회교육 활동 내용
봉안이상촌	4H 활동, 마을청년회를 통한 야학, 연구발표회, 다각적 영농 교육
삼각산농원	강연, 기고를 통한 대중 계몽
용인에덴향	생활헌장 제정, 복음농민학교, 복음농도원 설치 운영
가나안농장	농촌계몽 유세, 영농강습회
제1 가나안농군학교	초기 농민지도자(농군) 양성을 위한 체계적인 교육 훈련, 점차 일반인 대상 교육 확대
제2 가나안농군학교	일반인 대상 교육 확대, 교양 및 정신교육 중심

한편, 김용기의 사회교육 활동은 시대의 변화에 따라 다양한 형태와 방식으로 변환되었다. 봉안이상촌의 경우 상대적으로 생활 현장 중심의 무형식적 교육이 가장 큰 비중을 차지했다고 한다면, 에덴향과 가나안농군학교를 거치면서 점차 형식성이 높은 교육의 비중이 커졌다고 할 수 있다. 봉안이상촌에서는 주로 삶의 현장에서의 무형식적 교육이 주를 이루었다면, 에덴향에서는 이와 별도로 지역주민을 대상으로 대안학교 형태의 형식성이 높은 교육을 병행하였던 것이다. 또한 제1 가나

안농군학교 초기까지가 '지역공동체'를 기반으로 현지 주민 중심의 일반적인 비형식적 사회교육이 이루어졌다고 한다면, 그 이후부터 제2 가나안농군학교 초기까지는 '농군사관학교'와 같이 '지역공동체' 지도자를 양성하기 위한 형식성이 높은 교육이 이루어졌다고 할 수 있다.[4] 특히 농군사관학교의 경우, 교육과정상 국가로부터 인가를 받거나 교육 결과에 대한 공인을 받는 형식 교육은 아니었지만 일반 국민의 많은 관심 속에서 이전보다 교육생 선발, 교육과정상의 규율, 수료 조건, 교과과정의 짜임새 등에서 더욱 체계적이고 엄격하게 시행되었으며, 수료 후에 사회적으로 공신력을 인정받았다는 점에서 일반적인 비형식 교육보다는 형식성이 더 강한 '준(準)형식 교육의 성격'을 가졌다고 볼 수 있다. 이와 관련하여 김용기의 사회교육 전개 과정에 나타난 교육 형태의 비중 변화를 정리하면 [그림 7-1]과 같다.

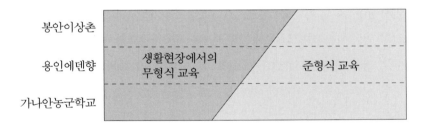

[그림 7-1] 김용기의 사회교육 활동 전개 과정에서 실시된 주요 교육 형태의 비중 변화

그런 의미에서 김용기는 무형식 교육, 일반 비형식 교육, 준(準)형식 교육 등 다양한 형태의 사회교육 활동을 모두 중시하였다고 볼 수 있다. 그러나 초기에는 주로 무형식적 교육의 비중이 높았으나 그의 생애 후반부로 갈수록 보다 형식성이 강한 준(準)형식 교육을 실시했다고 할 수 있다. 이는 비형식적인 운동의 경험이

---

4) 그 후 주로 농촌 중심의 지역공동체 지도자를 양성하기 위한 사회교육은 그의 사후 1991년부터 방글라데시, 태국, 미얀마, 팔레스타인 등에서 본격화된 해외 농군학교에서 맥을 잇고 있다면, 국내의 가나안농군학교에서는 점차 일반 국민을 대상으로 하는 포괄적인 의식개혁 교육이 이루어지고 있다(http://wcm.or.kr/canaan 참조).

축적되어 체계적이고 전문적인 교육으로 전환되는 과정에서 나타난 현상이었다고 볼 수 있다.

김용기 사회교육사상의 내용과 성격

■ 사회교육의 지향점

앞에서 살펴본 바와 같이 일가 김용기는 전 생애에 걸쳐 사회교육을 통한 이상촌운동을 실행하였다. 그의 사상은 하나님 사랑, 이웃 사랑, 흙의 사랑으로 대별된다. 이러한 사상은 '복민주의' 또는 '복민사상'으로 일컬어지기도 한다. 복민주의 또는 복민사상은 온 인류가 근로, 봉사, 희생의 그리스도의 정신을 통해 정신적 빈곤과 물질적 빈곤에서 해방되어 행복한 공동체를 이루고자 하는 사상을 의미하며, 이를 이루기 위한 운동을 '복민운동'이라 할 수 있다(가나안복민연구소 편, 1997: 9). 그가 추구한 사회교육은 이러한 복민운동의 일환이었다고 볼 수 있다. 그가 사회교육을 통해 이루고자 했던 이상촌은 결국 '에덴동산' 위에 하나님이 섭리하시는 복된 나라를 세우는 것이며, 그곳에서 땅을 사랑하며 이웃과 함께 즐겁고 평화로운 생활을 이룩하자는 것이었다(황종건, 2001: 88). 이와 관련하여 그가 전 생애에 걸쳐 사회교육을 통해 지향했던 바를 보다 자세히 살펴보면 다음과 같다.

기독교적 하나님 나라의 구현

김용기의 사회교육실천과 사상에는 무엇보다도 기독교가 깊고 넓은 토대를 차지하고 있다. 그가 이러한 활동에 투신하게 된 것도 신앙적인 각성에 의한 것이었다. 그리고 그가 지향하는 사회는 바로 하나님 나라라고 할 수 있다. 이러한 사상은 가나안의 생활헌장에도 그대로 구현된다. 다양한 유형의 가나안 생활헌장 중에서 신앙과 관련된 부분을 정리하면 다음과 같다(가나안복민연구소 편, 1997: 142-148).

- 모든 일을 반석 같은 신앙생활로써 이끌어 나가는 인물이 되자.
- 창조주 하나님을 외국 사람에게 빼앗기지 말고 우리 온 국민의 아버지로 삼자.
- 우리는 신앙의 불길을 일으키자.
- 만유의 구세주 그리스도를 중심 삼아 살자.
- 조물주 하나님을 닮아 우리도 끊임없이 움직여 오르고 또 올라서 조물주와 영원무궁토록 살 때까지 뛰어 움직이자.
- 구세주 예수를 바로 배우고 믿음으로 영원한 행복을 누리는 것, 이것은 준 자와 받은 자만이 아는 극비에 속하는 참 행복이다.
- 오로지 하나님께 영광을 돌려드리는 것을 생의 궁극적 사명으로 한다.

이와 같이 그는 기독교의 진리성에 확신을 가지고 있었다. 그의 생애는 궁극적으로 이러한 기독교적 신앙에 기초하여 기독교적 이상을 추구하는 삶이었다고 할 수 있다. 그러나 그는 다른 종교에 대해 배타적이거나 자신의 신앙을 교육적으로 강요하는 입장을 취하지 않았다. 도리어 다른 종교에서도 좋은 점을 수용하고 건전한 사회운동을 위해 협력하고자 하였다.

소외 계층을 우선적으로 배려하는 지역공동체 형성

그는 공동체마다 약자의 고통을 극복하고 모두가 잘 살기 위한 지역공동체를 만들기 위하여 노력하였다. 이는 우리나라의 대표적인 지역개발운동이라고 할 수 있는 새마을운동에 대한 그의 견해에서도 나타난다. 그는 새마을운동이 단지 경제적으로만 잘 살기 위한 운동으로 치우칠 것을 우려하며 다음과 같이 주장하였다.

내가 생각하고 있는 새마을운동이란 무엇인가? 한마디로 새마을운동은 사랑의 운동이라야 된다는 것이 나의 주장이다. 사랑이란 전체의 일부가 파괴되었을 때에 전체가 합한 총력을 그에게 집중하여 그를 원상태로 복귀하기 위하여 노력을 다하는 것이다. 우리가 벌이는 새마을운동은 먼저 마을 전체를 하나의 신체와 같이 생각하는 것으로부터 시작되어야 한다. 마을 안의 가장 가난한 집, 고통이 많은 집, 곤란을 당하는 집부터 어떻게든 그 가난과 고통, 곤란에서 구하지 않고는 견딜 수 없다는 그런 마음과 우리의 가장 아픈 상처인 그 집부터 구해야 한다는 그런 마음으로 해야 하는 것이다. 사랑으로 이웃을 돕고 그리하여 함께 잘 살게 되면 그 모두의 힘으로 또 다른 이웃을 도와 나가는 것이 참 새마을운동이 되는 것이다(김용기, 1978: 260).

이와 같이 그는 지역개발에서 소외 계층을 돕는 공동체의 중요성을 강조한다. 이는 오늘날 지역 혁신, 지역 인적자원개발 등의 지역개발사업들이 진정으로 성공하기 위해서는 지역공동체적 가치 위에 추진되어야 함을 함의한다. 약자와 소외 계층을 위하는 공동체적 마음은 점차 민족의 차원을 넘어 세계 약소민족에게까지 이어졌다.

생태공동체의 형성

평생을 농민으로 황무지를 개척하며 살았던 김용기는 누구보다도 흙의 중요성을 강조하였다. 그는 산업사회로 접어든 이후에도 흙의 중요성을 지속적으로 강조했다. 그는 흙, 가축, 곡식 등을 단지 경제활동의 대상으로서가 아니라 그 자체로 사랑해야 할 대상으로 여길 때 비로소 이상촌이 형성될 수 있다는 사상을 가지고 있었다(김용기, 1975: 355). 불필요한 자원의 낭비를 막기 위한 내핍 생활, 생태적 연료와 퇴비의 사용, 황토집과 같은 자연친화적인 주택건설 및 마을환경 조성 등은 생태공동체로서의 성격을 드러낸다. 이러한 생태공동체적인 성격은 봉안이상촌 시절부터 지속적으로 강조되었다.

주체적인 지역 자립경제의 구현

김용기는 지역공동체가 경제적인 측면에서도 자립할 것을 지향하였다. 그가 일제강점기 봉안이상촌에서 실시한 자급자족의 농업, 공출 거부, 각종 협동조합 운동, 자치회 활동 촉진 등이 이를 대변한다. 이러한 입장은 해방 이후와 산업화 이후의 시대에도 계속해서 견지되었다. 이와 관련된 글을 인용하면 다음과 같다.

> 우리 농민은 자력갱생, 즉 스스로의 힘으로 잘 살아보자는 운동을 먼저 일으켜야
> 합니다. 농촌건설과 농업개발을 위해서는 농민 자신들의 정신과 사상을 먼저 개발
> 시키는 일이 선행되어야 하며, 이런 정신으로 건들거리며, 놀고먹는 사람이 없어
> 야 하고, 유휴지 개발, 특수작물, 복합영농 기술, 새로운 기술 등 실력을 배양해야
> 합니다(일가회 편, 1988: 25).

같은 맥락에서 그는 무조건적인 근대화에도 반대하고 농업을 통한 자급자족이
갖는 의의를 중시하였다. 농업을 포기하고 무조건적인 산업화를 통해 통계 숫자상
으로 나타나는 형식상의 근대화가 아니라 그 전에 농업국으로서 자급자족하는 실
속 있는 자립 경제를 강조하였다(김용기, 1970: 249). 그는 전 세계가 서로 교류하며
돕는 세계평화주의는 찬성했지만 경제적으로 다른 나라를 지배, 통제하는 제국주
의는 반대했다. 이러한 원리는 요즘 세계화의 대안으로서 생태적인 지속가능성과
지역적 자립을 강조하는 지역화(localization)의 개념과 맥을 같이 한다(IFG, 2002;
Mander 외 편, 2001).

인류 보편적 열린 공동체 형성

그가 추구하는 이상적인 공동체는 자기 지역이나 국가만의 발전을 추구하는 편
협한 공동체가 아니라 보편적인 인류애에 입각한 공동체였다. 봉안이상촌운동도
작게는 한 마을 단위의 공동체운동이었지만 크게는 인류애라는 보편적인 큰 틀 속
에서 이루어졌다(김용기, 1998: 98-99). 가족애에서 비롯되어 애향심, 애국심의 한
계를 넘어 세계동포주의로 발전한 것이다.

> 애국심이란 것은 자기 향토에 대한 애착심에서부터 출발한다. 향토를 합하고 합
> 한 것이 국가이기 때문에 국가에 대한 충성은 자연적이며 건전하다고 본다. 애국심

이란 것은 무슨 의무적인 것이 아니고 일상생활에서 엄숙한 생활양식을 통하여 사회에 바치는 도덕심이기 때문에 자연 국가도 존중하게 된다. 그러나 그 애국심이 광열적인 자국존대주의에 빠져서는 아니 된다. 왜 그러냐 하면 향토애로 시작된 우리의 애국심은 일찍이 보지 못한 다른 향토의 사람까지도 사랑하게 되므로 우리는 인간적인 입장에서 전 인류의 운명도 자연 생각하게 되기 때문이다(가나안복민연구소 편, 1997: 204).

그는 또한 자기 나라만을 생각하는 편협한 애국심이 도리어 자기 나라를 해치는 세계전쟁의 원인이 되고 있음을 지적하면서 이러한 쓸데없는 전쟁을 없애는 길은 우리의 애국심을 인류 박애정신으로까지 끌어올리는 데 있다고 강조하였다. 이런 맥락에서 그는 세계 공동의 도덕 표준을 강조하였고 상호부조의 관념, 공동이익의 관념, 또 이러한 이상을 달성하기 위한 세계 연대의 관념을 강조하기도 하였다(김용기, 1975: 22).

이상에서 살펴본 바와 같이 김용기가 사회교육을 통해 지향했던 사회는 신앙 또는 높은 수준의 보편적 이념을 기반으로 하는 공동체였으며, 아울러 경제적, 환경적으로도 살기 좋은 지역공동체였다.

■ 사회교육의 본질

일가 김용기의 사상과 사회교육 활동의 분석을 통해 사회교육의 본질에 관한 그의 인식을 살펴보면 다음과 같다.

삶과 앎의 통합으로서의 사회교육

그의 사회교육실천과 사상 속에서 교육은 삶의 현장에서 이루어지는 것이라는 생각을 읽을 수 있다. 봉안이상촌이나 에덴향에서의 교육은 대부분 황무지 개척이라고 하는 노동 활동과 병행하여 이루어졌다. 그는 이상촌운동을 수행하는 과정에서 교육 활동과 경제적 활동을 병행하였다. 삶의 현장에서 교육이 활발히 이루어졌으며 교육을 통해 삶이 변화되어 갔던 것이다. 가나안농군학교의 학훈에도 "일하면서 배우고 배우면서 일하자"라는 내용이 포함되어 있다. 이와 같이 김용기의 사회교육관에 의하면 앎과 삶, 교육과 생활은 분리된 것이 아니었다.

인격 변화와 사회 변화의 통합으로서의 사회교육

김용기는 교육을 통해 개인의 인격 변화와 사회 변화를 동시에 추구하였다. 김용기는 개인의 인격도 중요시하였고 사회의 변화도 강조하였으나 이 둘을 별개로 추구하지 않았다. 즉, 개인의 인격은 교육을 통해서 이루어지고 사회의 변화는 사회운동을 통해서 이루어지는 것으로 파악한 것이 아니라 이 양자가 사회교육을 통해 통합적으로 이루어질 수 있다고 파악하였다. 이는 복민주의 기본 원리에서 잘 나타난다.

> 복민주의 사회구원 전략은 사회적 책임과는 별도로 사람의 마음속에 있는 악의 세력을 몰아내려거나, 아니면 인성악은 고치지 않고 구조적 억압 정치만 변혁시키려는 시도 중 어느 하나도 아니다. 인성악의 제거와 구조악의 제거를 한 인격 안에서 종합하여 함께 이루려고 하는 것이 복민주의 사회구원 전략이다. 한편으로 사람이 올바른 자아를 확립하도록 권면하며 동시에 사회의 부조리와 구조적 모순을 해결하여 나가도록 권면한다(가나안복민연구소 편, 1997: 29).

이와 같이 그가 추구하는 교육이념은 개인으로 하여금 도덕적으로 올바르게 자아를 확립하도록 권면하는 '인간화' 교육을 지향하며, 동시에 개인의 참자아를 사회적으로 의롭게 전개함으로써 현실 사회를 이상적인 공동체로 건설하려는 '사회화' 교육을 지향하고 있다(가나안복민연구소 편, 1997: 30). 그에 의하면 사회교육은 바로 이 양자를 통합하는 교육이다. 이 점이 그의 사회교육사상에 나타난 사회교육의 본질이라고 할 수 있다.

공동체학습으로서의 사회교육

김용기에 의하면 개인의 인격 변화와 사회 변화를 추구하는 사회교육은 공동체 속에서 이루어진다. 김용기는 일생에 걸쳐 공동체 속에서 이루어지는 사회교육을 강조하였다. 인류 보편적 가치를 추구하는 공동체를 실현하는 것이 그가 추구한 사회교육이기도 하였으나 공동체적 맥락에서 이루어지는 것이 곧 그가 추구한 사회교육이기도 하였다.

이러한 공동체는 삶의 현장과 밀접한 관계가 있는 곳이며, 각 개인의 인격이 형성됨과 동시에 그들의 공통된 문제를 해결해 가는 장이기도 하였다. 초기 봉안이상촌과 에덴향에서는 생활 현장인 지역공동체 속에서 공동체학습으로서의 사회교육이 이루어졌다. 이후 가나안농군학교를 통해 이루어졌던 사회교육에서도 교수자와 학습자가 모두 숙식을 함께 하는 공동체적 분위기가 강조되었다. 이러한 공동체적 맥락에서 이루어지는 사회교육은 모두 함께 생활하며 배우는 무형식적 학습의 의미가 크다. 지식 전달 위주의 교육보다 함께 생활하면서 실천과 모범을 통해 교육했던 김용기의 교육관에는 이러한 공동체학습으로서의 사회교육관이 내재되어 있다.

■ 사회교육의 실천 원리

앞에서 살펴본 바와 같이 일가 김용기는 이상촌 건설을 위해 평생에 걸쳐 사회교육 활동에 참여하였다. 김용기의 사회교육 활동과 사회교육사상에 나타난 사회교육의 실천 원리를 구체적으로 살펴보면 다음과 같다.

시대를 초월한 공동체성의 지속적 강조

시대 변화에 따른 사회교육의 내용과 대상 방법의 변화에도 불구하고 그의 사회교육 활동에는 공동체성이 지속적으로 강조되고 있다. 다만, 초기에는 실제 지역 안에서 공동체성이 강화될 수 있도록 사회교육을 활용하였다면 후기에 비교적 형식성이 높아진 사회교육기관에서는 교육의 과정 중에서 공동체성을 강조했다고 볼 수 있다. 이를 달리 표현하면 봉안이상촌과 같이 지역사회와 밀접한 관계가 있는 사회교육의 경우에는 '지역공동체의 형성과 발전' 자체가 강조되는 경향이 있었다면, 가나안농군학교 설립 이후와 같은 일반적인 사회교육의 경우에는 교육방법 및 원리로서의 공동체성이 더 부각되었다고도 볼 수 있다. 그렇지만 이러한 차이에도 불구하고 양자 모두 시대를 초월하여 공동체성을 최우선의 가치로 강조했다는 점에서 일관성이 있다. 이상의 내용을 정리하면 〈표 7-4〉와 같다.

표 7-4 김용기의 활동 시기별 사회교육 접근 방식 및 공동체성의 성격 비교

활동 시기	접근 방식	일차적 관심	지역과 사회교육과 의 관계	지역의 위상	공동체성의 형성
초기	내부자생형 지역사회교육	지역공동체성 의 강화	지역 안에서 공동체 를 형성하기 위한 수 단으로서의 사회교육	실제 지역사회교 육이 이루어지고 있는 곳	지역 안에서 일상 적 활동과 학습을 통해 자연스럽게 형성됨
후기	외부지원형 지역사회교육	공동체적 사회 교육의 실천	사회교육기관에서의 공동체적 사회교육의 성과를 적용할 주요 공간으로서의 지역	학습을 마치고 돌아가 학습 결 과를 활용해야 할 곳 중 하나	사회교육기관 안에 서 공동체 생활을 통해 인위적으로 강조됨

활동 여건에 따른 지역사회교육 접근 방식의 변환

김용기가 사회교육을 통해 이상촌을 추구하고자 했던 목적은 변함이 없었지만 시대에 따라 그 접근 방식은 다르게 적용되었다. 김용기는 평생에 걸쳐 이상촌운동의 이상을 전국적으로, 더 나아가 전 세계적으로 확산시키기 위한 사회교육에 매진하였다. 이와 관련하여 김용기는 가나안농군학교의 설립 목적을 다음과 같이 말하고 있다.

　　나 개인의 복지생활을 널리 선전하여 전국적인 가나안 복지촌 건설에 정신(挺身)
하려는 것이 나의 간절한 마음이다. 이러한 사업을 전개하기 위하여 나는 앞으로
내가 하고 있는 농군학교를 규모 있게 확장하여 본격적인 농군학교를 세워 출중한
지도자를 양성하고 또는 간행물을 발간하여 '가나안 복지촌'의 전국적인 건설을 고
취할 것이다. ……(중략)…… 전국 방방곡곡에 가나안 복지촌을 세우도록 전력을
다할 계획이다(김용기, 1975: 73).

　　여기서 그가 말하고 있는 '가나안 복지촌'이란 곧 봉안이상촌 이후 그가 꿈꿔 왔
던 이상적인 지역공동체라고 볼 수 있다. 이와 같이 가나안농군학교의 설립은 이
상촌운동을 점차 전국적으로 확산시키고자 하는 노력에서 비롯되었다. 즉, 고향
중심의 지역사회교육에서 전국의 지역공동체 지도자를 양성하기 위한 지역사회교
육으로 발전한 것이다.[5]

　　이는 지역사회교육의 장이 반드시 사회교육자가 직접 거주하고 있는 특정한 지
역만이 아닐 수 있음을 보여 준다. 즉, 지역사회교육자의 여건에 따라 직접 지역공
동체 안에서 지역사회교육이 이루어질 수도 있고, 지역 바깥에서 체계적인 교육을
통해 지역공동체 지도자를 양성하는 지역사회교육이 이루어질 수도 있음을 의미
한다. 이는 사회교육자와 지역공동체와의 관계에서 지역사회교육을 수행하는 두
가지 접근 방식이라고 할 수 있다. 하나는 '내부 자생형 지역사회교육'으로서 지역
사회교육자가 자신이 직접 살고 있는 지역 안에서 주민들과 함께 다양한 형태의

---

5) 실제로 가나안농군학교의 수료생들은 고향에 가서 지역사회의 지도자가 되었다. 본인 및 관련자들
의 증언에 따르면 한 예로 김용겸은 강원도 사북에서 불우 청소년공민학교를 설립하였으며 가나안
양곡은행, 이동농군학교 등을 실시하는 지역사회교육의 지도자가 되었다(일가기념사업재단,
2002b). 또한 가나안농군학교의 소식지인 '가나안의 편지'에 실린 수료생 탐방 기록에 따르면 경남
통영의 어느 마을은 마을 전체가 농군학교 교육을 받은 뒤 매일 아침 함께 모여 뛰고 농군학교식 노
래도 부르고 하여 매스컴에도 여러 번 소개되기도 했다. 또한 제주도의 '신록회'는 제주도 농군사
관학교 3기생 출신의 모임으로서 문태준(서귀포 법환동), 윤서철(서귀포시 강정동) 등의 제주도 동
문들이 참가하였다(일가회 편, 1988: 131).

교육적 활동을 통해 지역공동체를 형성·발전시키는 것을 말한다. 다른 하나는 '외부 지원형 지역사회교육'으로서 지역사회교육자가 지역의 맥락 밖에 있는 특정한 교육기관에서 지역공동체 예비지도자를 모아 체계적인 교육을 실시한 후 각 지역으로 돌아가 지역공동체의 형성과 발전을 위해 활동하게 하는 방식이다. 김용기의 경우는 생애사적으로 전자에서 후자의 접근 방식으로 이행했다고 볼 수 있다. 그러나 지역사회교육의 전반적인 맥락 속에서 현대 사회를 본다면 이 두 가지 접근 방식이 동시에 이루어지는 것이 효과적이라 할 수 있다.

전인적 사회교육의 강조

김용기는 이상적인 지역공동체를 형성하기 위해 이론과 실무적인 면, 태도적인 면, 신체적인 면이 통합된 사회교육을 실시하였다. 그런 면에서 김용기의 사회교육은 전인교육적 성격을 띠고 있다고 볼 수 있다.[6] 그는 특히 가나안농군학교의 교육 프로그램을 통해 지역공동체의 의미와 중요성에 대한 전문적인 지식의 습득, 지역의 발전을 위한 이상촌 건설법, 모범농가 창설법, 각종 농업기술, 민주적인 회의진행법 등과 같은 전문적인 기술의 배양, 지역공동체를 유지·발전시키기 위한 인격과 태도의 형성, 그리고 지역의 지도자로서 필요한 건강 증진과 체력 강화 등을 실시했다(김용기, 1975: 55-56; 김용기, 1998: 252). 이와 같이 김용기는 인간의 전면적인 발달을 추구하는 전인교육적 사회교육을 실시한 것이다.

교육 형태와 교육방법의 총체적 활용

앞에서 살펴보았듯이 김용기는 이미 봉안이상촌을 운영하는 과정에서 각종 연

---

6) 한편으로 김용기의 사회교육은 '총합교육적'이라고도 할 수 있다. '총합교육적'이라고 하는 것은 인문적인 성격과 직업적인 성격을 모두 강조했다는 의미에서 사용되었다. 이는 풀무농업기술학교와 같이 인성교육과 실무교육을 통합적으로 강조하는 학교를 지칭하는 '총합학교'에서 착안한 것이다(홍순명, 2002: 123). 이는 인문교육과 실무교육을 타협적으로 구성하여 선택하도록 한 '종합학교(comprehensive school)'와 다르게 모든 학생에게 똑같이 강조했다는 점에서 다르다.

구 모임이나 토론회와 같은 무형식적인 교육은 물론, 야학, 주부교실, 강연회, 강습회, 계몽유세와 같은 오늘날의 비형식적 교육, 각종 야학, 복음농민학교, 농군사관학교와 같은 준(準)형식 교육에 이르기까지 모든 형태의 사회교육을 실시하였다. 또한 그는 교육방법적인 측면에서도 강의와 시범보이기, 대화, 상담, 분임토의, 신문 및 방송매체 활용 등의 다양한 방법을 효율적으로 활용하였다. 이는 공동체지향적 사회교육을 위해 다양한 교육 형태와 방법을 총체적으로 활용한 성공적인 역사적 사례를 제시했다는 점에서 의미를 가진다.

■ 사회교육자의 요건

일가 김용기는 평생 농민지도자로서, 사회교육자로서 솔선수범하는 삶을 살았다. 그의 사회교육 활동과 사상에서 찾아볼 수 있는 사회교육자의 요건을 정리하면 다음과 같다.

농민을 위한 초지일관의 교육적 사명감

김용기는 농민과 학습자들이 신뢰할 수 있는 지도자로서의 역할을 담당했다. 봉안이상촌을 건설하기 시작한 이후 김용기는 황무지를 개척함과 동시에 농촌 주민들의 의식 개혁을 평생의 목표로 삼았다. 해방 이후 정계로 진출할 기회가 있었지만 그는 농민운동가의 뜻을 버리지 않았다. 이후 에덴향은 물론 가나안농군학교를 설립하는 과정에서도 농민운동가로서, 사회교육자로서의 그의 사명감은 변하지 않았다. 이러한 일관된 사명감이야말로 그에게서 본받을 만한 사회교육자의 요건이라고 할 수 있다.

솔선수범의 교육 자세

그는 단순히 지식을 전달하는 교수자가 아니라 자신이 말한 내용을 직접 실천하는 언행일치를 매우 중요하게 생각하였다.

내 속에서 난 자식들까지 자신의 욕망대로 살고 싶을 때가 있거늘, 하물며 20~ 30년 동안 야생수처럼 멋대로 자라난 성인들을 가르치고 교화시킨다는 것은 문자 그대로 고난의 길이다. 그러자니 나는 교육의 원칙을 '보여 주는 것'에 역점을 두었 다. 백번 듣는 것보다 한번 보는 것이 낫다는 말이 있듯이 언제나 내 생활을 있는 그 대로 보여 줌으로써 많은 교육생들에게 감동을 주었다(김용기, 1987: 179).

그는 교육은 모범을 보이는 것이라고 생각했기에 항상 먼저 시범을 보였다. 가 족들이나 학습자들에게 그는 솔선수범의 자세를 보여 주었으며 그가 실행한 행동 의 성과를 직접 보여 주었다. 이러한 솔선수범의 교육 자세는 학습자의 자율성을 중시하는 현대 사회에서 더욱 요구되는 사회교육자의 요건이라고 할 수 있다.

주민과 학습자의 상황과 요구에 대한 민감성

김용기의 사회교육 활동은 시기별로 지역주민 및 학습자의 구체적인 상황과 요 구에 맞게 변환되었다. 그는 각 시대가 요구하는 바를 정확하게 파악하여 이를 교 육과정에 반영하는 안목을 가지고 있었다. 봉안이상촌의 경우는 문해교육과 다각 적 영농이 주된 교육 내용이었다면 가나안농군학교에서는 지도자로서의 리더십, 영농기술 등도 중요한 내용이 되었다. 이렇게 김용기는 시대 변화에 능동적으로 대처하는 유연성을 갖추고 있었다.

탁월한 강연 및 설득 기법

김용기는 봉안이상촌 시절 몽양 여운형으로부터 배운 웅변 기법을 기반으로 설 득력 있고 힘찬 교수기법을 개발하였다.

이 무렵 여운형은 목사가 없는 우리 교회에서 내가 설교하면 내 동작 하나하나와 음성의 고저까지 지도해 주었다. 일세의 대웅변가이던 여운형이 아니던가. 그가 내게 일일이 지도하는 것이다. "김장로! 웅변은 제일 먼저 대중을 휘어잡을 줄 알아야 하네. 그러자면 먼저 말에 힘이 있어야 해. 힘없는 말은 생명이 없어." 이렇게 세세한 부분까지 웅변의 요령을 지도해 주던 여운형이다. 그리고 보면 내가 지금껏 4천 회가 넘는 강연회, 부흥회를 하게 된 것도 실로 우연히 된 게 아닌가 보다(김용기, 1987: 65).

또한 그는 대화를 통한 탁월한 설득 능력을 가지고 있었다. 그는 봉안이상촌 건설 당시 주민과 동등한 입장에 서서 그들을 이해하고 그들의 필요를 살펴 대화와 설득을 통해 그들에게 학습과 교육을 제공하는 상담자의 역할을 담당했다(방정은, 2008: 54). 이러한 능력은 김용기에게서 두드러지게 나타나는 사회교육자의 요건이라고 할 수 있다.

김용기 사회교육사상의 의의

지금까지 일가 김용기의 생애와 사회교육사상을 살펴보았다. 봉안이상촌에서 시작된 그의 사회교육 활동은 농촌 지역을 중심으로 이상촌으로서의 지역공동체를 만드는 것에서 시작하여 민족, 더 나아가 인류 보편적 공동체를 형성하기 위한 노력이었다고 볼 수 있다. 특히, 일가 김용기는 이상촌운동을 실시한 선각자들 중에서도 일제강점기 이후부터 현대에 이르기까지 가장 지속적이면서도 체계적으로 지역사회교육을 실시했던 대표적인 인물이라고 볼 수 있다. 그가 사회교육 활동을 통해 추구했던 지역공동체는 인류애에 기초한 자립적이고도 생태지향적인 지역공동체였다. 그의 사회교육 활동은 작은 지역에서 시작되었으나 점차 전 국민을 대상으로 하는 교육으로 발전하였다. 사회교육을 통해 이상적인 공동체를 형성하고자 했던 그의 관심은 전 생애를 통해 계속되었다. 즉, 초기에 비해 후기에는 지역사회교육의 성격이 다소 약해졌지만 보다 포괄적이고 체계적인 공동체적 사회교육을 통해 사회공동체 형성에 이바지하기 위한 교육에 매진하였던 것이다. 이와 관련하여 김용기의 사회교육 사상으로부터 얻을 수 있는 시사점을 제시하면 다음과 같다.

첫째, 김용기의 사회교육사상은 사회교육의 목적과 내용, 방법에 있어 공동체성이 가장 핵심적인 가치임을 다시 한 번 보여 준다. 즉, 그의 사회교육사상은 마을중심의 지역공동체는 물론, 더 나아가 직장, 민족, 세계 등 다양한 차원에서 공동체를 형성하도록 돕는 것이 사회교육의 핵심적인 목표가 되어야 함을 보여 준다. 그러기 위해 사회교육의 내용은 물론 교육 방법에서도 인류 보편적 차원에서의 공동체적인 가치와 원리가 강조되어야 한다. 이는 특히 현대 사회 시민교육의 차원에서도 시사하는 바가 크다.

둘째, 김용기의 사회교육사상은 지역사회교육 차원에서 지역학습공동체의 형성과 지역 발전의 조화가 중요함을 보여 준다. 김용기가 활동한 이상촌에서는 학습공동체의 형성과 지역 발전이 조화롭게 이루어졌다. 최근 시행되고 있는 다양한 지역사회교육 사업들에 대해서는 한편으로 학습 기회의 확대를 통하여 지역학습공동체 형성에 이바지한다는 긍정적인 평가가 있는 반면, 다른 한편으로는 지역의 개발을 위한 수단으로 활용되어 결과적으로 지역공동체를 해체하고 점차 사회적 불평등을 심화시키는 기능을 하고 있다는 우려의 목소리도 있다(오혁진, 2007). 이상적인 지역사회교육은 지역주민들의 교육적 성장과 지역공동체의 형성, 그리고 지역 발전이 조화롭게 이루어져야 한다. 이런 맥락에서 일가 김용기의 사회교육은 지역학습공동체의 형성과 지역 발전을 조화롭게 추구하는 역사적 사례가 될 수 있다.

셋째, 사회교육은 전인교육적 접근 방식의 의의와 가치를 지속적으로 고려해야 한다. 김용기는 공동체의 중요성에 대한 지식은 물론, 지역과 사회 발전을 위한 전문적인 기법과 기술, 그리고 공동체적 인격을 체득할 수 있는 태도의 형성 등을 강조하는 전인교육적인 사회교육을 실시하였다. 이러한 전인교육적 접근방식은 그룬트비히, 린드만(Lindeman) 등 과거 많은 사회교육 사상가들은 물론 우리나라의 이상촌운동을 통해서도 지속적으로 강조되어 왔다(강선보, 2005; 오혁진, 2007). 그러나 최근에는 경제적 효율성과 전문적 기법을 강조하는 경향이 강해짐에 따라 다소 그 전통이 약화되고 있는 추세이다. 그러나 김용기의 사회교육사상은 이상적인 공동체가 형성되고 지속적으로 발전하기 위해서는 특정 지식과 기법만이 아니라 공동체의 중요성을 인식하고 공동체적 덕목을 체득할 수 있는 전인교육 차원의 사회교육이 필요함을 다시 한 번 보여 준다.

넷째, 사회교육은 다양한 교육 형태와 방법을 상황에 맞게 총체적으로 활용해야 한다. 김용기의 사회교육에는 무형식 교육, 비형식 교육, 준형식 교육적 접근 방식이 모두 활용되었고, 교육 방법도 강의, 시범은 물론 토론, 상담 등의 갖가지 방법이 모두 활용되었다. 최근 평생학습이 활성화되면서 사회교육자의 직무와 과제의 중요성이 강조되고 있다. 그러나 그 논의는 주로 평생교육원, 학점은행제, 평생학습계좌제, 평생학습도시, 평생학습관, 직업훈련기관 등과 같이 형식성이 높은 제도권 및 교육 전용 시설 중심으로 이루어지고 있는 것이 사실이다. 그러나 사회교육은 아직 제도화되지 않은 일상생활 속에서도 매우 큰 의미가 있다. 이곳에서 활동해야 하는 사회교육자의 역할과 과제, 그리고 교육 방법은 형식성이 높은 사회교육기관에서 활동하는 사회교육자나 일반 강사들의 경우와 많은 차이가 날 수밖에 없다. 그러므로 사회교육을 효과적으로 수행하기 위해서는 학습자의 구체적인 상황에 맞는 고유하면서도 다양한 접근방식을 활용해야 한다.

그러나 그의 사회교육사상은 몇 가지 점에서 한계를 가지고 있다.

첫째, 그의 사회교육사상에는 사회교육의 내재적 가치보다는 수단적 가치가 더 강조되고 있다. 그는 사회의 변화를 위해 교육의 중요성을 강조했으나 사회교육 자체를 위해 지역의 자원을 풍부하게 활용하는 것에는 큰 관심을 기울이지 않았다고 볼 수 있다. 이는 그가 기본적으로 지역공동체 및 사회의 발전을 위해 교육을 활용하려는 지역사회개발 및 사회운동적 접근 방식을 취했기 때문이라고 볼 수 있다. 그러나 사회교육 본위의 관점에서 볼 때 지역공동체나 사회는 사회교육을 보다 풍부하게 실시하기 위한 소재와 환경으로서의 의미도 있다. 예를 들어, 지역공동체의 경우 지역공동체가 갖고 있는 인적·물적 자원, 그리고 역사와 문화, 자연환경 등은 지역주민이 의미 있는 학습을 하기 위한 소재이자 여건이 된다(오혁진, 2006: 174). 그러므로 지역사회교육, 더 나아가 사회교육이 보다 균형 있게 발전하기 위해서는 '지역공동체 및 사회의 발전을 위한 사회교육의 활용'만이 아니라 '사회교육의 발전을 위한 지역공동체 및 사회의 활용'도 중요하게 다루어져야 할 것이다.

둘째, 그는 지역공동체 형성과 관련하여 지역정체성의 중요성에 대해서는 상대적으로 강조하지 않았다고 볼 수 있다. 그는 삶의 현장으로서의 지역은 강조했지만 지역의 문화와 역사 등과 같이 지역정체성과 관련된 부분에 대해서는 비교적 크게 강조하지 않았다. 그것은 김용기가 주로 활동하던 곳이 전통적인 촌락공동체로서의 농촌이었기에 지역정체성을 새삼 강조하지 않아도 될 정도로 지역의 전통과 문화가 그대로 남아 있었기 때문이라고 볼 수 있다. 그러나 복잡하고 이주가 잦은 현대 도시사회에서 지역공동체를 형성하기 위해서는 이러한 지역정체성을 의도적으로 강조할 필요가 높아지고 있는 실정이다. 따라서 지역사회교육에 있어 지역정체성 확립과 관련된 부분도 중요하게 인식되어야 한다.

그럼에도 김용기의 생애와 사상은 현대 사회교육의 발전을 위해 커다란 지침을 제공한다. 특히 김용기의 사회교육사상은 시민교육과 지역사회교육 차원에서 의미가 크다. 산업화의 과정에서 김용기의 사회교육사상을 현대 사회에 적절히 계승할 때 사회교육을 통해 이상적인 시민사회와 지역공동체가 보다 효과적으로 구현될 것으로 기대된다. 이와 아울러 현대사회에서 김용기의 사회교육사상이 갖는 의의를 보다 구체적으로 정립하기 위한 연구가 지속적으로 이루어져야 한다.

제3부

시민사회 성숙 및 세계화 진입기의 사회교육사상가

08 황종건의 사회교육사상

한국 사회교육학의 성립에 토대를 놓은 대표적인 인물 중의 한 사람으로 황종건(黃宗建, 1929~2006)을 들 수 있다. 그는 한국 사회교육학의 정립과 발전을 위해 제일선에서 활약해 온 인물이며, 단순히 사회교육학자가 아니라 사회교육 실천의 나아갈 길을 제시하고 몸소 실천했다는 점에서 진정한 의미의 사회교육사상가라고 할 수 있다. 그는 대학 차원의 지역사회교육을 실천했던 선구자였으며, 한국 사회교육을 대표하는 민간단체인 한국사회교육협회의 창립과 한국의 사회교육법 제정에도 앞장섰다. 특히, 그는 사회교육의 국제무대에서 한국을 대표하여 활발한 활동을 벌였던 인물이기도 하다. 이런 점에서 그는 한국 사회교육학의 성립과 사회교육의 제도화 그리고 한국 사회교육의 국제적 위상 강화에 이바지한 핵심적인 인물 중의 하나임에 틀림없다.

지금까지 역사적인 차원에서 황종건의 생애와 사회교육 학설을 다룬 연구는 일부 존재해 왔다(노일경, 2000; 히고 코우세이, 2009). 그러나 그가 한국 사회교육학과 실천에 미친 영향을 고려할 때 그에 대한 연구는 이제 시작에 불과하다. 그의 학문적 주장은 물론 사회교육 실천까지 종합하여 그를 사회교육사상가로 조망한 연구는 매우 부족한 실정이다. 이에 이 장에서는 황종건의 생애, 사회교육 활동, 사회교육사상의 기반, 그리고 그가 평소에 주창해 온 사회교육의 원리, 사회교육자의 요건 등에 대해 구체적으로 살펴보고자 한다. 특히, 한국 사회교육학연구자 1세대이자 선구자적인 사회교육실천가로서 그가 사회교육을 통해 추구하고 이후에도 지켜 내려고 했던 정신이 무엇인지를 집중적으로 분석해 보고자 한다.

황종건의 생애와 사회교육 활동

■■ 생 애

황종건의 생애는 격동의 한국 현대사의 굴곡을 빠짐없이 받아들이고 체험하며 살아온 역사라 해도 과언이 아니다. 정치 · 경제 · 사회적으로 변화무쌍의 시대를 살아온 그의 삶은 사회교육의 정신이라 할 수 있는 사회변혁과 공동체 정신의 확립, 소외 계층에의 배려 등이 절실히 요구될 수밖에 없었던 시대적 상황과 매우 밀접한 관계를 갖고 있다.

성장기(1929~1946년)

그는 일제강점기인 1929년 서울의 기독교 가정에서 출생하였으며 일찍부터 기독교적 인도주의 사상에 영향을 받았다. 그의 아버지가 서울에서 서당을 운영하였고 당시의 서양 문화를 적극적으로 수용하였으며 상해 임시정부의 국내 연락책으로 활동하며 몇 차례 복역하는 등 남다른 정치적 관심과 애국심으로 인해 보훈대상자가 되었다는 점에서 그의 성장 배경과 학문적 관심의 뿌리를 살펴볼 수 있다. 그는 일제강점기라는 민족적 수난 시기에도 무난히 중학교까지의 제도권 교육을 받을 수 있었으며, 중학교 3학년 때 자신을 교육학으로 이끈 페스탈로치와 처음 만나게 되었다.

교육학 및 사회교육 입문기(1946~1961년)

해방 후 황종건은 서울대학교 사범대학 예과에 입학(1946년)한 후 나중에 교육학과(1948년)로 진학하였다. 당시는 좌우익의 이념 대립으로 동맹 파업과 학생들의 집단적 투쟁이 성행하였는데, 그는 그 틈바구니를 벗어나 국립도서관에서 페스탈로치와 다시 한 번 만나게 되고 교육학에 대한 확신을 가지게 되었다. 기독교적 박애정신이 강했던 그는 당시 남산 근처의 '보화원'이라는 고아원에서 아이들과 함께 생활하는 경험을 하게 되는데, 이것이 그의 사회교육 실천의 출발점이 되었다. 1949년에 그는 소외된 이들을 위한 교육학을 꿈꾸며 '페스탈로치 그룹'을 만들어 활동하였다.

한국전쟁(1950~1953년) 시기에는 부산으로 피난한 후 거제도 북조선 포로수용소에서 한글 문해교육 아르바이트를 하였다. 전쟁이 끝난 후 서울 동덕여자고등학교에서의 교원생활(1953년)을 거쳐 청주대학교(1955년)에서 교편을 잡았으며, 이 시기 학생들과 함께 농촌계몽운동에 참여하거나 '삼강학원'이라는 근로청소년야학을 운영하기도 하였다. 그는 애초에 교육철학과 역사에 관심이 많았지만 미국 컬럼비아 대학교로의 유학(1958년)을 계기로 교육사회학과 성인교육을 공부하게 되었으며 관련 석사학위를 취득하였다. 귀국 후 성균관대학교 전임강사 시절 한국 최초의 『교육사회학』을 집필하기도 했다. 그러나 그는 군사정권이 들어선 후 자신의 평소 소신을 밝힌 「대학교육과 학문의 자유」라는 논설이 문제되어 권고사직(1961년)을 당한다(히고 코우세이, 2009: 43).

한국 사회교육학 토대 형성기(1961~1985년)

대학 교수로서의 일자리를 잃은 그는 이후 중앙교육연구소 연구원(1961년)과 대한적십자사 청소년자문위원회위원(1963년)으로 활동하는 등 공적 사회활동을 본격화하였다. 1960년대 전반기는 지역사회학교 내지는 향토학교운동이 교육계를 풍미한 시기였다는 점에서 그의 연구와 실천도 지역사회를 중심으로 한 학교의 역할에 초점을 두고 이루어졌다. 여기에는 영국 맨체스터 대학교(1964년)에서 유학하면서 알게 된 노동자교육협회와 대학확장교육의 영향이 컸다.

그는 1966년에 한국교육학회의 최초의 분과연구회라고 할 수 있는 '사회교육연구회' 초대 회장으로 선출되었으며, 그 이듬해에는 계명대학교 교수로 임명되었다. 이후 이 대학교의 '지역사회교육연구소' 소장으로 임명되어(1973년) 한국에서 학교와 지역사회와의 올바른 관계 설정과 사회교육의 역할에 대해 연구하였다. 1974년에는 한국교육학회 교육사회학연구회 운영위원으로 임명되어 한국 교육학계에서 교육사회학의 지평을 넓히는 데 일조하였으며, 1976년에는 한국사회교육협회 창립 총무이사직을 맡았다.

1970년대 중반부터는 해외로 눈을 돌려 아시아·태평양지역 청소년적십자지도자회의(1975년)에 참여하였고, 아시아남태평양성인교육기구(ASPBAE) 제3지역 회장(1979~1981년)으로 취임하였다. 1980년대 접어들어서는 캐나다 온타리오 교육연구소(Ontario Institute For Studies in Education)에 연구교수로 초빙(1980년)되었으며, 대한민국훈장 석류장 수상(1981년), 한국교육학회 부회장 취임(1982년), 한국사회교육협회 회장 취임(1984년) 등의 명예를 얻기도 했다. 반면, 이 시기에 그는 재직 중이던 계명대학교의 재단 분규에 따른 사직(1985년)을 겪는 등 어려움 속에서 국내 연구 활동을 이어갔다.

문해교육 국제 활동기(1985~1994년) - 문해교육과 해외 활동 중심

1980년대 중반에 접어들어서는 국제성인교육협회(ICAE) 부회장(1985년) 및 기관지 편집위원(1986년), 유네스코 한국위원회 위원 및 APPEAL(만인을 위한 교육)

국내위원회 위원장(1988년)과 ASPBAE 제3지역 회장(1987~1990년 재취임) 등의 역할을 맡으며 해외 관련 기구에서 적극적인 활동을 벌였다. 또한 명지대학교 사회교육대학원 교수로 취임(1988년)하였으며, 그동안의 왕성한 국제활동을 인정받아 ICAE와 ASPBAE로부터 공로상(1990년, 1991년)을 수상하였다. 그리고 이들 기관들과 연계된 국제적 활동을 통해 국내의 교육 소외 계층의 존재를 인식하게 되고, 전국에 흩어져 있는 문해교육 실시 기관들의 연계를 추진하기 위해 '문해교육협회'를 설립하고 초대 회장으로 취임(1989년)하였다. 또한 이때부터 UNESCO와 ASPBAE 활동 차원에서 사회교육 및 문해교육의 해외 원조를 위하여 베트남, 라오스, 몽골, 중앙아시아제국 등을 수차례에 걸쳐 방문하며 연구자 및 실천가들 간의 교류를 추진하기도 하였다.

은퇴 후 자원봉사 및 학문 성찰기(1994~2006년)

그는 1994년 명지대학교를 정년 퇴임하였으며, 2000년에는 서울대학교의 초빙교수로 취임하여 후학 양성에 힘을 다하였다. 그리고 1980년대부터 학문적 인연을 쌓아 오던 일본과 중국을 오가며 한국의 사회교육을 소개하고 그 한계와 전망에 대해 밝히기도 하였다(히고 코우세이, 2009: 54). 국내 후학들과 함께 평소 친분을 쌓으며 교류하던 일본의 사회교육학자들과 일본어로 『한국의 사회교육·생애학습』의 출간을 열정적으로 준비하기도 하였다. 또한 중국 산동방적직업대학교에 한국어학과 고문으로 초빙되어 생의 마지막까지 사회교육자로서의 역할을 다했다. 그러던 중 2006년 봄 건강이 안 좋아져 일본어 책의 출간을 목전에 두고 귀국 1개월여 만에 영면하였다(김제태 인터뷰 내용: 2012; 히고 코우세이, 2009: 57).

▪ 사회교육 활동

황종건의 사회교육 활동은 학자로서 진행한 사회교육 관련 연구 활동을 포함하지 않을 수 없다. 그는 제도권 학교교육 연구에서 출발하여 이후 사회교육 분야에 입문하였으며, 사회교육의 세분화된 영역별로 연구를 심화시켰다. 그 과정에서 그는 단지 학자로서 머문 것이 아니라 사회교육 현장에서 실천가로도 활동하였다. 사회교육의 하위 영역별로 황종건의 사회교육 연구 및 실천에 대해 구체적으로 살펴보면 다음과 같다.

지역사회교육에 대한 연구와 실천

황종건은 미국 컬럼비아 대학교 유학 이후 지역사회에 관심을 가지기 시작했으며, 영국 맨체스터 대학교 유학 이후에는 대학의 사회교육운동이 영국의 민주화와 근대화에 중요한 역할을 하고 있다는 점에서 학교를 중심으로 한 지역사회교육에 심취하였다.

1967년 계명대학교에서 사회교육 프로그램을 시작하여 1971년에는 정식으로 주부대학 강좌를 개설하였으며, 대구시로부터 정식으로 재정적 원조를 받아 사회교육을 활성화하였다.

> 당시 대학 조직에서는 사회교육원이라는 것이 존재하지 않았기 때문에 '지역사회교육연구소'라는 이름으로 대학에서의 사회교육 프로그램을 실시했습니다. 이 명칭의 유래는 제가 쓴 『사회교육』이라는 책 내용 가운데 장래의 과제로서 지역사회교육을 제안한 것에서 이렇게 이름 짓게 되었습니다. …… (중략) …… 한국에서 대학중심의 사회교육활동은 처음이었습니다(TOAFAEC, 2000).

황종건은 학교교육이 갖는 기능의 한계성과 역기능, 그리고 기능이 약화된 가정에서의 교육만으로는 훌륭한 자녀교육이 불가능하다고 생각하여 인간 성장을 위한 종합적 생활공간인 지역사회에 주목하였다. 그는 진정한 인간교육은 가정과 학교, 지역사회의 유기적인 관계 속에서 이루어지는 것이라고 생각했다. 또한 가정과 학교를 지역사회의 하위기관이라 인식하고 지역사회 테두리 안에서 교육을 생각하는 것이 타당하다고 생각하였다(황종건, 1984: 56).

황종건은 1960년대 이후, 충주시 목행의 대규모 비료공장의 건설, 포항 제철소의 건설, 울산 현대자동차공장의 건설이 지역사회에 미치는 영향 등에 주목하였다. "그가 가장 관심을 가졌던 것은 사회 변화이고, 특히 산업화에 따른 농촌사회, 지역사회의 변화와 그에 관한 교육의 문제였다."(히고 코우세이, 2009: 118) 그는 지역사회의 변화가 물적인 변화뿐 아니라 사람들의 태도 및 여러 가지 생활 습관, 더욱이 사상, 감정, 습관, 전통, 가치 기준 등에도 커다란 작용을 한다고 파악하였다(황종건, 1974: 2). 그는 이러한 변화에 대해 사회적 통합과 협동을 지향하며 지역사회 주민들의 적응 능력을 배양하는 것이 지역사회교육의 과제라고 강조하였다.

문해교육에 대한 연구와 실천

1980년대에 접어들어 황종건은 문해교육에 본격적인 관심을 가지기 시작하였다. 그 계기가 된 것은 유네스코와 ASPBAE, 그리고 ICAE와 같은 국제성인교육 단체에서의 활동이었다. 그는 그러한 활동을 통해 문해교육의 개념과 기준, 방법 등에 대해 선진국과 한국 사이에 인식의 차이가 크다는 사실을 알게 되었다. 당시 한국은 문해에 대한 현대적인 기준도 또 문해교육의 필요성에 대한 인식도 부족하였다. 그래서 그는 문해교육에 관한 인식의 재정립과 개념의 재검토를 위해 1988년 문해조사를 실시하였다(TOAFAEC, 2000).

그의 이러한 생각은 파울로 프레이리의 '의식화와 자기해방'으로부터 지대한 영향을 받았다. 황종건이 말하는 '문해'는 중의적으로 '문자해독'과 '문화적 해방'을 뜻한다. '문해'라는 말은 본래 '문자해독'이라는 말을 줄인 것이지만 그는 '문화적 해방'이라는 의미도 이 말에 포함되어 있다고 보았다(TOAFAEC, 2000). 그는 문해교육의 목적과 방법은 생활 전체의 문제, 즉 여성의 지위 향상과 평화의 문제, 그리고 직업과 연계된 학습이며 생활에 밀착된 것이어야 한다고 생각했다.

국제 이해를 위한 연구와 실천

황종건은 성인교육의 내용 분류에서 문해 및 성인기초교육, 인문교양교육, 시민교육, 직업기술훈련, 여가선용이라는 5가지를 기본적으로 제시하고 '국제이해를 위한 성인교육'을 시대가 요구하는 성인교육의 내용으로 제시하였다(황종건, 1966: 34-36). 또한 그는 실천적인 차원에서도 몽골, 베트남, 라오스, 중앙아시아의 여러 나라, 동아시아, 중국 등에 문해교육 및 한국어 교육을 실시하여 문해교육을 초월한 국제이해 교육에 매진하였다. 국제이해 교육을 위한 그의 노력들은 「베트남의 개혁정책과 인력개발교육체제」(1994년), 「동아시아 글자개혁운동과 문해교육의 문제」(1994년), 「몽골에서의 문해문제와 성인교육의 과제」(1997년), 「꿈틀거리는 용: 중국에 대한 새로운 인상」(2005년) 등과 같은 연구물을 통해 엿볼 수 있다.

사회교육 관련법과 제도 형성을 위한 연구 및 실천 활동

황종건은 한국 사회교육의 선도적인 이론가로서 한국 사회교육의 제도 정립을 위해서도 앞장섰다. 그는 한국의 사회교육 발전을 위한 법률 제정을 꾸준히 주장하였으며, 1982년에는 사회교육법을 제정하는 데도 실제로 관여하였다. 그는 현행 사회교육법의 한계를 인식하며 일본의 「사회교육법」을 참조하기 위해 일본학자들과 적극적인 교류를 하기도 하였다. 그는 우리나라의 「사회교육법」이 보다 실효성이 있는 법이 될 수 있도록 노력했지만 뜻대로 되지 못했다. 이와 관련된 언급을 살펴보면 다음과 같다.

> 교육부 사업은 학교 중심이었기 때문에 사회교육 법률이 있어도 예산 등의 문제가 있어 실제로 활동할 수 없었습니다. 사회교육의 추진을 위해 일본 공민관과 같은 시설을 사회교육법 안에 제안했지만 이 역시도 사회교육에 관한 예산이 없었기 때문에 실현되지 못했습니다. ……(중략)…… 사회교육법 성립 후의 18년간을 평가해 본다면 한국 사회교육법은 결국 공문화되어 버렸고 알맹이 없는 것이었다고

생각됩니다. 사회교육법에서 '사회교육전문요원'에 대한 규정이 있었음에도 ……
(중략)…… 자격증은 여러 대학에서 딸 수 있었지만 실제로는 이 증명서를 이용할
곳이 없다는 것이 현실이었습니다(TOAFAEC, 2000).

　황종건은 이후에도 우리나라 교육법이 평생교육 차원에서 재정립되고 사회교육
법도 보다 실효성이 있는 법으로 개정되도록 하기 위한 연구를 꾸준히 진행하였
다. 또한 한국의 사회교육제도의 발전을 위한 다양한 연구를 실시하였다. 「교육제
도 발전의 방향모색」(1980년), 「사회교육제도의 비교연구」(1980년), 「한국사회교
육의 법적 구조와 행정조직」(1985년), 「일본 사회교육 행정자료집(역)」(1986년),
「청소년 사회교육과 사회교육법」(1987년), 「방송통신고등학교의 문제와 전망」
(1992년), 「대학사회교육제도 비교」(1993년), 「사회교육 체제의 정립」(1994년), 「사
회교육 활성화 방안–관계법 개정을 중심으로」(1994년), 「사회교육진흥을 위한 대
학의 역할: 53개 대학 사회교육원 설치 '일반강좌도 개방 바람직'」(1995년), 「대학
사회교육: 대학이 독학사 학원돼서야」(1996년), 「교육혁신으로서 원격고등교육」
(2001년) 등이 그 예다.

사회교육 관련 조직의 구성 및 참여

　황종건은 학회 및 연구회의 설립에 관여하여 사회교육을 학문적인 측면에서 정
착시키려고 노력하였으며 사회교육의 실천을 위한 조직 구성에도 적극 참여하였
다. 특히, 국제조직에서의 활동을 통하여 한국의 사회교육을 세계 각국에 알리기
위한 노력을 하였고, 국제조직으로부터 재정적 지원을 받아 사회교육 관련 학자
및 실천가가 연구와 세미나에 참여할 수 있도록 주도적인 역할을 담당하였다(히고
코우세이, 2009: 179). 여기서 그가 조직하거나 참여하였던 사회교육 관련 국내외
단체들을 연차별로 제시하면 다음과 같다. 한국교육학회 사회교육연구회(1966),
한국교육학회 교육사회학연구회(1967), 한국지역사회학교후원회(1969), 메노나이
트 전쟁고아사업재단(1969), 계명대학교 지역사회교육연구소(1973), 한국사회교육

협회(1976), ASPBAE(아시아남태평양성인교육기구)(1979), ICAE(국제성인교육협회)(1985), UNESCO 한국위원회(1988), 한국문해교육협회(1989)가 그것이다.

황종건 사회교육사상의 내용과 성격

■ 사회교육의 지향점

앞에서 살펴본 바와 같이 그는 연구와 실천, 국제 교류를 통해 다양한 사회교육 관련 활동을 추진하였다. 황종건이 이러한 사회교육 활동을 통해 지향했던 가치가 구체적으로 무엇인지 살펴보면 다음과 같다.

민주사회 건설

황종건은 1960~1970년대 한국 사회가 경제발전에 치우친 나머지 민주주의의 발전을 소홀히 여김을 비판하면서 민주주의를 위한 사회교육 연구 및 실천을 강력하게 추구하였다. 그는 사회교육이 보다 진정한 민주국가를 건설하는 데 기여해야 한다고 생각하였다. 또한 그는 민주주의 국가 수립을 위해서는 권리의 주장도 중요하지만 시민의 성숙한 협조가 필요함을 강조하며 이를 위한 민주시민교육의 중요성도 강조하였다(황종건, 1960: 27).

그는 사회교육이 국가 권력 또는 다른 성격의 기구 및 단체의 이익을 위해서 개인들을 길들이는 형태로 이루어지고 있지 않은지 우려하였다. 그리고 사회교육에 종사하고 있는 사람들이 '민주주의와 교육'에 관심을 기울이지 않으면 안된다고 주장하였다(황종건, 1987: 131-132). 또한 그는 지역사회교육도 민주적이어야 한다고 주장하였다. 그는 당시 이루어지던 새마을운동을 정부나 지방 행정기관에 의해 지시·하달되는 하향식의 지역사회개발이라 평가하며 캐나다의 안티고니쉬 운동을 민주사회에서의 사회교육운동의 모델로 제시하였다(히고 코우세이, 2009, 133에서 재인용).

세계주의적 평화 구현

황종건은 민족주의를 넘어 국제이해, 세계주의적 입장을 취하였다. 그는 사회교육에 종사하는 지도자들은 우선 첫 번째로 평화를 위해 노력해야 한다고 주장하였다(小林文人, 1995). 그는 「국제이해를 위한 교육: 중학교 학생들의 일본과 일본 국민들에 대한 이해와 태도에 관한 연구」(1964, 1965년), 「교육에 있어서의 인간주의와 세계주의」(1981년) 등을 통해 세계주의를 강조하였다.

그는 일본과의 관계에 대해서도 보다 전향적인 입장을 강조하였다. 특히, 한일관계에 관한 역사는 제국주의와 민족주의 이데올로기로 덧칠해져 그 속에 사실이 감춰지는 경우가 많다고 지적하였다(黃宗建, 小林文人, 伊藤長和, 2006: 293). 그는 감정과 정열을 애국심과 동일시하는 것은 위험하다고 생각하며 이제 어떠한 한 맺힌 과거가 있더라도 지성과 양심을 기준으로 생각해야 한다고 주장하였다.

> 식민지 시대는 물론 해방 후 50년의 한국 사회교육의 내용적인 면을 분석해 보면 배타적인 민족주의가 강조되어 온 반면, 국제이해와 세계평화의 문제는 거의 도외시되고 있는 상황이다. 나날이 격화되는 분쟁과 싸움의 틈바구니에서 개인의 행복은 물론 인류의 생존이 위협받는 오늘날, 교육을 통해 하나의 국가에만 충성하는 애국자가 아니라 모든 사람들을 사랑하고 모든 사회에 봉사할 수 있는 세계시민의 가치를 주장할 때가 온 것이다. '전쟁은 사람들의 마음에서 시작되기에 평화의 건설도 사람들 마음속에서 이루어져야 한다.' (UNESCO헌장)(黃宗建, 小林文人, 伊藤長和, 2006: 308)

이와 같이 그는 편협한 민족주의나 애국주의의 틀을 넘어 진정한 세계주의에 입각하여 세계 평화에 기여할 수 있는 사회교육을 강조하였다.

평생교육 이념에 입각한 평생학습사회 구현

황종건은 사회교육을 통해 평생교육 이념에 입각한 평생학습사회를 구현하고자 노력하였다. 이에 대한 구체적인 언급을 살펴보면 다음과 같다.

> 자녀들의 바람직한 교육을 위해서뿐만 아니라 모든 성인들의 계속적인 성장과
> 발전을 위해서도 우리의 사회를 교육적 사회로 재건해야 한다는 것이다. 가정과 학
> 교와 지역사회의 통합적인 관계 속에서 전체 국민이 평생을 통하여 학습하는 그러
> 한 사회를 건설해야 한다는 것이다. 이것은 결코 실현성 없는 꿈도 아니요 어려운
> 일도 아니다(조선일보, 1980년 8월 2일).

그는 사회 변동에 의해 제도권 학교교육이 가져오는 단절성과 폐쇄성, 편협성을 지적하며 인간 삶 전체 과정을 통한 교육의 수직적·수평적 통합을 강조하는 평생교육의 새로운 이념이 모색되어야 한다고 보았다(황종건, 1977: 34). 평생교육의 이념은 기존의 학교교육 이외에 사회교육의 실천과 발전을 통해 구현되는 것으로, 그는 1982년 「사회교육의 과제와 전망」에서 지역사회개발이나 국가발전 과정에

『일본의 사회교육·평생학습』 출판기념회에 세워져 있는 황종건의 사진

참여하는 청소년과 성인들의 평생교육에 보다 강조점을 두어야 한다고 주장하였다. 또한 그는 "고등교육 수준의 학습을 필요로 하거나 원하는 사람은 누구나 접근할 수 있는 기회가 개방돼야 한다."라고 주장하면서 평생교육의 장으로서의 대학의 역할을 강조하였다(연합뉴스, 1994). 이와 같이 그는 학교교육과 사회교육을 가릴 것 없이 모든 교육이 평생교육의 이념으로 실시되며 평생학습사회를 구현하는데 이바지해야 한다고 생각한 것이다.

사회교육의 본질

황종건은 사회교육을 학교 밖에서 이뤄지는 모든 교육 활동으로 성인의 개인 또는 집단적 학습과정을 통해 이뤄지는 생활의 성장을 총칭하는 의미로 사용하였다(황종건 외, 1966: 1). 다만, 성인이라도 정규 학교교육을 받고 있는 사람은 제외되고, 청소년이더라도 의무교육을 마친 뒤 정규 학교교육을 받지 못한 사람은 사회교육의 대상에 포함되었다(황종건 외, 1966: 2; 황종건, 1978: 13). 이러한 사회교육의 개념은 그 당시 가장 보편적인 인식이었다고 볼 수 있다. 이러한 개념 정의와 별개로 황종건의 사회교육 이론과 실천에 나타난 사회교육의 본질에 대해 살펴보면 다음과 같다.

평생교육의 하위영역으로서의 사회교육

황종건은 1965년 폴 랭그랑(Paul Lengrand)이 주장한 「L' education Permanente」가 영어의 Lifelong Education에 보다 적절히 부합된다고 보았으며, 이를 일본에서 '생애교육'으로 번역한 사례를 참조하여 한국에서는 '평생'이라는 용어를 사용하여 '평생교육'으로 통일하는 것이 타당하다고 하였다(황종건, 1978: 54). 이러한 평생교육 개념은 이전의 학교교육과 사회교육을 통합한 개념이다.

평생교육은 10여년 전부터 유네스코를 통하여 보급되기 시작한 새로운 교육이념으로서 인간의 일생을 통한 교육적 과정의 수직적 통합과 개인과 사회생활의 모든 국면과의 수평적 통합을 강조하는 것이다. 다시 말하면 평생교육은 그동안 연령층별로 구분된 폐쇄적 학교교육과 조직이 되지 않은 채 비효율적인 상태로 방치된 사회교육을 통합 재편성하여 종래에는 「교육의 사회화」와 「사회의 교육화」를 이룩하자는 것이다(황종건, 1978: 53).

이와 같이 황종건은 학교교육, 사회교육, 평생교육 사이의 유기적인 관계를 염두에 두고 있었다. 다른 저작물에서도 그는 학교교육과 사회교육, 그리고 평생교육과의 개념적 위계를 분명히 하며 조화를 이루고자 노력하였다. 이런 점에서 볼 때 황종건은 사회교육을 학교교육과 더불어 평생교육의 이념을 구현하기 위한 하위 영역으로 보았음을 알 수 있다.

사회 변화를 위한 유용한 수단으로서의 사회교육

황종건은 사회 변화를 위한 교육의 의의와 가능성에 대해 강조하였다. 이는 다음의 표현에서도 잘 나타난다.

교육은 사회 변화를 일으키는 힘이요 모든 사회문제를 해결하는 방법을 가르쳐 주는 것이고, 교육이 새로운 사회질서를 창조하는 데 있어 선구적인 역할을 한다(황종건, 1961: 156, 히고 코우세이, 2009: 91에서 재인용).

그는 교육을 통한 사회 변화의 가능성을 주로 사회교육 분야에서 추구하였다. 특히, 지역사회에서 민주주의의 실천과 삶의 질 향상을 실현하기 위한 사회교육의 역할을 강조한 그의 연구와 실천을 살펴보면 사회 변화를 이끄는 원동력으로서의 사회교육에 대한 그의 믿음을 충분히 헤아릴 수 있다.

공공재로서의 사회교육

황종건은 사회교육이 각 개인의 사회적 지위를 얻기 위한 경쟁의 도구로 변화되는 것에 대해 문제를 제기하였다. 또한 이러한 수요에 편승하여 사회교육기관들이 상업적인 성격을 띠는 것에 대해 비판하였다. 특히, 그는 대학부설 평생교육원이 시민의 늘어난 여가와 사회교육에 대한 수요를 충족시키기 위한 하나의 '사업'으로 운영되는 경향을 보이고 있고, 국민들의 학위 취득에 관한 수요에 부응하여 독학학위제 프로그램에 지나치게 치중하고 있음을 비판하였다(황종건, 1994b). 그에 의하면 사회교육의 본질은 사적인 수익보다 공익성을 우선적으로 추구하는 것이었다. 이는 곧 공공재로서의 사회교육을 의미한다.

국가적 책무로서의 사회교육

황종건은 사회교육의 공공성을 확립하기 위한 국가 지원의 필요성을 강조하였다. 특히, 그는 문해교육 사업이 개인이나 자원봉사 단체에 의해 운영되거나 사설 학원에서 학습자 부담으로 운영되는 것은 교육의 평등을 보장하는 「교육기본법」과 평생교육법을 가진 국가에게는 하나의 커다란 모순이며 수치라고 말하지 않을 수 없다고 하였다(黃宗建, 小林文人, 伊藤長和, 2006: 306-307). 또한 그는 평생교육의 발전을 위해서는 대학이 모든 사람을 위한 것이 될 수 있도록 정부가 법적·제도적으로 뒷받침하고, 대학의 시간제 수강 기회가 열려야 하며, 방송·통신·비디오·컴퓨터 등 첨단공학기술을 이용한 교수·학습체제가 도입되어야 한다고 제안하였다(황종건, 1994b). 이러한 그의 주장은 사회교육의 발전과 평생학습체제 구축을 위한 국가의 책무성을 강조한 것이다.

■ 사회교육의 실천 원리

황종건의 이론과 실천 활동에 나타난 사회교육의 실천 원리를 구체적으로 살펴보면 다음과 같다.

사회교육에서 교육철학의 중요성 강조

황종건은 사회교육에서 가장 시급하게 다루어야 할 연구 분야는 교육철학이라고 지적하였다. 즉, 사회교육의 내용이나 방법보다도 사회교육의 개념, 신념 및 사상을 확립하는 문제가 무엇보다도 시급하다고 보았다(황종건, 1994: 47). 그가 사회교육에서 교육철학의 중요성을 강조한 것은 다음의 표현에서도 나타난다.

> 교육은 개인의 성장임과 동시에 사회발전의 원동력이다. 따라서 개인은 어떠한 인간으로 성장하고 사회는 또 어떠한 사회로 발전해가야 할 것인가의 문제가 무엇보다 우선적으로 고려되어야 한다. 지금까지의 다양한 크고 작은 사회교육사업을 분석해보면 생각 없이 오로지 열심히 달려온 상황이라 보인다(黃宗建, 小林文人, 伊藤長和, 2006: 307).

앞의 언급에서 나타난 바와 같이 그에 의하면 한국의 사회교육은 교육철학에 대한 성찰 없이 양적 성장과 제도적 확산만을 추구해 왔다고 볼 수 있다. 황종건은 이러한 현실을 예언적으로 비판하며 사회교육의 진정한 성공을 위해서는 교육의 목적과 교육의 원리에 대한 교육철학적 성찰이 필요하다고 강조하였다(황종건, 1991).

학습자의 주체성 강조

황종건은 사회교육을 추진함에 있어 보다 먼저 고려해야 할 일은 성인들의 교육적 필요와 흥미를 발견하고 이를 인정하는 일이라고 하였다(황종건 외, 1962; 46). 교육의 주체는 학습자 자신이며 학습자는 그 자신의 생명의 주체로서 독자적인 존엄성과 가치를 가지고 있으며 스스로 성장할 수 있는 갈망과 능력을 가지고 있다는 것을 잊어서는 안 된다는 것이다(황종건, 1986: 7-8). 이런 맥락에서 그는 과거의 사회교육 관련 사업에 대해 다음과 같이 비판하였다.

70년대의 새마을운동을 비롯하여 직업훈련, 원격교육, 대학의 사회교육 등 대규모 사회교육사업은 그 교육이 학습자 중심이 아니라 국가기관과 교육기관, 기업의 수단으로서 이용되어 온 경향이 있었다. 인간인 학습자를 어느 조직의 사업수단이나 생산과정의 부속품으로서 취급해서는 안 될 일이다(黃宗建, 小林文人, 伊藤長和, 2006; 307).

이런 맥락에서 그는 학습자는 수단이 아니라 목적이어야 하며 교육의 주체는 학습자이어야 한다고 주장하였다. 학습자를 하나의 수단이나 기계로 삼아서는 안 되고 학습의 과정이나 방법도 한낱 기계적인 훈련(Training)이나 타율적인 교수(Teaching)보다는 학습자 스스로 하는 학습으로 개선되어 나가야 한다고 주장하였다(황종건, 1986: 7-8).

인문학적 사회교육 강조

황종건은 사회교육 분야 중 인문교육을 소홀히 해서는 안 된다고 주장하였다. 그는 1970년대 정책수립자는 경제발전과 이를 위한 교육만을 중시하는 경향이 있었다고 밝히며 다음과 같이 비판하였다.

그러나 사람은 빵만으로는 살 수 없으며 즐거운 놀이만으로 만족할 수 있는 것도 아니다. 학습자가 자신을 발견하고 자신의 문화적 세계를 넓힘과 동시에 이에 걸맞은 인간관계를 형성할 수 있도록 지원하는 데 사회교육의 기본목표를 두지 않으면 안 된다. 특히, 문해교육의 경우 단순히 글자를 해독하는 것이 목적이 아니라, 다음 단계의 다양한 분야의 성인교육, 특히 인문적인 성인교육으로 발전해 가지 않으면 안 된다(黃宗建, 小林文人, 伊藤長和, 2006: 307-308).

이와 같이 황종건은 상대적으로 소홀히 여기고 있는 인문학적 사회교육의 중요성을 강조하며 사회교육의 통합적이고 조화로운 발전을 추구하였다.

조직 구성 및 상호 교류를 통한 사회교육 실천

황종건은 사회교육 실천을 위한 조직의 구성과 상호 교류를 통한 협력을 강조하였다. 그는 개인적인 노력보다는 관계자들이 함께 모여 연구하고 함께 실천하는 조직의 중요성을 강조하며 몸소 실천하였다. 그가 그의 생애에서 선도적으로 조직하거나 참여했던 많은 조직은 사회교육의 연구와 실천을 위한 가장 효과적인 수단이기도 하였다. 또한 그는 국내외의 다양한 인사들과 활발한 상호 교류를 통해 사회교육 사업을 추진해 나갔다. 수많은 세미나와 학회 참석, 국내외 사회교육 전문가들과의 개인적인 친분의 형성은 사회교육 연구와 실천을 해 나가기 위한 밑거름이 되었다.

■ 사회교육자의 요건

여기서는 황종건 자신의 사회교육자적 소양은 물론 그가 이론적으로 주장했던 사회교육자의 요건까지 종합적으로 이야기하고자 한다. 그는 교육자의 대표적인 존재로 페스탈로치를 언급하며 다음과 같은 점을 본받아야 한다고 주장하였다.

> 모든 교육자가 갖추어야 할 인간에 대한 사랑, 새로운 교육방법의 창안, 한 시민으로서의 그 사회에 대한 책임과 의무의 이행, 하느님과 자연에 대한 겸허한 마음과 태도를 가지고 살았다는 점과, 또한 모든 일을 실천함에 있어서 변치 않는 정열과 용기를 가지고 있었다는 점이다. 모든 결함과 실패는 그의 일생을 통하여 변치 않은 정직과 성실과 희생의 태도와 실천에 의해 모두 감추어졌다. 교육에 관한 색다른 지식과 기법이 아니라 교육자 자신들의 교육자로서의 사람됨과 철학과 실천적 태도를 마련하는 것이 교육에 요구되는 가장 긴요한 일이 아닌가 생각된다(황종건, 1967: 42; 히고 코우세이, 2009: 44-45에서 재인용).

황종건의 생애와 사상은 바로 페스탈로치를 닮아 가려는 노력의 결과로서 자연스럽게 자리 잡고 형성된 것이었다. 여기서는 그의 생애와 이론, 실천 활동에서 특별히 부각되는 사회교육자의 덕목을 제시하고자 한다.

높은 사회적 이상과 사명

황종건의 사회교육사상에서 도출될 수 있는 사회교육자의 요건으로서 높은 사회적 이상과 사명을 들 수 있다. 그는 사회교육에 종사하는 지도자들이 우선 첫 번째로 평화를 위해 노력해야 한다고 하였다(小林文人, 1995). 또한 그는 교육자가 생계유지를 위한 방편으로서가 아니라 사회적인 이상과 사명을 가지고 일해야 한다고 주장하였다.

> 먹고 사는 것 자체가 교육하는 일의 목적이어서는 안 된다. 교육자는 드높은 이상과 사명 아래 자기 몸과 마음을 저버릴 수 있는 각오와 힘을 가져야 한다. '썩어 가는 사회를 건지는 길이 과연 무엇이냐? 조국의 재건은 무엇으로서 가능하냐?' 하는 커다란 문제를 걸머지고 나가는 것이 교육자들의 모습인 것이다."(『동아일보』, 1955년 6월 15일, 조간 4면; 히고 코우세이, 2009: 41에서 재인용)

여기서 살펴볼 수 있는 바와 같이 황종건에 의하면 사회교육자도 교육자의 한 사람으로서 단순히 교육전문가이기에 앞서 한 사람의 지식인으로서 사회를 향한 높은 이상과 사회의 변화를 위한 사명을 가져야 한다. 또한 그는 그의 삶에서 이러한 사회적 사명감을 갖고 강직하고 타협하지 않는 모습을 직접 보여 주기도 하였다.

인간에 대한 애정과 진솔한 교류

이론가가 아닌 사회교육 실천가로서의 황종건 자신의 사회교육자적 덕목은 그가 주장한 이론과도 일맥상통한다. 중국에서 한국어 교육을 수행할 때 중국인 학생들의 눈에 비친 그는 성실하고 학습자들을 차별하지 않으며, 친구처럼 대하고,

평등하게 교류하며, 대화를 잘 하고, 학생들을 위한 스터디와 보충수업을 실시하며, 직접 교재를 만들고, 자신의 사무용품을 기증하고, 다른 교사들과 교재와 수업방식에 대해 논의하며, 중국에 대한 이해와 애정을 가지고 있었으며 책임감도 강한 사회교육자였다(왕칭린, 2005). 국제적 이해력을 겸비한 평화주의자로서 학습자에 대한 그의 애정과 존중의 마음이 그대로 드러나는 대목이다.

또한 그와 오랫동안 교제를 나누었던 일본인 학자 고바야시 분진은 황종건에 대해 많은 사람의 마음을 감싸 안는 듯한 풍부한 표정으로 유쾌하게 노래하고 멋지기만 하던 미소 띤 사진과 함께 깊은 생각에 빠져 고독감이 감도는 표정도 강한 기억으로 남아 있다고 술회하였다(小林文人, 2008). 또한 "황 선생은 성실하고 솔직한 품성이다. 어디에서도 거리낌 없이 유창한 일본어로 이야기한다."라고 술회하기도 했다(小林文人, 1995). 특히, 그는 사회적 약자에 대해 특별한 배려심을 가지고 있었다. 그는 성격적으로 강직하고 타협하지 않는 성격이었다. 그는 권위에 대해서 늘 비판적이고 반항적인 면이 있어 기관에 따라서는 그를 그리 좋아하지 않았다. 그래서 그는 높은 지위의 사람들보다는 그 밑에서 일하는 용인들, 수위실 직원이나 기사들과 가까이 지냈고, 교수들보다는 학생 편에서 살았다(히고 코우세이, 2009: 49). 이러한 점을 종합해 볼 때 그의 사회교육사상에 의하면 사회교육자는 인간에 대한 애정과 진솔한 교류를 할 줄 아는 존재이어야 한다고 볼 수 있다.

사회교육 전문가로서의 교육학적 지식과 교육 기법

그는 사회교육자의 전문성에 대해서도 많은 글을 남겼다. 「20년의 길목에서: 지역사회학교에서의 지도자의 역할과 자질」(1989년), 「사회교육의 의의와 사회교육자의 자세」(1991년) 등이 그것이다. 이러한 글들에서 그는 사회교육자가 매우 높은 수준의 전문성을 갖추고 있어야 한다고 주장한다. 그 한 예를 들면 다음과 같다.

사회교육을 담당하는 지도자들도 교육전문훈련이 필요하다. 공무원교육원이나 농촌지도사업이나 일반 사회교육에 참여하는 지도자들은 교육일반에 관한 또는 사회교육에 관한 전문적 훈련을 받지 않은 자들이 대부분이다. 신체적, 심리적, 정신적, 사회적, 또는 직업적 조건에 있는 성인들의 교육은 조금 더 특수한 것이라 하겠다. 특히, 성인심리와 성인학습에 관한 지식이 필요하다(황종건, 1968: 86-87).

그에 의하면 사회교육은 그 대상과 내용과 형태가 광범위하고 다양하기 때문에 이에 종사하는 사회교육자들은 초등교육이나 중등교육에 종사하는 교사보다 더 전문적인 자격을 갖추어야 한다(황종건, 1980: 35-38). 사회교육자의 경우는 학습자의 주체성을 존중하면서도 학습을 성공적으로 잘할 수 있도록 적극적으로 안내해야 하는 이중의 과제를 안고 있기 때문이다.

황종건 사회교육사상의 의의

황종건은 한국 사회교육학의 토대를 마련함은 물론 한국 사회교육의 현재에 대한 성찰과 미래의 나아갈 방향을 제시한 사회교육학자이자 사회교육실천가이었다. 그는 '사회교육'은 물론 '평생교육'의 개념과 이념을 소개하고 발전시키는 데 이바지했으며, 사회교육의 제도화, 지역사회교육 및 문해교육의 발전, 대학 평생교육의 발전에 이바지하였다. 그는 한국을 대표하여 국제 무대에서 활동함에 따라 사회교육에 관한 국제 교류 및 한국 사회교육의 위상 강화에도 힘썼으며 한국사회교육연구회, 한국사회교육협회, 한국문해교육협회 등 사회교육 발전을 위한 학회와 실천 단체의 구성에도 앞장선 조직가이기도 하였다. 황종건의 생애와 학문적인 업적은 현대 사회교육 및 평생교육 분야에 직간접적인 영향을 미치고 있다. 오늘날 격변하는 현실 속에서 황종건의 사회교육사상이 우리에게 주는 특별한 의의에 대해 살펴보면 다음과 같다.

첫째, 황종건은 사회교육의 활성화와 효과성의 증대를 위해서는 제도와 구호의 문제가 아니라 무엇보다 제대로 된 교육철학적 기초가 있어야 함을 다시 한 번 일깨우고 있다. 그는 현재의 한국 '평생교육학계'가 안고 있는 문제점에 대해 미리 앞서 고민하고 방향을 제시하고자 노력하였다. 황종건은 누구보다도 사회교육의 필요성을 먼저 파악해서 실천했으며, 또 누구보다도 사회교육이 잘못된 방향으로 나갈 가능성도 있음을 간파하고 비판하였다. 또한 그는 한국 '평생교육'의 외적인 성장과 제도화 과정에서 평생교육 본연의 이념이 훼손되고 정체성의 혼란이 발생하는 것에 대해 누구보다 먼저 민감하게 감지하며 비판하였다. 그는 '평생교육'이 외형적으로 활성화되는 시기에도 그 근본이라고 할 수 있는 문해교육에 매진하였다. 평생학습의 시대에도 소외 계층과 공동체를 지향하는 사회교육의 기본 정신에 충실했다고 볼 수 있다. 사회교육이 인문교육을 소홀히 해서는 안 된다고 한 점도 오늘날 지나치게 인적자원개발 중심으로 흐르는 평생교육의 동향과 관련하여 주의 깊게 살펴보아야 할 사항이다.

둘째, 황종건은 평생교육의 상업화에 대해 미리 예견하여 이에 대해 경종을 울리고 있다. 그는 대학 평생교육의 사업화에 대해 우려했으며 대학부설 평생교육원의 '변질'에 대해서도 누구보다 먼저 예감하고 비판하였다. 영리지향성 평생교육이 범람하고 대학 확장의 전통을 계승해야 할 대학부설 평생교육원마저 공적인 성격보다는 경제적 수익성을 추구하는 경향이 농후한 것이 현실이다. 학위 취득의 수요에 부응하여 학점은행제 과목에 치중하는 것 또한 현실이다. 이러한 현실에 대해 일찍부터 비판하며 사회교육의 본질 회복을 추구했다는 점에서 황종건의 사회교육사상은 예언자적인 성격을 가진다.

셋째, 황종건은 사회교육, 성인교육, 평생교육의 개념을 정리하고 이를 조화롭게 잘 정립하고자 노력했다는 점에서 오늘날 평생교육 학계가 '사회교육'과 '평생교육'에 관한 불필요한 개념적 혼란을 야기한 사태에 대해 무언의 질타를 하고 있다. 그는 누구보다 먼저 우리나라에 '평생교육'의 개념을 소개하였으며, 이를 기존의 학교교육과 사회교육과의 유기적인 관계로 잘 정립하였다. 이후 '사회교육'의 용어가 이념적, 역사적으로 폄훼되고 학문적, 제도적인 영역에서 충분한 학문적 검토도 없이 '사회교육'이 '평생교육'으로 대체되는 상황에 대해 개탄하였다. 그의 관점에서 보면 후대의 평생교육 학계는 충분한 학문적 검토 없이 자의적으로 '사회교육'을 '평생교육'으로 대체함으로써 사회교육 용어의 역사성을 훼손하고 결과적으로 '평생교육'의 개념적 혼란을 야기한 우를 범한 셈이 된다. 그 과정에서 우리나라 사회교육의 전통이 단절되고 서구 중심, 지식 기반의 경제중심적인 평생교육 또는 평생학습 담론이 범람하는 결과를 가져오게 되었다고 볼 수 있다. 따라서 이러한 문제를 되짚어 보는 데 있어 사회교육과 평생교육의 개념과 관계, 그 본질에 대해 명확한 답을 제시했던 그의 사상은 매우 큰 의미가 있다.

한편, 한 가지 아쉬운 점은 그가 1990년대 말에서 2000년대로 넘어가는 시기, 국가적인 차원에서 '평생교육'이 제도화되며 확산하는 과정에서 자신의 목소리를 내는 데 적극적이지 않았다는 점이다. 그 시기는 '평생교육'에 대한 국가의 관심과 개입이 높아진 시기이기도 하고, 「사회교육법」이 「평생교육법」으로 바뀌면서 '사회교육' 용어가 법과 제도권에서 일률적으로 배제되고 '한국사회교육학회', '한국사회교육협회' 등의 이름이 모두 '평생교육' 용어로 대체되는 시기이기도 하였다. 또한 전통적인 소외 계층, 사회변혁, 공동체 지향적인 사회교육의 이념도 약화되고 신자유주의와 정보화 사회의 영향으로 인적자원개발 중심, 지식 및 기술 중심의 평생교육이 강화되는 시기였다. 그에 따라 교육 내용과 교육 대상에 있어 학습 기회의 양극화가 심화되는 시기였다. 황종건은 누구보다 먼저 이러한 현상을 예견하며 비판적인 생각을 가지고 있었지만 직접적인 대응을 자제하고 한국을 떠나 도움을 필요로 하는 외국에서 전통적인 사회교육을 전개하는 방식을 취했다. 아마도 그 까닭은 그가 이미 일선 대학교와 국제적 기구에서 은퇴한 때문이기도 하였고, 우리나라 평생교육ㆍ사회교육의 발전을 위해 같이 노력해 온 이들과의 의견 대립으로 인한 극단적인 갈등을 원하지 않았으며, 모처럼 한국의 사회교육이 '평생교육'이라는 이름하에 국가적인 차원에서 활성화되기 시작한 것에 대해 부정적인 영향을 미치지 않으려는 조심스러운 생각 때문이었다고 볼 수 있다. 그렇지만 이후 평생교육 분야가 개념적(사회교육과 평생교육 사이의 내포와 외연), 이념적인 차원에서 계속해서 정체성의 혼란을 겪어 오고 있다는 점을 고려할 때 학계 원로로서 본인의 이론을 보다 분명하게 강조하고 논증해 주었더라면 좋았을 것이라는 아쉬움이 남는다.

그럼에도 불구하고 황종건의 사회교육사상은 현대 사회교육(평생교육)계에 여전히 문제를 제기한다. 오늘날 한국의 평생교육 학계는 외적 성장과 활성화에도 불구하고 내적인 정체성의 혼란이 계속되고 있다. 이러한 때 황종건의 사회교육사상은 우리에게 사회교육의 개념과 본질이 무엇인가에 대해 다시금 생각하게 한다. 그는 '사회교육'이 '평생교육'으로 전환되며 국가적·경제적인 차원에서 그 중요성이 부각되는 시기를 함께 했음에도 권력이나 경제적인 측면에서 보상을 누리지 않았다. 그는 오히려 '사회교육'이 폄훼되는 시기에 사회교육의 원형이 살아 있는 사회교육의 오지로 떠나 그의 사회교육사상을 지속적으로 실천하였다. 황종건은 보기에 따라서는 고독하고 불우한 말년을 보냈다고도 할 수 있다. 그러나 학자와 사회교육자로서의 그의 올곧은 주장과 실천은 여전히 많은 이들에게 인정받고 있다. 결론적으로, 그는 아직 일천한 한국 사회교육학 분야에서 역사상 가장 열정적으로 사회교육이론의 정립과 실천에 앞장섰던 사회교육학자이자 사회교육사상가라고 할 수 있다.

09 허병섭의 사회교육사상

우리나라 사회교육의 현대사에서 빼놓을 수 없는 인물로 허병섭(1941~2012년)을 들 수 있다. 그는 목사로서 사회 활동을 시작하였지만 평생을 빈민운동가, 지역운동가, 교회갱신운동가, 민중교육운동가, 일용직 노동자를 위한 운동가, 생산자공동체 조직가, 도시 지역사회학교 운동가, 생태공동체 운동가, 대안학교 설립자로서의 삶을 살았다. 목회자로서의 기득권을 버리고 빈민들과 함께 생활하며 그들의 삶을 이끌었던 허병섭의 삶은 1980년대 소설과 영화의 소재가 되기도 하였다.[1]

---

1) 1980년에 황석영은 『어둠의 자식들』을, 1981년에 이동철은 『꼬방동네 사람들』이라는 소설을 썼으며, 이 소설은 각각 이장호 감독과 배창호 감독에 의해 영화로도 만들어졌다. 이 소설들에서 허병섭은 주요 인물 중의 하나인 빈민을 도와주는 목사로 묘사된다. 또한 허병섭은 시인 고은의 시집인 『만인보』에서 다루어지기도 했다.

또한 우리나라 최초의 탁아소 운영이나 건축일꾼 노동자들을 위한 생산협동조합 설립은 훗날 학계와 사회, 정계의 관심을 끌기도 하였으며 국가 차원의 제도화를 위한 단초가 되었다(권순연, 1993; KBS, 2004; 강지호, 2010).

사회교육의 관점에서 볼 때 그는 사회운동가임과 동시에 교육이론가 및 실천가의 삶을 살았다. 그는 그의 사회 활동 전반을 민중교육의 차원에서 조망하였으며 『한국민중교육론』(한완상, 허병섭, 1985), 『스스로 말하게 하라』(허병섭, 1987) 등의 저서는 사회교육학 분야 중 민중교육에 대한 논의에서 매우 중요한 위치를 차지하고 있다(홍은광, 2010: 89). 그럼에도 불구하고 사회교육자로서의 그의 삶과 사상에 대한 본격적인 연구는 거의 이루어지지 않았다. 특히, 민중교육은 한국 사회교육의 뿌리(한숭희, 2001)라는 점에 비추어 볼 때 이제는 민중교육의 이론 정립과 실천을 위해 평생을 살았던 허병섭의 사회교육 사상에 대한 본격적인 탐구가 필요한 시점이 되었다. 이런 맥락에서 이 장에서는 허병섭이라는 한국 사회운동가의 삶과 사상을 사회교육의 관점에서 분석하고 그 시사점이 무엇인가를 살펴보고자 한다.

허병섭의 생애와 사회교육 활동

■ 생 애

그가 본격적인 사회운동을 시작했던 1970년대는 1960년대 중반기 이후 급격한 산업화와 그에 따른 농촌 인구의 도시 집중으로 인해 도시 빈민 문제가 심각하게 발생했던 시기였다. 또한 빈부 격차가 점차 심화되는 가운데 빈민촌을 중심으로 한 민중들의 삶은 매우 피폐한 상황이었다(허병섭, 1984a: 52). 이러한 사회적 배경을 바탕으로 허병섭의 생애를 시기별로 살펴보면 다음과 같다.

성장 및 수학기(1941~1974년)

허병섭은 1941년 10월 10일 경남 김해에서 출생했는데 대구를 거쳐 서울로 와서 생활하며 가난한 청소년 시절을 보냈다. 1969년 그가 출석했던 교회 교인들의 후원을 받아 한국신학대학교에 입학하여 목회자의 길을 걷기 시작했다. 신학대학 시절 그는 기독교의 사회적 책임에 대한 많은 고민을 하게 되었다. 그의 본격적인 사회 활동은 1970년대 초 경기도 양주에서 대학교 은사인 문동환 목사를 중심으로 조직한 첫 생태공동체인 '새벽의 집'에서 시작되었다.

수도권 특수지역 선교위원회 활동기(1974~1976년)

그는 군대에서 군목으로 활동하다 제대한 후 1974년 6월부터 1976년까지 수도권 특수지역 선교위원회 활동에 참여하여 총무의 역할을 수행하였다. 이 단체는 서울시의 도시계획으로 살 곳을 잃어 판자촌에 살게 된 빈민들을 돕기 위한 기독교계 지역사회조직운동 단체로서 1971년에 박형규, 조승혁, 권호경, 김동완 목사 등을 중심으로 설립되었다.[2] 그는 여러 동료들과 서울의 청계천 판자촌에 들어가 활동하면서 이철용 등과 함께 고아들을 위한 야학, 무료 진료사업, 민간의료조합 설립 추진, 내집마련주택조합 추진, 청계천 철거대책위원회 활동 등을 수행했다. 이때의 활동은 황석영의 소설 『어둠의 자식들』(1980)과 이동철(이철용의 필명)의 소설 『꼬방동네 사람들』(1981)의 실제 모델이 되었다.

그는 1976년 5월 시국사건에 연루되어 대공분실에서 두 달 정도 고문을 받는 고초를 겪기도 하였다. 허병섭은 1974년부터 1980년까지 민주화운동 과정에서 긴급조치 9호 위반 등으로 연행되는 등 유신 시절에만 다섯 차례 고문과 옥살이를 겪기도 하였다.

---

2) 빈민지역에서 활동할 실무자들을 훈련시키고 지원하기 위한 목적으로 1971년 9월 '수도권 도시선교위원회'가 조직되었으며, 1973년에 '수도권특수지역선교위원회', 1976년에는 '한국특수지역선교위원회'로 명칭이 개정되면서 선교 지역을 전국적으로 확대시켰으나, 1979년 2월에 공식적으로 해체되었다(이경자, 2000: 40).

허병섭이 빈민운동을 했던 1970년대 청계천의 모습. 뒤로 교회의 십자가가 보임
http://www.newsm.com/news/articleView.html?idxno=1180

동월교회 목회기(1977~1988년)

　그는 당국에 의해 청계천 판자촌 철거가 집행된 후 1976년 12월 서울시 하월곡
동 달동네에 들어가 민중을 위한 실험적인 교회인 '동월교회'를 세웠다. 이 교회는
'지역주민이 주인이 되는 교회', '민주적으로 운영하는 교회', '민족성을 반영하는
교회'라는 세 가지 목적을 가지고 설립되었다. 그는 평일에는 교회를 마을회관으
로 개방하였으며 지역주민들의 경조사와 함께하는 등 다양한 봉사를 실시함으로
써 교회를 지역주민들의 사랑방으로 만들어 나갔다. 1979년에는 지역에 살고 있는
노동자들을 위한 야학을 개설하여 2년 동안 40여 명의 학생들을 배출했다. 또한
교회의 학생회원들과 지역의 청년들을 중심으로 청년회가 조직되었다. 이들은 이
후 공명선거감시단 활동이나 야학을 주도하고 마을 발전을 위한 여러 가지 활동도
수행하였다.

　한편, 1982년에는 동월교회에 국내 최초의 탁아소라고 할 수 있는 '똘배의 집'
을 만들었다(허병섭, 1990: 120). 허병섭은 자모회가 탁아소를 자립적으로 운영할
때까지 동월교회 내에서 2~7세에 해당하는 30명 남짓한 아이들을 하루 12시간
돌보아 주었다. 이러한 탁아소 활동은 1991년 국가적인 차원에서 탁아소를 설립

하고 지원하기 위한 입법과 제도화를 추진하는 데 좋은 선례가 된 것으로 인정받았다.

그는 이 시기 대외적으로는 민중교육의 발전과 민주화운동을 위한 활동에도 매진하였다. 교회에는 영화인, 국악인 등 많은 문화예술인들이 참여하기도 하였다. 그는 1981년에 한국기독교 민중교육연구소를 설립하여 빈민선교 활동에서 얻은 경험을 광범위한 사회운동으로 확산시키기 위한 길을 모색하였다. 그는 또한 뜻을 같이하는 목회자들과 함께 전국목회자정의평화실천협의회를 창립하여 총무로 활동하기도 하였다. 범국민적 차원에서 민주화운동이 한창 진행되던 1986년 11월에는 집시법 위반으로 구속된 후 1987년 3월 석방되기도 하였다. 그는 이 시기의 경험과 성찰을 바탕으로 한국에서 최초의 민중교육이론서로 평가받는 『스스로 말하게 하라』를 출간하였다.

월곡동 건축일꾼 두레 활동기(1988~1994년)

그는 1988년 기독교장로회 교단에 목사 사직청원서를 제출하고 공사판 미장이로 변신하였다. 그 이유는 성직자가 아닌 평신도로서 민중들과 더 가까이하기 위함이었다. 이후 그는 일용직 노동자 활동에 매진하였으며 건설 현장의 하도급 구조에서 발생하는 모순을 해결하기 위해 1990년에 우리나라 최초의 일용직 노동자 공동체인 '월곡동 건축일꾼 두레'를 만들었다. 이것은 하도급의 중간 단계를 생략하여 건축주와 건축업자 간의 직거래를 이루기 위한 일종의 생산협동공동체였다. 월곡동 건축일꾼 두레는 월곡동의 일용직 노동자 15명으로 시작하여 공동생산, 공동분배를 원칙으로 하였고 월급제와 하루 8시간 노동제를 실시하였다. 1993년에는 이러한 경험을 담은 자전적 소설인 『일판 사랑판』을 출간하기도 하였다.

월곡동 건축일꾼 두레 활동은 그에게 하나의 창의적인 도전이자 좌절이기도 하였다. 초기에는 매우 활발하게 이루어졌으나 건축주들의 무리한 요구와 조합원들의 전문성 부족과 경영 능력의 부족 등의 시행착오 끝에 4년 만에 문을 닫게 된다. 그는 민중과의 보다 철저한 동일화를 추구하며 사회 구조를 바꾸어 보려고 노력했지만 개인적으로 한계를 느끼기도 하였다(허병섭, 이정진, 2001: 86). 그러나 그의 이러한 시도는 자활후견기관, 사회적 기업의 설립 등 이후 복지제도의 발전에 크게 기여한 것으로 평가된다(권순연, 1993).

생태공동체운동 활동기(1996~2012년)

그는 산업사회의 도시적 삶에 대해 회의를 갖게 되었으며 흙을 중심으로 하는 자연적 생명체들이 산업사회를 극복하고 인간을 새롭게 바꾸어 갈 것이라는 희망을 갖게 된다(허병섭, 이정진, 2001: 152). 이에 따라 그는 1996년 5월 전북 무주군 안성면 진도리에 귀농한 후 자연을 중심으로 하는 생태공동체운동에 매진하였다. 또한 생태주의 교육을 실천하기 위해 대안학교인 '푸른꿈고등학교'를 설립하는 데 관여하였다. 그리고 2003년에는 생태공동체의 대안을 마련하기 위해 경남 함양군에 국내 최초의 대안대학인 '녹색대학'의 설립준비위원장으로 앞장섰다. 녹색대학은 학문과 노동의 조화, 자연과 인간의 공존을 가르치기 위한 비인가 대학이었다. 그는 이후 온배움터(전 녹색대학)의 공동대표와 푸른꿈고등학교 운영위원장을 맡아 활동하던 중 2012년 3월 71세의 나이로 별세하였다. 그는 이 시기의 경험과 성찰을 바탕으로 아내 이정진과 함께 『넘치는 생명세상 이야기』를 펴내기도 하였다.

이상과 같이 허병섭의 삶은 끊임없이 빈민, 민중의 자기 인식과 빈민공동체, 노동자공동체, 생태공동체를 추구하는 삶이었다. 그 활동 상황을 시기별로 정리하면 다음과 같다.

표 9-1 허병섭의 생애 및 활동 시기 구분

시기	활동 내용	주요 저서
성장 및 수학기 (1941~1974)	• 1941년 10월 10일 경남 김해 출생 • 대구를 거쳐 서울로 이주 • 한국신학대학교 입학, 군 입대	

수도권 특수지역 선교위 원회 활동기 (1974. 6.~1976. 12.)	• 청계천 판자촌을 중심으로 빈민운동 전개 • 야학, 무료진료 활동, 내집마련운동 등의 사 업 전개	
동월교회 목회기 (1976. 12.~1988)	• 월곡동에 민중교회 '동월교회' 설립 • 1979년 노동자를 위한 야학 개설 • 1981년 한국기독교 민중교육연구소장 • 1982년 교회에 탁아방 '똘배의 집'을 만듦. • 1986년 11월 집시법 위반으로 구속(1987년 3월 석방) • 전국목회자정의평화실천 협의회 활동	『한국민중교육론』 (공저, 1985) 『스스로 말하게 하 라』(1987)
월곡동 건축일꾼 두레 활동기 (1988~1994)	• 1988년 목사 사직 후 공사장 노동자로 활동 • 1990년 '월곡동 건축일꾼 두레' 조직	『일판 사랑판』 (1993)
생태공동체운동 활동기 (1996. 5.~2012. 3.)	• 1996년 5월 전북 무주 귀농(생태공동체운동) • 대안학교 '푸른꿈고등학교' 설립 참여 • 최초의 대안대학 '녹색대학' 창립에 앞장섬 (설립준비위원장) • 온배움터(녹색대학)의 공동대표와 푸른꿈고 교 운영위원장	『넘치는 생명세상 이 야기』(2001)

■ 사회교육 활동

앞에서 살펴본 바와 같이 허병섭은 평생에 걸쳐 끊임없이 사회 활동을 전개하였다. 그는 스스로 자신이 수행한 활동의 대부분이 빈민에게 다가가 지역 차원의 의식화 교육을 실시하는 형태로 이루어졌다고 밝혔다(허병섭, 이정진, 2001: 230-231). 이는 곧 그의 삶이 사회교육의 삶이었음을 반영하는 것이다. 이런 맥락에서 허병섭의 생애 단계별로 사회교육 활동의 양상을 구체적으로 살펴보면 다음과 같다.

도시 빈민지역 중심의 사회교육

그가 참여하였던 수도권 특수지역 선교위원회는 도시 빈민을 위한 일종의 사회교육 추진 조직이었다. 수도권 특수지역 선교위원회의 목표는 빈민지역의 주민이 자신들의 의식 수준과 삶의 질(경제적, 문화적, 사회적, 정치적)을 높이는 데 자발적이고 능동적으로 참여하도록 돕는 것이었다. 이를 위한 가장 효과적인 방법은 주민을 조직화하여 그 조직으로 하여금 그들의 삶의 질을 높이도록 하는 것이었다(허병섭, 1987: 64). 이것은 곧 사회교육, 특히 지역사회교육의 모습이었다고 볼 수 있다. 이 조직에서는 사회교육자로서의 선교자의 자세를 다음과 같이 제시하였다. 이러한 원리는 그 이후에도 사회교육자 허병섭의 지속적인 실천강령이 되었다.

1. 우리는 우리가 사랑하는 주민을 안다.
2. 우리는 우리가 사랑하는 주민이 살고 있는 현장을 안다.
3. 우리는 지역의 문화를 안다.
4. 우리는 지역주민의 인간관계의 활력을 안다.
5. 우리는 그 지역의 백성들을 통해서 자아의 모습을 정직하게 파악하여야 한다.
6. 우리는 그 지역의 백성들을 성령의 인도를 따르도록 고무할 수 있어야 한다.
7. 우리는 그 땅의 백성들을 사랑하기 위해 사랑의 기술을 익혀야 한다.
8. 우리는 성령과 악령을 구분할 줄 알아야 한다.
9. 우리는 주민이 역사의 어떤 시점에 놓여 있고 세계의 어떤 지점에 서 있는지 알아야 한다.
10. 우리는 하느님의 일을 맡은 청지기임을 알아야 한다(허병섭, 1984: 55-56).

그가 서울 월곡동에 설립한 '동월교회'는 이러한 원리를 목회 활동에 적용한 경우에 해당한다. 동월교회에서의 교육 활동은 교인들을 대상으로 하는 공식적인 목회 활동은 물론 지역주민을 위한 대외적 사회교육 활동을 통해서도 이루어졌다. 공식적인 목회 활동은 예배와 성서 공부, 교회 내 각 부서 활동을 통해 나타났다. 그는 이러한 공식적인 목회 활동에 민중교육적 요소를 반영하였다. 한편, 그는 교회가 갖는 지역사회개발 조직으로서의 가치를 중시하여 지역주민을 위한 교육 및

표 9-2	동월교회의 사회교육 활동 양상	
구 분	**활동 유형**	**교육관련 사항**
교인 대상 목회 활동에 나타난 민중교육 요소	예 배	• 굿 양식과 농악 형식을 예배에 도입해서 서너 차례 실험 • 찬송가를 국악으로 작곡하여 예배에 사용 • 판소리 형태의 설교 실험(매월 1회 정도) • 설교에 민중 언어 사용 • 민담을 설교의 소재로 삼음 • 주민의 삶의 이야기를 소재로 함
	성서 공부	• 성경을 역할극으로 바꾸어 실연 • 성서 본문을 신학적, 교리적 전제 없이 교인 스스로 해석해 보도록 유도함 • 성서와 현실을 결부시켜 강해식으로 운영 • 성서 공부를 하고 사회의 제반 문제(정치, 경제, 문화) 교양 강좌도 곁들임
지역사회를 위한 교회의 사회교육 활동	지역을 위한 교인 대상 교육	• 구역예배, 제직수련회 등을 통해 마을 주민들을 위한 봉사 의식 고취 • 지역 지도자로서의 긍지와 능력 고양
	지역주민을 위한 교육서비스	• 대상별 교육 프로그램 운영: 청소년 야학 프로그램, 주부교실
		• 교회 시설 개방 및 활용: 어린이 · 청소년들의 놀이터, 어린이 공부방, 탁아소

사회서비스를 제공하고 주민과의 상호 협력을 통해 지역사회의 문제를 인식하고 해결해 나갈 수 있는 교육 활동을 추진하였다(허병섭, 1987: 51). 이를 정리하면 〈표 9-2〉와 같다.

월곡동 건축일꾼 두레 활동 시기의 사회교육

월곡동 건축일꾼 두레는 지역주민 중 건축 일용직 노동자들의 불완전 고용 상태를 안정고용 상태로 바꾸는 일을 도모하였다. 이러한 활동 중에 나타난 사회교육의 양상을 살펴보면 〈표 9-3〉과 같다.

표 9-3 월곡동 건축일꾼 두레에서의 사회교육 활동 양상

구 분	내 용
교육 목적	• 주민들의 불완전 고용 상태를 안정 고용 상태로 바꾸는 일을 도모
주요 활동 및 교육 내용	• '몬드라곤에서 배우자' 등과 같은 경제적 공동체 운영 방안 • 조직의 정관 제정 • 공동운영의 원칙과 이익금 배분에 관한 교육
학습 형태	• 자연스러운 회의, 협의회(무형식 학습), 특강

그러나 최종적으로 그의 이러한 노력은 교육의 차원에서 크게 성공적이지는 못했다. 이 시기의 교육적 성과에 대한 허병섭의 평가를 인용하면 다음과 같다.

한참 동안 진행 중에 '몬드라곤에서 배우자'를 통해서 이미 검증된 사례를 예시하였으나 두레의 회원들은 고무되지 않았다. 이 일이 당사자들이나 당시의 내 주변 사람들에게 도무지 이해가 되지 않는 것이었고, 보다 철저한 교육 훈련을 위한 인적, 물적 상태가 전혀 마련되지 못한 상태였다. 지역주민의 눈에 비친 두레는 자본도 없고 모양새도 갖추어져 있지 않았지만 (실상 처음 출발 당시 정관을 함께 만들었고 공동운영의 원칙과 이익금 배분에 관한 교육도 하였지만 별 효과가 없었다) 일이 있고 지도자가 있으니 일단 따라 보자는 태도였다. 이들은 따라 오면서 새로운 경험과 깨달음을 통해서 공동체의 가치와 보람을 느끼지만 지도자의 궁극적인 목표와 이상을 흔쾌히 동의하지도 못할 뿐 아니라 잘 이해하지도 않았고, 그들의 다급한 일상적 생활을 완벽하게 보장할 수 없다는 불안감을 갖게 되었다(허병섭, 1994: 14-15).

여기에 나타난 바와 같이 허병섭은 이 시기 빈민의 자립을 위한 새로운 교육의 모델을 구현하기 위해 의욕적으로 실천하여 초기에는 성공적이었지만 경험의 부족으로 인해 끝내 실패하게 되었음을 안타깝게 회고하고 있다.

생태운동 및 대안학교운동 중심의 사회교육

무주에 내려온 이후 허병섭은 친환경적인 농사를 짓는 일반적인 농민의 삶을 살았다. 그러나 농사를 짓는 그의 모습은 또 다른 활동가이자 대안학교 교육자로서의 변신을 의미하는 것이었다. 그는 이웃과의 만남을 통해 지역사회를 생태공동체로 변화시키고자 노력했다. 그것은 생태적 자아와 생태사회적 자아를 실현하는 것이었다. 즉, 학습을 통한 개인의 변화는 물론 이웃과의 교육적 만남을 통해 사회의 변화도 함께 추구하는 것이었다. 그것이 이루어지는 교육적 과정을 살펴보면 다음과 같다.

나는 우선 생태적 자아의 실현을 하나의 바퀴로 설정하고 있으며 이 바퀴를 흐트러뜨리지 않고 이웃과 지역사회에 어떤 방식으로 연계하느냐에 관심을 쏟고 있다. 자아실현을 위한 바퀴의 구축을 위해서 〈정농회〉의 연수나 녹색환경 관련 잡지와 책이라는 거울을 통해 나를 배우고 수련하고 있다. 그리고 귀농자들이나 마을 그리고 지역사회의 사람들과 나의 삶을 나누는 동안 다른 한 바퀴를 만들어가고 있는 것이다. 귀농한 사람들과 주변의 농민들과 어울리면서 생태적 감성을 증언하고 흙의

허병섭이 1996년에 설립하는 데 참여한 무주 푸른꿈고등학교의 모습
http://ygh227.egloos.com/m/6747726

따뜻함과 부드러움 그리고 자기희생과 생명창출을 위한 노동에 대해 화두를 열어
가려고 애쓰고 있다(허병섭, 이정진, 2001: 128).

이러한 생태적인 관심은 보다 적극적으로 그 지역에 생태적인 대안학교를 설립
하는 운동으로 이어졌다. 이는 중등교육 수준은 물론 고등교육 수준까지 이르렀
다. 푸른꿈고등학교는 생태 · 생활 · 문화 교육, 평등 · 평화 교육, 주체 · 자율 교
육, 노작 교육, 공동체 교육, 지역을 기반으로 하는 교육을 강조하였다(허병섭, 이
정진, 2001: 212). 여기에서 이루어진 생태교육 프로그램의 내용을 예로 제시하면
다음과 같다.

- 도시생활의 경험 중에 대기오염, 수질오염, 기타 공해물질로 인해 사람과 세상
  이 병들고 죽어 가고 있으며 기형적 인간이 되어 간다는 사실을 실감시키는 것이
  중요
- 우리 학교 주변에서 보고 듣고 경험할 수 있는 생태적 현상을 찾아 나선 후 토론
  (① 숲, 농작물 산림, ② 관행 농업과 생태농업의 차이 찾기, ③ 농부들의 삶)
- 깨달음을 논술, 그림, 시 등으로 내화하고 인식의 틀을 스스로 짜도록 도움
- 강의로 정리해 줌
- 생명과 관련된 사회를 돌아보기, 생태건축, 생태에너지, 생태마을, LETS(지역화폐
  체제) 설명 및 탐방(허병섭, 이정진, 2001: 215-216)

한편, 일종의 대안대학인 녹색대학에서는 생태적이고 생명적인 농사와 건축 및
살림살이를 실천하는 방법을 배우고 생태적 합리성과 과학, 그리고 생태적 공동체
와 윤리, 철학도 공부했다. 뿐만 아니라 문화와 풍류, 풍수학을 공부하면서 생태학
의 뿌리를 찾으려 하였다(허병섭, 2008: 128).

지금까지 허병섭의 주요 사회 활동에 나타난 사회교육의 양상을 구체적으로 살

표 9-4 허병섭 사회교육 활동의 시기별 비교

구 분	동월교회	월곡동 건축일꾼 두레	생태공동체
교육 대상	도시 빈민	도시 노동자	농민 대안학교 학생
교육 목적	민중의 의식화	민중의 경제적 자립	생태공동체 구현
교육 내용	민중언어 지역주민을 위한 봉사의식	경제공동체 운영방안	생태환경의 중요성
교육 형태	예배 지역주민 대상 야학 공부방	회원 대상 특강 협의회	지역 모임 푸른꿈고등학교 녹색대학
지역과의 관련성	지역사회개발 조직으로서의 교회	지역 빈민의 경제공동체	지역 생태공동체

퍼보았다. 허병섭의 생애 중에 이루어졌던 시기별 사회교육 활동의 특징을 비교하면 〈표 9-4〉와 같다.

허병섭 사회교육사상의 내용과 성격

▪▪ 사회교육의 지향점

허병섭의 사회적 활동과 목회, 학업 등을 통해 형성된 사상의 핵심은 신, 인간, 자연에 대한 사랑이라고 할 수 있다. 이러한 사상은 그의 사회교육 활동에도 직접적인 영향을 미친다. 이러한 사상적 토대를 바탕으로 그가 추구했던 사회교육의 지향점을 구체적으로 살펴보면 다음과 같다.

기독교적 인간 해방

허병섭의 사회교육 활동에는 기독교적 인간 사랑의 사상이 깔려 있다. 이는 그의 활동이 목회자의 길을 걷는 것에서 시작되었다는 것과 맥을 같이 한다. 여기에는 신에 대한 소명의식이 전제되어 있다. 그가 전 생애를 통해 이루고자 했던 궁극적인 사명은 곧 '하나님 나라'의 실현이었다(허병섭 외, 1999: 18). 그런데 그것을 실현하기 위해 가장 중요하게 여겨야 할 것은 특히 소외 계층에 대한 섬김과 봉사였다. 그는 신이 민중의 삶을 통해 그의 뜻을 구현한다는 확실한 신념을 갖고 있었다(허병섭, 1987: 39).

> 오늘에도 살아계시는 하느님이 이 복잡한 시대를 통해서 일하시는 바를 우리가 믿고 그 복잡한 생활 속에서의 권리를 하느님께서 주신 것으로 깨달아 그 주어진 것을 회복한다는 의미에서나 빼앗긴 것을 도로 찾는다는 뜻에서 인위적이고 제도적인 부조리로 인하여 위협받거나 억압받는 경우에 교회는 눌린 자를 억압에서 해방시켜야 할 교육적 사명을 지니게 되는 것이다(허병섭, 1984a: 53).

그에 의하면 기독교 교육의 목적은 이전처럼 사람들에게 성경 지식을 주입한다거나 그들을 단지 기독교적 삶으로 끌어들이는 데 있는 것이 아니라 통전적 삶의 구원, 즉 사회적·제도적인 억압에서의 해방된 삶을 추구하는 것이어야 한다고 하였다.

생태적 삶의 원리 구현

'하나님의 나라'를 추구하는 그의 사회교육사상은 생애 후반기 무주로의 귀농 이후 생태주의적 특징을 강하게 드러낸다. 하나님의 나라가 자연과 더욱 밀접한 관계를 맺게 된 것이다.

> 제가 이 자리에서 농촌에 사는 특권으로 강조해서 말하고 싶은 것이 있다면 하느

님 나라를 인간관계의 구조나 인간의 사회관계의 구조로만 풀어낼 것이 아니라 자
연과의 관계 구조로 풀어야 한다고 보는 것이지요. 인간이 그동안 자연을 지배하고
착취하고 수탈하여 로마서에 있는 말씀처럼 하느님의 피조물인 자연이 신음하고
있다는 사실에 눈을 돌려야 한다는 것입니다(허병섭 외, 1999: 13).

이제 그의 사회운동적 관심이 인간은 물론 자연으로 확장하여 갔다고 볼 수 있
다. 즉, 이전에는 인간의 삶과 사회, 인간의 역사적 종말에 대한 관심을 따라 살았
으나 이제는 인간의 존재 기반인 땅과 지구의 생명성에 대한 관심을 갖게 된 것이
다(허병섭, 2000: 48). 그는 생명을 일구어 내면서도 인간처럼 자화자찬하지 않는 흙
의 중요성을 강조하였다(허병섭, 2004a: 26). 그는 주변의 사람에 대해서도 흙의 마
음을 지닐 수 있다면 '정신적인 생태공동체'를 형성할 수 있다고 생각하였다(허병
섭, 2004a: 29). 그에 의하면 생태교육은 사람들로 하여금 이러한 생태적 삶의 원리
를 깨닫도록 하는 것이다(허병섭, 이정진, 2001: 205-206).

민주주의적 공동체 구현

사회운동의 관점에서 그의 궁극적인 관심은 건전한 공동체를 형성하는 것이었
다. 초기에는 빈민 지역을 기반으로 하는 생활 및 경제공동체의 형성을 위해 노력
했으나 이후에는 생태공동체적 성격이 추가되었다(허병섭, 이정진, 2001: 168). 그런
데 그가 추구한 공동체의 핵심은 자율성이 존재하는 민주주의적 공동체였다. 그는
현재까지의 공동체의 모습에 대해 다음과 같이 비판한다.

어떤 이념적 공동체가 있다고 하더라도 인간은 이념의 도구가 되고 싶어 하지 않
았다. 그리고 어떤 카리스마적 지도자가 있어서 그 사람 중심으로 공동체가 이루어
진다고 하더라도 당대에 성공한 공동체는 별로 없는 것 같다. 왜냐하면 그 지도자
는 스스로 카리스마를 만들어 주변의 사람들에게 드러내어 보인 결과이거나, 아니
면 한정된 전문가였거나 시대적 산물이었기 때문이다. 또 몇 명 되지 않는 성자들

이 있어서 그들을 중심으로 공동체가 만들어지기도 하지만 시대의 변화와 함께 그 공동체도 타락하고 변질되었던 것이다(허병섭, 이정진, 2001: 168).

이와 같이 그는 빈민공동체에서 생태공동체까지 공동체의 중요성에 대해 지속적으로 주장하였지만 그 공동체의 핵심적인 특징은 구성원의 자율성을 존중하는 현대적 의미의 민주주의적 공동체였다.

주민 주도적인 지역사회개발

동월교회에서부터 무주의 생태공동체에 이르기까지 그가 사회교육을 통해 지역에서 추구했던 것은 정신적인 면은 물론 경제적인 면에서도 자립하기 위한 지역사회개발이었다고도 볼 수 있다. 그가 생각하는 지역사회개발은 지역주민의 적극적인 참여와 자발적이고 공동적인 노력에 의하여 공통적인 욕구를 해결하는 활동이다. 그가 추구한 지역사회개발은 주민 주도적인 성격이 강한 것이었다. 그리고 그러한 주민 주도적인 성격이 서구의 지역사회개발과 다른 한국의 고유한 성격이며 회복해야 할 전통이라고 하였다.

이상에서 살펴본 바대로 한국의 마을은 일제의 강점과 식민정책하에서 민중운동과 주체적 저항 역량으로 유지되었고 마을발전은 경제적인 요소보다는 의식적인 발전이 확대되고 있었다고 보이는 것이다. 그런데 해방 후에는 서구적 지역사회개발운동이 전개되기 시작한다. 이것은 한국민의 주체성, 개발의지에 (경제적인 것이든 의식적인 것이든) 검은 구름을 드리우고 보다 심각한 신식민지 정책의 도화선이 되고 있는 것을 유념해 둘 필요가 있다(허병섭, 1987: 53).

이와 같이 허병섭은 지역주민 주도적인 지역사회개발을 건전한 지역공동체운동의 연장선상에서 지속적으로 추구하였다.

■ 사회교육의 본질

여기서는 허병섭이 사회 활동을 수행하는 데 있어 교육에 대해 가지고 있었던 생각을 정리해 보고자 한다. 즉, 사회운동가이자 사회교육자로서 교육의 의미와 가치, 교육의 기능 등에 관한 그의 생각을 정리해 보면 다음과 같다.

제도권 교육 대안으로서의 사회교육

허병섭은 그가 추구했던 가치의 구현이 기존의 공교육을 통해서는 이루어지기 어렵다고 보았다. 그는 기존의 제도권 교육이 기능적 측면에 치우쳐 있다고 지적하며 매우 비판적인 입장을 취했다(허병섭, 1984: 201). 또한 그는 기존의 교육에 작용하는 기득권적인 문화나 과학기술문명의 배후에 있는 정치적 권력에 대해 비판적으로 인식하고 있었다.

> 오늘날처럼 과학 기술 문명이 발달되고 다원화되었으며 또 급변하는 사회 속에서는 지식의 홍수라 할 만큼의 막대한 지식도 어떤 틀을 지니게 되는데 그 틀을 조정해 주는 힘이 있다. 그것은 정치라는 힘이다. 신의 능력, 과학의 힘, 지식의 힘, 글의 힘을 과시하는 시대는 지났다고 해도 과언이 아니다. 이 정치적 힘이 사회, 경제, 문화를 통제하고 역사까지도 왜곡할 수 있는 힘을 지니고 있는 것이 사실이다 (허병섭, 1987: 223-224).

그는 이러한 정치적 권력이 교육에도 작용하고 있다고 주장하며 사회교육을 기존 학교교육의 대안으로 인식하고 이를 적극적으로 활용해야 한다고 주장하였다(허병섭, 1994: 8). 특히, 그는 제도교육에 반영된 기득권적인 성격을 극복하기 위한 대안으로 민중교육을 중시했다.

> 제도교육의 대안으로서 민중교육이 지니는 의미는 민중교육이 자발적이고 민중

을 지향하며 창조적이고 피지배계층 중심이며, 지배계급에 대한 비판과 문화창조 등의 과정을 통해서 지배계급과 피지배계급의 통일적 해방을 추구하는 점이다. 그와 반대로 제도교육은 지시적이고 기득권자를 지향하며, 침략과 지배적 속성을 가지고 있고 억압과 착취를 심화시키는 침묵의 문화를 창출하고 있기 때문이다(허병섭, 1987: 113).

이와 같이 그가 추구하는 사회교육은 기존 기득권 중심의 학교교육에 대한 대안적 성격을 가진다. 그가 동료들과 함께 운영했던 대안학교도 이러한 사회교육의 차원에서 이해할 수 있다.

사회적 수단보다 인간의 주체적 가치 우선으로서의 사회교육

허병섭은 사회운동이나 지역사회개발에서 교육적 원리의 적용을 강조하였다. 그는 종래의 자선적 선교 방법이나 정부 또는 사회사업가들이 행하는 하향식 지역사회개발은 그 방법에서 주민들을 의존적으로 만들 뿐만 아니라 책임 있는 삶을 살게 하는 해방된 시민으로 성장하지 못하게 한다고 주장하였다(허병섭, 1984: 53). 그런 면에서 그는 사회운동의 논리와 교육의 논리 사이에 존재하는 근본적인 차이점을 다음과 같이 제시한다.

문제는 사회운동과 교육과정에서 다소 긴장을 일으키는 '사회운동 논리'와 '교육논리'가 각각 강조하는 포인트의 차이에 있다. 필자가 이해한 사회운동 논리의 포인트는 '사회변혁 그 자체'에 있는 듯하다. 그러나 '교육논리'의 포인트는 인간에 있다. 사회변혁의 주체는 인간임에 틀림이 없으나 운동 논리를 전개하고 운동 발전 과정에서 과제와 방향(혹은 전략과 전술)을 따지다가 보면 인간이 사회운동의 한 수단이 되어 버릴 경우가 있고 인간의 총체성보다는 부분을 더 강조하여 인간을 어떤 사회변혁을 위한 힘의 도구로 볼 위험이 따르게 된다(허병섭, 1984a: 60-61).

이런 맥락에서 그는 기존의 '노동운동' 대신에 '노동자운동'을 강조한다. 그는 1970년대 노동운동이 당면 문제 해결에 초점을 맞춤에 따라 노동 문제가 주체가 되고 사람이 객체가 되는 결과를 낳았다고 보았다. 그는 교육학적 입장에서 사람이 대상화되고 수단으로 변질되는 것을 거부하고 사람 중심의 운동을 해야 한다는 점에서 '노동자운동'을 강조한 것이다(허병섭, 1987: 84-85).

노동의 전인적 가치 체득으로서의 사회교육

허병섭의 사회교육관에는 노동의 교육적 의미가 강하게 내재되어 있다. 초기의 교육사상에서 노동과 교육과의 관계는 주로 노동자를 위한 교육적 배려의 성격이 강했다. 그는 노동이 그동안 우리나라에서 학벌 위주의 교육 풍토 때문에 제대로 된 평가를 받지 못했다고 비판한다(허병섭, 1994: 8). 그는 사회교육의 차원에서 노동의 의미를 살려내기 위한 자신의 노력을 다음과 같이 진술하고 있다.

> 생산자공동체운동과 관련한 지역사회학교운동이다. 생산공동체 분과에서는 노동자의 전인적 교육과 노동자(생산자)로서의 품성, 가치관과 협동조합에 관한 교육, 각종 기술과 기능사 자격증을 획득하도록 지원하는 일, 경영전문가로서의 역량을 높이는 일 등을 지속적이면서 교육적으로 풀어갈 것이다(허병섭, 1994: 19).

그러나 후기로 갈수록 그는 노동의 과정 자체가 갖고 있는 교육적 가치나 교육적 성장에 대해 강조한다. 이러한 노동의 교육적 의의를 살려려는 노력은 농촌에 내려간 이후에 새로운 관점에서 더 부각되었다. 그는 그곳에서 이루어지는 노동을 '밀알노동'의 원리로 승화시킨다. 밀알노동이란 생명을 일으키는 노동, 임금이나 어떤 수단을 위한 노동이 아니라 생명 산출을 위한 노동, 자연의 노동과 인간의 노동이 통합된 노동을 말한다. 그는 밀알노동을 통한 자신의 교육적 체험에 대해 다음과 같이 진술한다.

　　나는 농사를 하면서 생물학을 공부하고 토양미생물학, 산림생태학, 생명의 농업 등 새로운 학문 영역을 접하면서 이러한 학문의 눈으로 세계와 역사를 다시 읽고 쓰고 있다. 그리고 성서도 다시 읽을 수 있다. ……(중략)…… 이렇게 자연에 몰입하고 있노라면 세상을 잊는다. 그러나 자연과 우주를 껴안고 있는 느낌이 들 때도 있고 그 품에 감싸인 느낌도 들면서 경건의식도 생긴다. ……(중략)…… 우리가 밀알노동을 통해서 깨달은 바를 다 적을 수 없다. 우리는 짧은 농사 경험을 통해서 엄청난 생각의 변화가 있었고 새로운 삶의 방식과 내용을 가꾸어 가고 있는 것이다(허병섭, 이정진, 2001: 81-82).

　　그는 이러한 밀알노동적인 교육적 체험이 학생들에게 효과적으로 이루어질 수 있도록 대안학교의 교육과정을 구성하고 교육방법을 연구해야 한다고 주장하였다(허병섭, 이정진, 2001: 211).

　　이와 같이 허병섭의 사회교육사상에서 노동과 교육은 서로 밀접한 관련을 가진다. 초기에는 산업사회에서 노동자의 평등을 지원하는 차원에서 노동을 위한 교육이 이루어졌다면 후기에는 노동을 통한 지적 교육은 물론, 더 나아가 농업의 생명 산출과 관련된 정서적, 윤리적 교육의 가치가 부가되었다.

■■ 사회교육의 실천 원리

　　허병섭에게 민중교육이라는 것은 해방하는 교육, 정의구현을 위한 교육, 자유를 위한 교육이라 할 수 있다(허병섭, 1984a: 60). 허병섭의 생애와 저서 등에 나타난 자료들을 바탕으로 허병섭의 사회교육사상에 나타난 구체적인 교육실천 원리를 정리하면 다음과 같다.

학습자의 삶 속에서의 만남과 이해 강조
　　허병섭은 사회교육자가 학습자의 삶 속으로 들어가 그들과의 만남을 통해 학습

자를 심층적으로 이해할 것을 강조하였다. 그에 의하면 교육이란 가르쳐서 육성하
는 어떤 노력에 의해서 발생하는 것이 아니라 사람과 사람이 만나는 곳에서 혹은
사람이 자연이나 사건과 만나는 곳에서 항상 일어나는 것이다.

> 우리가 현장에서 산다는 것은 우리의 가치관과 이상, 환상을 포기하고 현장의 가
> 치관과 그 현실을 배운다는 것이다. 어떻게 이것이 가능한가? 빈민이 생활하는 생
> 활수단을 몸으로 체험하여야 한다. 그들과 함께 대화하고 그들의 감정에 몰입되기
> 도 하고 그들의 생활철학과 그들의 언어를 배워야 한다. 그리고 그들이 가장 필요
> 로 하는 것이 무엇인지도 알아야 한다(허병섭, 1987: 39).

그에 의하면 교육은 곧 만남을 통해 인간으로 생성되어 가는 과정이다. 그것이
곧 인간화다. 그에 의하면 현장에서 민중과 만나는 일이 곧 '배운다'는 것이다(허
병섭, 1984a: 61). 이와 같이 그는 사회교육자가 학습자의 삶 속에 들어가 그들과의
전인격적인 만남을 통해 이해해야 함을 매우 강조하였다.

학습자의 주체성을 존중하는 대화와 토론 강조

허병섭의 사회교육사상에서 중요한 것은 이러한 만남 가운데서 민중의 주체성
을 존중해야 한다는 것이다. 그에 의하면 만남도 중요하지만 그러한 만남은 대등
한 관계에서 이루어져야 한다. 그렇지 않으면 교육자와 학습자 사이에 추종과 교
화, 종속과 노예라는 형태를 낳게 될 뿐이다(허병섭, 1987: 217). 허병섭은 기존의
주입식 교육은 잘못된 것이며 전인교육이라고 하는 것도 어떤 틀에 의해 강요되는
것이라면 비교육적이라고 판단하였다(허병섭, 1987: 223-224). 그에 의하면 교육자
는 말로써 지시하고 가르쳐 주는 입장이 아니라 삶으로 행동으로 보여 주면서 따
르도록 할 때 진정한 교육자가 될 수 있다. 이렇게 할 때 주민을 책임 있는 삶을 사
는 해방된 시민으로 성장시킬 수 있으며, 통전적 삶의 구원이라는 교육적 성취를
달성할 수가 있다는 것이다(허병섭, 1984a: 53). 그는 이를 민중 스스로 말하게 하라

는 원리로 표현한다.

> "민중으로 하여금 스스로 말하게 하라"는 말 한마디로 이 글을 마무리하고 싶다. 오늘날 민중운동은 지식인에 의해 선도되거나 지도되는 경우가 많다. 그러나 이 글에서 살펴본 대로 민중의 말은 지식인의 말보다 훨씬 강한 힘을 가지고 있다는 점이다. 만일 기독교가 민중문화운동을 펼친다면 어떤 형태로 전개될 것인가? 또 민중신학은? 민중선교는 어떻게 현실화되어야 하는가? 그 해답은 역시 "민중으로 하여금 스스로 말하게 하는 것"을 토대로 모든 것이 이루어져야 한다(허병섭, 1987: 198-199).

그에 의하면 민중교육에서 중요한 것 중의 하나는 지식인이 민중의 언어와 삶을 배워도 민중에 의해서 검증을 받아야 한다는 것이다. 이 검증을 받는 과정이 바로 민중과의 대화이며 토론이다. 이러한 대화와 토론, 혹은 문제제기와 실천(프락시스)을 통해서 민중은 자기들이 가진 논리를 발견한다. 자신의 논리를 발견하고 난 다음에야 민중은 지식인을, 지식인은 민중을 만나서 비판하고 공동 유대를 갖게 된다는 것이다(허병섭, 1987: 226).

민중문화 중심의 교육 내용 선정

허병섭은 민중교육이 민중의 지식과 문화를 교육 내용의 시작으로 삼아야 한다고 주장하였다. 그는 지식인의 일방적인 주입이나 선정, 선동을 통해 이루어지는 교육이 아니라 민중으로 하여금 스스로 자신을 발견하고 자신 속에 있는 창조적 동력을 확인하는 민중교육론을 정립한 것이다(허병섭, 1987: 105). 그 창조적인 동력은 한국적인 것이기도 하였다.

> 그러므로 민중교육의 향후 과제는 '민중을 어떻게 섬길까, 민중에게서 무엇을 배울까, 민중의 무엇을 신뢰할까'에서 찾지 않으면 안 된다는 것이다. 그 방법적 틀

은 이미 파울로 프레이리에게서 얻었다. 그러나 한국 민중에게는 또 다른 배움의
틀이 있다. 그것은 오늘의 민중언어를 낳고 있는 선조들의 언어, 즉 문화, 종교, 가
치관 더 나아가서 한국 민중의 심성에 관한 것을 배우지 않으면 안 된다는 것이다.
한국적 민중의 존재양식, 즉 그 언어, 가치관, 정서, 심성, 형태 등을 창조적으로
발전시켜야 한다. 서구의 문화에 현혹되거나 그에 의해서 억압되어서는 안 되며,
서구적 언어, 가치관 등을 씹고 삼켜서 한국의 위액으로 소화하여 체화해 가는 과
정이 바로 민중교육인 것이다(허병섭, 1987: 118).

그런 맥락에서 그는 민중언어를 모아서 민중적 사고의 틀을 찾아내는 것을 필생
의 과업으로 삼기도 하였다(허병섭, 1987: 229). 또한 그는 교육의 과정에서 민중언
어에 담겨 있는 민중의 정서와 감정인 한(恨)을 중시하였으며 이를 통해 사회적 자
아의 형성을 추구하였다.

민중교육과 생태교육의 연결

그는 도시 빈민 중심의 민중교육에서 시작하여 농촌 중심의 생태주의적 관심으
로 나아갔다. 그러나 그는 생태교육이 민중교육과 무관하지 않으며 자신이 민중교
육의 전통에서 벗어나지 않고 있음을 다음과 같이 제시한다.

생태적 삶의 원리를 찾으려는 사람들은 우리 땅에서도 헤아릴 수 없을 만큼 많이
있다. 그러나 이상하게도 이 사람들은 교회의 체제 밖(성문 밖)에 있는 사람들이거
나 세속사회의 사람들이다. 이들은 대개 가난한 사람들이며, '낭만적 신비주의자'
라고 부르는 사람들이며, 아직은 소외되어 있는 사람들이다. 그러나 1970년대나
1980년대의 인권운동과 민주화운동처럼 지금은 자연권과 생명권 운동에 집착하
면서 치열한 삶을 살고 있다. ……(중략)…… 나도 민중교육의 전통에서 벗어나지
않는다(허병섭, 이정진, 2001: 208).

특히, 인간의 만남과 주체성을 중시하는 민중교육의 원리는 생태교육에도 적용된다.

> 1970년대 민중교육이론에서 보는 것처럼 교육은 일방적으로 주입하는 것이 아니라 피교육자 및 대상을 향하여 배우는 자세를 취하고 탐구하려 하는 동안 쌍방의 변화와 성장이 온다는 것은 여전히 유효한 교육이론일 뿐 아니라 생태교육에도 적용된다. 지역주민의 집단성과 공동체성을 보듯이 자연적 생명체들의 공생과 공존의 원칙을 자연적 생명체들의 입장에서 체험하지 않으면 인간은 자연환경과 진정한 만남을 이룰 수 없을 것이다(허병섭, 이정진, 2001: 233).

이와 같이 그는 민중교육에 대한 관심을 생태적 관심으로 연결하였다. 그에 의하면 환경교육이나 생태교육의 장도 지역성 및 공동체성을 벗어날 수 없으며 인간과 자연은 유기적 공동체 속에서 공존공생 해야만 한다. 따라서 도시 빈민 지역에서 얻은 교육적 성과는 환경교육 및 생태교육에도 그대로 적용해 볼 수 있다고 생각했던 것이다(허병섭, 이정진, 2001: 231-232).

교육학적 전문성의 비판적 활용

허병섭은 사회교육 실천을 위해 일반 교육학의 학문적 성과를 적용하는 것을 중요시하였다. 그는 민중교육자들이 일반교육학의 업적을 제도교육과 혼돈하지 말고 교육학의 학문적 공헌에 대해 배우는 자세를 가져야 한다고 주장하였다. 본래 교육학은 사람의 사고, 행동, 동기, 감정, 정서 및 총체적인 것을 세분화해서 그 성장과 발달을 돕는 학문이며 공동체 및 집단의 성장 발달을 돕는 것이 교육학의 목표라는 것이다(허병섭, 1987: 97). 그는 당시 민중교육에 참여하고 있는 사람들 대부분이 교육에 대한 기초 인식 및 이해가 없이 사회운동 및 민중에 대한 순수한 열정만으로 참여하는 것에 대해 우려를 나타내기도 하였다(허병섭, 1987: 93). 민중교육에도 교육적 전문성이 필요하다는 것이다. 물론 그는 교육학적 지식을 도구적으로

만 활용하는 것에 대해서도 주의해야 한다고 하였다. 즉, 사회운동에 있어 교육학적 이해가 필요하나 자칫 도구적, 기능주의적으로 흐를 수 있는 위험 요소를 제거하고 교육학적 업적을 수용해야 한다는 것이다(허병섭, 1987: 97).

■■ 사회교육자의 요건

허병섭의 사회교육사상이 주는 시사점 중의 하나는 사회교육자에게 필요한 역할과 진정한 전문성이 무엇인가라는 질문에 대해 하나의 답을 던져 준다는 점이다. 그의 생애와 사상에서 사회교육자에게 필요한 것이 무엇인가를 추출하면 다음과 같다.

학습자의 삶 속에서의 만남

허병섭의 사회교육사상에 의하면 사회교육자에게 필요한 것은 무엇보다도 학습자들의 삶 속에서 그들과 만나야 한다는 것이다. 사회교육이 제도화됨에 따라 이른바 평생교육사에게 점차 더 많이 강조되고 있는 전문성은 사회교육기관으로 찾아오는 학습자를 대상으로 하는 프로그램의 개발과 상담, 그리고 기관의 경영과 네트워크 등에 관한 기능적인 요소다. 그러나 허병섭의 생애와 사상은 이런 것들에 앞서 우선 교육자가 학습자의 삶 속에 들어가 그들과 교류하고자 하는 희생과 봉사, 헌신의 자세가 필요함을 보여 준다. 그 점에서 사회교육자에게 필요한 진정한 전문성은 우선 효과적으로 학습자의 삶 속에 들어가 그들과 동화되고 그들의 삶의 요구를 찾아내고 효과적인 대안을 마련하도록 도와주는 것이라고 할 수 있다. 이것은 그람시가 말한 민중을 향한 유기적 지식인의 성격과 연관성을 가진다. '더 낮은 곳으로 향하기 위해', '그들과 가까이에 있기 위해' 힘쓰며 학습자들이 주체적으로 학습할 수 있도록, 학습자들의 자발성을 중요시하는 것이 사회교육자의 덕목이라고 할 수 있다.

사회과학적 안목

허병섭의 사회교육사상을 통해 사회교육자는 사회과학적 안목을 갖추어야 한다는 것을 알 수 있다. 사회교육자는 교육의 가치를 강조하되 교육이 사회적 진공관 속에서 이루어지는 것이 아니라 사회경제적, 정치적 권력 관계 속에서 이루어짐을 인식하고 이 속에서 교육적 가치를 지켜 내기 위한 비판적 안목을 가져야 한다는 것이다.

지식 기반 사회에서 지식과 권력이 작용하는 평생학습의 장에서 사회교육자는 누가 실제로 혜택을 받는가를 파악하고 누가 혜택을 받아야 하는가에 대한 숙고와 결단을 해야 한다(Cevero & Wilson, 2001). 이상과는 다르게 현실적으로 평생학습의 기회는 점점 양극화되는 경향을 나타낸다. 이러한 점을 충분히 인식하고 대처하고자 하는 노력을 기울이지 않을 때 사회교육자는 은연중에 기존의 사회체제를 영속화시키는 도구적 지식인의 역할을 수행하게 된다. 그러므로 사회교육자는 교육평등에 부정적으로 작용하는 사회적, 경제적, 정치권 권력의 영향을 비판적으로 인식하고 이를 극복하기 위한 노력을 기울여야 한다.

민중의 구체적 존재 형태에 맞춘 교육실천 능력

허병섭의 생애와 사상은 진정한 교육을 위해서는 사회교육자가 민중의 구체적 존재 형태에 따라 그에 알맞은 교육을 실천할 수 있는 능력이 있어야 함을 보여 준다. 이는 곧 학습자의 여건을 고려하여 교육과 복지, 경제, 문화 등의 요소를 종합적으로 고려한 교육실천을 할 줄 알아야 한다는 것이다. 허병섭은 민중의 다양한 요구에 민감하게 반응하며 사회교육을 통해서도 이러한 교육적 요구를 신속하게 충족시켜 주기 위해 선구적인 입장을 취한 경우가 많았다. 지역 빈민을 위한 민간 탁아소 운영, 건축 일용직 노동자들을 위한 조직, 고등교육 수준의 대안대학의 운영 등은 그가 누구보다도 앞서서 시대적 요구에 민감하게 반응한 결과로 나타난 것이었다. 이러한 민감성과 아울러 실제로 이러한 선구적인 사업을 실천해 나갈 수 있는 전문성도 사회교육자에게 요구된다. 사회교육자가 독자적으로 수행하기 어려운 경우에 여러 분야의 전문가들과 협력하여 수행하기 위한 능력도 요구된다. 이는 사회교육자들에게 사회 전반에 대한 보다 폭넓은 안목은 물론, 다른 분야 전문가들과 교류하며 협력하기 위한 네트워크 전문성이 필요함을 의미한다.

허병섭 사회교육사상의 의의

허병섭은 평생을 빈민운동과 생태운동에 매진한 사회운동가이자 지역사회개발 활동가 겸 사회교육자라고 할 수 있다. 노동자와 지역 빈민들의 삶에 들어가 그들로 하여금 스스로 생각하고 자립하며 현실을 변화시킬 수 있도록 지원했다는 점에서 그의 생애와 사상은 파울로 프레이리의 민중교육론과 맥을 같이하며 한국 민중교육의 역사상 중요한 위치를 차지한다. 또한 그의 사회적 활동과 목회, 학업 등을 통해 형성된 사상의 핵심이 신, 인간, 자연에 대한 사랑이었다는 점에서 그의 사회교육사상은 덴마크의 그룬트비히 교육사상과도 맥을 같이 한다고 볼 수 있다(오혁진, 2008). 그는 끊임없이 시대의 새로운 교육적 요구에 반응하여 남들보다 먼저 앞장서서 나아갔던 개척자였다. 국내 최초의 탁아소, 일용직 노동자를 위한 생산자협동조합, 대안대학 등은 사회교육자로서 그가 누구보다도 앞장서서 시도했던 새로운 모델들이었다. 지역공동체, 사회 정의, 교육 평등을 추구했던 사회교육의 목표들이 모두 자신의 시대에 완전하게 달성된 것은 아니었으나 그의 노력은 그러한 가치들을 실현하기 위한 제도화의 초석이 되었다.

또한 허병섭은 한국의 현대교육사에서 사회교육의 이론과 실천을 겸비한 소중한 교육적 자산이기도 하다. 그의 사회교육사상은 사회교육 실천과 교육이론의 상호작용으로 정립된 것이었다. 그는 단순히 사회운동을 위해 교육을 수단으로 활용한 실천가가 아니라 교육의 본질과 원리를 이해하고 이를 현장에 적용하기 위해 노력한 교육이론가이기도 하였다. 이렇게 정립된 허병섭의 사회교육사상이 현대 사회교육 실천에 주는 시사점이 무엇인가를 살펴보면 다음과 같다.

첫째, 허병섭의 생애와 사상은 우리 사회에서 교육적 가치가 올바르게 제도화되기 위해서는 선구자적인 교육운동가의 꾸준한 실천이 선행되어야 함을 확인시켜 준다. 그의 교육적 실천은 당대에는 충분한 성과를 거두지 못했을지라도 이후에 이어지는 실천과 제도화의 밑거름이 되었다. 민중교육, 탁아소운동, 건축노동자 생산공동체 형성, 대안학교운동 등은 처음에는 참여자들의 인식 부족 및 전문성의 부족, 재정적인 어려움 등으로 실패하거나 어려움을 겪었지만 이후 공공 어린이집의 확대, 생산자협동조합 및 사회적 기업의 확산, 대안학교의 활성화 등으로 제도화되었다. 그 점에서 그의 실패는 완전한 실패가 아니라 후대의 성공을 위한 밑거름이 된 것이다. 이를 통해 교육의 정의와 평등을 위한 실천은 당대에 목적을 달성하지 못하더라도 차후의 성공을 위해 꾸준히 지속되어야 함을 알 수 있다.

둘째, 허병섭의 사회교육사상은 사회 변화의 가능성과 관련하여 사회교육자들이 기본적으로 가져야 할 관점은 비판적 낙관론이라는 점을 확인시켜 준다. 이러한 점에서 그의 교육사상은 억압적인 사회 구조 속에서도 민중의 의식화를 통한 사회 변화의 가능성에 대해 희망을 잃지 않았던 프레이리의 교육이론과 일맥상통한다(Freire, 1986: 17). 허병섭의 교육적 실천이 당대에 즉각적으로 성공을 이루지 못한 점도 있다는 사실은 교육을 통한 사회 변화가 쉽지 않다는 현실을 보여 준다. 그는 함께 참여했던 민중의 인간적 본성을 지나치게 긍정적으로 본 결과 스스로 실망을 느끼며 실패를 인정하기도 하였다. 보다 치밀한 교육 계획과 방법, 그리고 후원 세력을 갖지 못한 것은 그의 한계이기도 하다. 그렇지만 그가 교육을 통한 사회 변화의 가능성을 포기하거나 현실의 벽 앞에 좌절한 것은 아니었다. 오히려 이를 통해 더 진지하고 근본적인 성찰을 하게 된 계기가 되기도 하였다. 도시를 떠나 농촌으로의 귀환은 진정한 사회 변화를 추구하기 위한 보다 근본적인 대책 모색의 기회가 되었다. 그가 추구했던 사회교육의 목적은 그의 당대에 모두 실현된 것은 아니었지만 이후의 사회교육 실천가들에게 좋은 선례가 됨으로써 실현 가능성을 높이는 데 기여하였다. 이런 점에서 그의 생애와 사상은 사회교육을 통한 사회 변화의 가능성에 대한 비판적 낙관론의 이론적, 역사적 근거를 제시한다.

셋째, 허병섭의 생애와 사상은 사회 변화의 성패 여부와 관계없이 사회교육 과정에서 교육적 가치 자체는 결코 포기해선 안 된다는 원리를 확인시켜 준다. 그가 교육의 전 과정에서 민중의 문화를 존중하고 그들의 주체적인 참여와 토론을 중시한 까닭은 교육 내용상으로는 민중문화의 교육적 가치를, 교육 방법상으로는 주체적 참여와 토론의 교육적 가치를 존중했기 때문이다. 그것은 교육을 통해 즉각적으로 사회 변화가 이루어지기를 기대하기는 어렵다 하더라도 교육을 통해 학습자에게 의미 있는 성장의 경험을 갖게 하는 것만큼은 포기할 수 없다는 교육중심적 입장을 반영한다. 이런 점에서 그는 사회적 약자들에게도 유의미한 교육 경험의 기회를 공정하게 제공해야 한다는 교육정의론의 실천 사례를 제시했다고 볼 수 있다(이돈희, 2004).

넷째, 허병섭의 생애와 사상은 사회교육자의 요건이 무엇인가에 대해 종합적인 안목을 갖게 한다. 먼저 사회교육자의 역할은 학습자들을 사랑하고 그들이 스스로 문제를 해결할 수 있도록 돕는 것이어야 한다는 점이다. 그러기 위해 사회교육자는 학습자의 삶과 함께 해야 하며 교육의 현장에 작용하는 정치, 경제, 사회적 힘의 원리와 그 대처 방안에 대한 사회과학적 안목도 갖추어야 한다. 그리고 시대 변화에 따른 새로운 전문성과 네트워크 능력도 필요함을 보여 준다.

결론적으로, 허병섭의 사회교육사상은 사회교육 본연의 모습이 무엇인가를 재인식하는 데 도움을 준다. 그가 추구하는 사회교육은 기존 기득권 중심의 학교교육에 대한 대안적 성격을 가진다. 사회교육의 제도화가 미처 이루어지지 않았던 당시 사회교육은 학교교육의 대안이 될 수 있었다. 만약 제도화된 사회교육, 보편화된 평생교육이 이전의 학교교육처럼 기득권 중심의 것이 된다면 또 다른 대안적 사회교육이 계속 요구된다. 그것은 사회교육이 삶의 현장에서 소외된 사람에게 먼저 다가가 노동과 복지와 교육이 하나로 어우러져 개인의 자유와 사회의 정의를 추구하는 공동체 지향적 교육이어야 한다는 것이다. 오늘날 우리 주변에서 펼쳐지고 있는 '평생학습사회'의 양상은 이전에 전통적인 사회교육(성인교육) 선구자들이 학교교육과 사회교육의 통합을 통해 꿈꾸었던 '평생교육'의 이상에서 다소 멀어지고 있는 실정이다. 그것은 점차 평생학습의 중요성과 영향력이 커짐에 따라 자본과 권력의 논리가 침투해 오고 있기 때문이다. 또한 제도화의 과정에서 관료화, 보수화의 문제가 필연적으로 발생하기 때문이다. 이를 극복하기 위해서는 사회 변화와 교육정의를 강조하는 대안적 사회교육이 지속적으로 요구된다. 다시 말해 삶의 현장에서 소외된 사람에게 먼저 다가가 노동과 복지와 교육을 통합하여 개인의 자유와 사회의 정의를 추구하는 공동체 지향적 사회교육이 필요하다. 그런 의미에서 허병섭의 사회교육사상은 과거의 것이 아니라 오늘날에도 계승하고 발전시켜야 할 매우 중요한 자산이라고 할 수 있다.

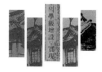

10 황주석의 사회교육사상

우리나라는 최근 주민참여형 지방자치와 각종 마을만들기 사업이 중시되고 있다. 그런데 1980년대에 이미 이러한 운동의 모델이 될 만한 활동을 한 시민운동가이자 사회교육자가 있었다. 그가 황주석(1950~2007년)이다. 황주석은 사회운동에 지속적으로 관여하여 마산YMCA에서는 노동자를 대상으로, 부천YMCA에서는 지역주민을 대상으로 사회운동을 전개하였으며, 말년에는 가정을 대상으로 사회교육을 실천하였다. 그는 노동자와 지역주민이 사회교육을 통한 의식화와 조직화 과정 속에서 삶의 문제를 스스로 해결할 수 있도록 하는 데에 앞장선 사회교육실천가였다. 또한 산업화로 인해 황폐해진 도시를 살리기 위해 예전의 마을이 가졌던 특징에 주목하고 도시 속에서 지역공동체운동을 실천한 지역사회교육자이기도 했다. 그는 노동운동, 시민운동, 지역운동의 단계를 거치며 사회교육을 통한 사회

운동에 앞장섰다. 특히, 그가 시도한 소모임의 조직과 활용을 통한 자발적인 학습 활동 지원은 시민교육 및 지역사회교육 차원에서 매우 획기적인 교육방법이자 학습자 중심 교육 패러다임의 선구자적 적용으로 인식된다(최선주, 2005; 김은임, 2000; 김기환, 2010).

일생 뚜렷하고 앞선 교육철학을 가지고 사회교육 실천에 모델을 제시했다는 점에서 그는 사회교육사상가의 한 사람이라고 볼 수 있다. 그럼에도 그의 사회교육 사상의 의의와 현대적 적용에 대한 논의는 아직 부족한 실정이다. 이 장에서는 우리나라 현대 사회교육실천가인 황주석의 생애와 사회교육 활동을 살펴보고, 그의 사회교육사상의 토대와 지향점, 그리고 사회교육실천의 원리를 구체적으로 알아보고자 한다. 또한 그의 사회교육 실천과 사상이 오늘날 우리에게 주는 의미가 무엇인가를 살펴보고자 한다.

황주석의 생애와 사회교육 활동

■ 생 애

황주석은 대학생 시절부터 사회문제에 관심을 갖고 한국의 민주화와 노동자의 권익 향상, 시민사회의 성숙과 지역공동체의 형성을 위해 평생을 바쳤다. 황주석의 생애를 다음과 같이 5단계로 구분하여 보다 구체적으로 살펴보면 다음과 같다.

성장기(1950~1969년)

황주석은 한국전쟁이 발발하기 전인 1950년 3월 8일, 서울에서 출생하였다. 그는 어린 시절부터 교회를 다니면서 인간의 바람직한 삶, 통일, 사회운동 등에 많은 관심을 가지고 자랐다. 한때 정치를 하겠다는 생각을 하였지만 심훈의 『상록수』를 읽고는 농민운동을 하겠다는 생각을 갖기도 했다(김기환, 2010). 이후 그는 부모님의 반대에도 불구하고 1969년 한국신학대학교에 진학하였다.

기독학생운동기(1970~1977년)

황주석은 한국신학대학교에 입학한 뒤 민중 중심의 사회 변화에 관심을 가지고 민중의 의식화를 위한 다양한 활동에 참여하였다. 그는 대학교 2학년 시절 교회 목사의 제안으로 한국지역사회학교후원회에서 1차 지도자육성교육을 받았다. 그 영향으로 서울 명륜동에서 공부방을 운영하기도 하였고 빈민촌에 거주하는 사람들의 교육 활동을 지원하는 등 교육을 통한 의식 함양에 주력하였다(김기환, 2010). 이후 도시 빈민층에 대한 문제의식을 가지고 한국기독학생총연맹(KSCF)에 가입하여 빈민 지역의 주민 조직과 함께 다양한 활동을 하면서 학사단장, 부회장을 거쳐 회장까지 역임하였다. 유신헌법 제정을 위한 독재가 절정에 달하였던 1971년에 전국의 학생운동지도자 120여 명이 군대로 보내졌을 때 황주석도 대학에서 제적당하고 강제로 입대하여 전방에서 근무를 하게 되었다.

그는 군 복무 중 일생 노동운동에 전념하기로 결심하고 제대 후에는 KSCF에서 기독학생운동의 재건을 위해 활동하면서 노동자와 소외 계층을 위한 선교 활동에도 참여했으나 이후 대학 졸업을 포기하고 학교를 떠나게 된다. 이 시기 학생운동은 크게 독재정권에 저항하는 정치적 운동조직과 민중조직에 관심이 있는 조직으로 나뉘었는데, 그는 민중의 의식화를 통한 사회 변화에 관심을 두었다. 황주석은 정치적 운동을 통해 독재정권이 사라진다 하더라도 사회의 여러 문제가 해결되는 것은 아니기 때문에 사회가 안고 있는 여러 문제를 해결하려면 그 사회의 중심에 있는 민중의 생각이 바뀌어야 한다고 생각하였다. 그는 교육을 통해 민중이 변화해야 사회의 궁극적인 변화가 일어난다고 생각하였던 것이다. 많은 어려움이 있었지만 그는 이러한 생각을 바탕으로 민중 조직의 의식화를 통한 사회운동을 지속하였다. 하지만 그는 당시 민청학련 사건으로 구속된 사람들을 위한 저항운동을 우선시해야 한다는 운동권과 내부 갈등을 겪으면서 기독학생운동과 멀어지게 되었다. 그 후 황주석은 KSCF를 떠나 서울역 앞 성남교회에 들어가서 빈민운동을 계속 전개하였다.

노동운동기(1977~1983년)

황주석은 민중을 크게 농민과 빈민, 노동자로 구분하고 이들 중 노동자를 위해 살기로 결심했다. 그 이유는 농민은 자기가 잘 모르는 대상이고, 빈민층의 문제는 산업화가 진전되면 자연적으로 해결될 것으로 생각하였기 때문이다.

그는 1977년에 본격적인 노동운동을 위해 전기용접 2급 자격증을 취득한 후 태양금속에 위장 취업하였다. 그는 태양금속에서 독서모임을 운영하던 중 당시 한국 사회운동 지도자 양성의 중심지였던 크리스천아카데미를 통해 'YH' 기업의 노동자 탄압 문제를 접하게 되었다. 그 후 1979년 사측이 자본을 미국으로 빼돌리고 위장 폐업을 하려는 것을 알고 YH노조 파업에 직접적으로 개입하였다. 그는 이 사건으로 수배를 당해 피신을 다녔지만 얼마 후 체포되어 수감되었다. 한편, 그는 당시 이 사건을 계기로 만난 최순영과 나중에 결혼하게 된다. 그녀는 평생 그의 사회운동 동지로서 협력하였고 국회의원을 역임하기도 하였다.

황주석은 석방 후 현장에서 활동하는 것이 기존의 현장 노동운동에 도움이 되지 않을 것으로 생각하여 외부에서 도울 방안을 모색하던 중 YMCA를 알게 되었고, 주위의 권고로 마산으로 내려가 마산YMCA의 간사로 활동하였다. 그는 마산 YMCA에서 여러 시행착오를 겪은 뒤 마산 한일합섬 여공들을 훈련하여 본격적인 노동자 조직인 '사랑의 Y형제단'을 조직하였다. '사랑의 Y형제단'은 자발적인 소공동체 모임을 통해 노동자들의 의식을 함양하고 결속력을 강화함으로써 큰 성과를 거두었다. 이로 인해 사랑의 Y형제단은 전국으로 확대되는 등 성공적인 사회운동 및 사회교육의 실천 방법으로 자리 잡게 되었다.

대중시민운동기(1984~1999년)

마산에서 '사랑의 Y형제단'을 통해 자신감을 얻은 황주석은 수원YMCA를 거쳐 1984년 부천YMCA로 옮기게 되었다. 이 시기부터 그는 보다 대중적인 시민운동

1991년 마산YMCA 주최로 노동자 여름캠프
http://www.idomin.com/news/articleView.html?idxno=210741

활동을 전개하였다. 1990년대 들어서면서 우리나라에서는 사회운동에 영향을 미칠 몇 가지 큰 변화들이 나타났다. 먼저 국내외의 경제적 변화로 이전의 생존을 위한 투쟁에 비해 생활의 질에 대한 언급이 많아졌다. 두 번째는 지방자치가 본격적으로 시작되었다. 황주석은 이와 같은 커다란 사회적 흐름의 변화를 직시하고 정치적 구호와 이념에 파묻혀 투쟁 일변도를 벗어나지 못했던 사회운동에서 벗어나 YMCA를 통해 시민사회와 지역공동체 중심의 사회운동을 추진하였다. 그리고 지방자치시대를 맞이하여 올바른 지방자치제도의 정착을 위해 '참여와 자치를 위한 시민연대회의'를 결성하였다.

그는 또한 부천YMCA의 열악한 재정 문제를 해결하고 새로운 시민교육의 활성화를 위해 유아교육 프로그램인 '아기스포츠단'을 운영하였다. 그는 여기서 나오는 프로그램의 운영 수익으로 부천YMCA의 경제적 여건을 마련할 수 있었다(김기환, 2010). '아기스포츠단'은 아이들에게 올바른 가치관을 심어 준다는 미래지향적인 활동이기도 했지만 자모나 자부 모임의 형성을 통해서 시민운동의 조직적 토대를 확보한다는 현재적 의미도 가지고 있었다(김은미, 1994: 재인용). 그는 지역주민 중에서 주부를 시민운동의 중요한 대상으로 인식하고 이들을 위한 새로운 조직을 운영하였는데, 그것이 '주부 아카데미'였다. '주부 아카데미'는 생협운동의 밑거름이 되었다. 그 외에도 주부들을 대상으로 하는 독서모임 등을 운영하면서 대중 시민운동의 중요한 역할을 담당하게 하였다. 또한 그는 부천 일대의 노동자를 대상으로 '사랑의 Y형제단'을 운영하면서 노동운동을 이어 갔다.

한편, 이 시기에 황주석은 그만의 독특한 대중조직 모델인 생협 '등대'를 조직하였다. 생협 '등대'의 주요 회원들은 '주부 아카데미'와 독서모임 회원, 아기스포츠단 자모들로 구성되었다. 황주석이 주도한 생협 '등대' 운동은 공동체 지향 운동이었다. 이는 시민들의 실생활과 동떨어져 진행되었던 사회운동이 일상생활의 문제와 함께 할 수 있다는 믿음을 심어 준 중요한 계기가 되었다. 1993년에는 1,400여 명의 회원에 200여 개의 등대가 만들어지기도 했다(김기환, 2010: 83). 그는 1994년에 광명YMCA로 옮겨 지역시민운동을 이어갔으며, 1996년부터는 한국YMCA전국연맹에서 대외협력국장의 역할을 맡아서 활동하였다. 그러던 중 1999년 비인강암을 선고받았다.

가정자치운동기(2000~2007년)

황주석은 투병 중에도 활발한 활동을 펼쳤다. 2000년대에 접어들면서 황주석은 그동안의 경험을 바탕으로 전국적인 사회운동을 시도하던 중에 대중조직운동의 대상에 대하여 생각의 변화를 가지게 되었다. 즉, 빈민층과 노동자, 주부 등과 같은 구체적인 대상에 주목하다가 조금은 추상적인 가정의 중요성을 인식하게 된 것이다. 그는 개인의 성장과 사회 변화, 그리고 궁극적으로 국가가 바로 서기 위해 가장 중요한 기초 단위가 가정임을 깨닫고 가정자치에 대한 생각을 구체화하였다. 가정자치의 주체는 주부이며 주부가 행복해지려면 부엌의 자치가 이루어져야 하고, 가정의 자치는 지역사회의 자치로 연결되어 지역사회의 자치가 확립되면 국가의 자치가 이루어진다고 생각하였다. 다만, 가정을 혈연에 국한하지 않고 함께 사는 식구로 확장하여 규정하였다(김기환, 2010). 이러한 활동을 하던 중 그는 2007년 2월, 병세의 악화로 58세라는 비교적 젊은 나이에 영면하였다.

이상에서 다룬 황주석의 생애를 시기별로 정리하면 〈표 10-1〉과 같다.

표 10-1 황주석의 생애 및 활동

구분	연도	활동 내용	대상
성장기	1950~1969	• 서울 출생 • 기독교 입문 • 1969년 한국신학대학교 진학	
기독학생운동기	1970~1977	• 빈민 아동공부방 운영 • 빈민 대상 야학 운영 • 빈민촌 내 복지개선운동 • 노동자 운동	도시 빈민층
노동운동기	1978~1983	• 태양금속에서 학습조직 운영 • YH무역노조 파업 참여 • 한일합섬에서 '사랑의 Y형제단' 결성	노동자
대중시민운동기	1984~1999	• 부천YMCA에서 '아기스포츠단' 운영 • 부천에서 생협 '등대' 조직 • 촛불대학 운영 • 주부 아카데미 및 독서모임 조직	주부
가정자치운동기	2000~2007	• '선헌식' 및 '선분식' 실천 • 가정자치운동 전개	가정/가족

■ 사회교육 활동

앞에서 살펴본 바와 같이 황주석의 생애는 각 시대의 문제를 해결하기 위한 사회운동의 삶이자 사회교육의 삶이기도 하였다. 그에게는 사회운동이 곧 사회교육이고 사회교육이 곧 사회운동이었던 것이다. 황주석의 사회운동 시기별로 이루어진 사회교육의 양상을 보다 자세히 살펴보면 다음과 같다.

기독학생운동 중심 사회교육 활동

황주석은 기독학생운동 조직을 중심으로 빈민 아동을 위한 공부방과 성인을 위한 야학을 운영하였다. 한편, 또 다른 소외 계층이었던 노동자들의 의식화 교육을

1960~1970년대 기독 대학생들의 농촌봉사활동
http://isoonstar.tistory.com/m/post/144

통해 노동자 평신도를 조직하고 지도자 교육을 하는 등 선교 활동을 겸해 하층 노동자들의 삶의 여건을 개선하기 위한 사회교육을 실시하였다. 황주석이 실천했던 기독학생운동은 민중이 중심이었다. 그때부터 황주석은 민중지향적이고 민중중심적인 사회교육을 실천하였다(김기환, 2010: 55). 이 시기의 사회교육 활동 내용을 살펴보면 〈표 10-2〉와 같다.

표 10-2　기독학생운동 과정에서의 사회교육 관련 내용

구분	활동 장소	대상	활동 내용
빈민구제 · 교육 활동	빈민촌	빈민 아동 및 성인	• 빈민 아동을 대상으로 한 공부방 운영 • 빈민조직 활동 및 야학 등의 의식 함양 활동 추진 • 빈민촌 내 복지 개선 활동 추진
산업선교 활동	노동자 합숙소 등의 노동현장	하층 노동자	• 노동자 평신도 조직 운영 • 하층 노동자 대상 의식화 교육 실천 • 노동운동지도자 교육 훈련 실시 • 노동자 교회 설립 추진 • 하층 노동자 인권 보호 활동 전개

출처: 김기환(2010). 「황주석의 사회운동에 나타난 사회교육 원리에 대한 연구」. 동의대학교 석사학위논문. p. 56.

노동자 소집단 중심의 사회교육 활동

황주석은 노동자 교육 시기부터 소규모 학습조직인 학습동아리를 만들어 운영하게 하였다. 그는 제대 후 태양금속에 위장 취업하여 노동자들이 중심이 되는 독서모임을 만들었다. 이후 크리스천아카데미를 통해 알게 된 YH에서 소집단운동의 중요성과 성공 가능성을 확인하게 되었다.

그는 마산으로 내려가 마산YMCA의 간사로 일하면서 1년의 시행착오를 겪은 뒤 당시 한일합섬 여공들을 대상으로 소규모 독서모임을 시작하였다. 모임은 비교적 성공적으로 운영되었고, 이를 바탕으로 소모임 중심의 '사랑의 Y형제단'을 시작하였다. '사랑의 Y형제단'은 사회 변화가 사회의 소외되고 낮은 곳에서 시작되어야 한다는 그의 신념이 잘 나타난 대표적인 사회운동이라 할 수 있다. '사랑의 Y형제단'의 소집단 활동은 1부는 의식을 진행하고 2부는 영·지·체 관련 공부나 독서토론을 하는 방식으로 진행되었다. 초기에 많은 어려움을 겪은 '사랑의 Y형제단'은 기독학생조직이었던 C.C.C(대학생선교회) 및 J.O.C(가톨릭노동청년회) 등을 통해 세력을 확장하였으며, 이후 생활협동조합운동으로 발전하게 되었다.

지역주민 조직 중심의 사회교육 활동

황주석은 부천YMCA에서 노동자들을 대상으로 교양 강좌를 비롯한 소모임 중심의 활동을 지속했다. 그리고 당시 YMCA에서 운영하던 '아기스포츠단'을 통해 사회운동에 필요한 재정 문제를 해결하고 사회운동의 핵심적인 자원이 되었던 주부들을 발견하는 계기를 마련하였다. 이때 참여하였던 주부들은 훗날 황주석의 대중조직 사업에 중요한 원천이 되었다. 주부들이 중심이 되었던 '독서모임'과 '주부 아카데미', '촛불대학' 등은 그 당시 '아기스포츠단'의 부모가 시민운동의 대상이었음을 보여 준다.

한편, 이 시기 중요한 사회교육 활동의 사례로 생활협동조합운동의 성공적인 사례인 부천YMCA의 생협 '등대'운동을 들 수 있다. 생협 회원들의 지역 모임인 '등대'는 황주석이 추진한 소공동체 중심 사회운동의 핵심적인 역할을 하였으며

표 10-3 등대 의식 순서(30분)

순서	시간	내용	준비물	진행
여는 묵상	3분	묵상과 함께	음악, 명상의 글	맡은 이
노래	3분		노래책	다 같이
Y 목적문	1분			사회자
생활수칙	1분			다 같이
반계묵상	3분	반성과 계획에 대한 묵상		다 같이
계획기록	3분	계획을 노트에 기록		다 같이
계획나눔	5분	기록을 읽으며 간략히 설명		다 같이
수호쪽지	2분	수호지기 쪽지를 제비 뽑기		다 같이
기원	3분	본인과 지킬 촛불의 묵상 기원		다 같이
노래	3분			
마감묵상	3분	묵상		
계	30분			

준비물: (맡은이: 초, 성냥, 녹음기와 음악테이프, 명상문), (참가자: 노래책, 필기구, 촛불 노트)

출처: 황주석(2007). 『마을이 보인다 사람이 보인다』. 그물코, p. 93.

사회교육 차원에서 의식을 매우 중요시하였다. 생협 '등대'의 의식 순서는 〈표 10-3〉과 같다.

생협 '등대'는 지역사회를 하나의 소공동체 네트워크로 확산하여 실생활 속에서 공동체 학습을 지속적으로 이어감으로써 공동체의 성장과 사회문제 해결을 동시에 추구하였다. 이는 '사랑의 Y형제단'과 마찬가지로 '의식 함양형' 사회교육이면서 궁극적으로 사회 변화를 위한 실제 활동으로 이어지는 '사회변혁형' 사회교육이었다(김기환, 2010: 103).

표 10-4 지역주민 조직 대상 사회교육 활동

구분	활동 장소	대상	활동 내용
아기 스포츠단	부천, 광명	유아, 주부	• 유아 영·지·체 학습 프로그램 제공 • 학부모 참여 교육 프로그램 운영
독서모임	부천, 광명	주부	• 주부 대상 독서모임 조직 후 건강, 환경, 교육 등 주제별 독서 활동 • 정기적이고 자발적인 독서토론 지원 • 20여 개의 지역 주부독서 소모임 구성
주부 아카데미	부천, 광명	주부	• 주부 대상 인문, 교양, 환경 등의 다양한 주제로 프로그램 운영 • 자연, 언론, 생활, 교육 등의 주제로 구성된 4개 분과로 확대
촛불대학	부천, 광명	주부	• 촛불 대상 3개월 과정의 생명, 환경 등의 교양강좌 운영 • 자치소모임 구성을 통한 '등대' 조직 운영 능력 함양
생협 '등대'	부천, 광명	주부	• 지역을 지구, 마을, 등대, 촛불의 풀뿌리 공동체로 구성하여 등대의식, 등대활동, 실천활동의 1, 2, 3부로 구성된 영·지·체 프로그램 운영 • 자연환경 보전, 교육환경 개선, 언론매체 감시, 먹을거리 개선의 분과 운영 • 담배자판기 추방운동, 수은건전지 분리수거운동, 시의회 의정감시운동의 지역 문제 해결 활동

출처: 김기환(2010). 「황주석의 사회운동에 나타난 사회교육 원리에 대한 연구」. 동의대학교 석사학위논문, p. 88.

지금까지 살펴본 황주석의 지역주민 조직 중심의 사회교육 활동 내용을 정리하면 〈표 10-4〉와 같다.

가정 대상 사회교육 활동

황주석은 학생, 노동자, 주부 등을 대상으로 하는 사회운동을 거치면서 궁극적인 사회 변화를 이루기 위해 가장 중요한 기초 단위로서 가정에 주목하게 되었다. 그는 가정의 자치를 이루기 위해 가족들의 식사 시간을 매우 중요하게 생각하였으며, 식사 시간에는 준비된 저금통에 이웃을 위한 돈을 성의껏 모아서 이를 이웃을

표 10-5　가정 대상 사회교육 활동

구분	대상	활동 내용
가정에서 자기 나라 만들기	지역주민	• 가정 내에서 가정헌법, 가치 영토와 자치법, 의회 만들기 실천 및 주민 대상 활동 전개 • 촛불나라 만들기 모델 개발 및 확산
선헌식, 선분식	지역주민	• 식사 전 일정 금액을 통에 담는 선헌식, 가족에게 먹을거리를 나누는 선분식의 실천 • 가정 내에서의 선헌식과 선분식 실천을 전국의 가정을 대상으로 전개

출처: 김기환(2010). 「황주석의 사회운동에 나타난 사회교육 원리에 대한 연구」. 동의대학교 석사학위논문, p. 93.

돕는 데 사용하는 '선헌식', 옆 사람에게 먼저 먹을거리를 나누는 사람만 음식을 먹을 수 있게 하는 '선분식', 그리고 '가정내 나라 만들기' 등의 활동들을 구체적으로 실천하였다.

　지금까지 황주석이 참여한 사회교육 활동의 양상을 살펴보았다. 황주석의 사회교육 활동이 가지는 특징 중 하나는 대상이 다양하다는 것이다. 앞에서 살펴보았듯이 그의 사회교육 활동은 크게 4단계로 구분할 수 있는데, 단계마다 그 대상이 비교적 명확히 구분되고 있다. 구체적으로 살펴보면 기독학생운동기에는 도시 빈민층과 아동을 주 대상으로 하였으며, 마산YMCA 시절에는 마산과 창원 일대의 노동자들이 주 대상이었다. 부천YMCA 시절에는 노동자뿐만 아니라 주부를 대상으로 한 활동이 주를 이루었다. 마지막에는 주부가 중심이 되는 부엌 자치를 넘어 사회 변화의 최소 단위를 가정에서 찾고 가정이 바로 서는 다양한 활동을 전개하였다. 아울러 사회교육 대상의 흐름을 보면, 초기에는 포괄적이고 거시적이며 대중적인 측면이 있었다면 시간이 가면서 점차 미시적이면서 집중화되는 특징이 나타난다. 이러한 현상은 다른 사회교육사상가에게서 찾아보기 힘든 황주석만의 특징이라 할 수 있다.

황주석 사회교육사상의 내용과 성격

▪▪ 사회교육의 지향점

앞에서 황주석이 실시한 사회교육의 내용들과 그 특징을 대략적으로 살펴보았다. 여기서는 황주석의 사회교육 활동과 사상 속에 나타난 사회교육의 지향점을 살펴보고자 한다.

기독교 정신의 구현

황주석이 실천한 사회교육의 사상적 원천의 기본은 기독교 신앙이라는 점을 부인하기 힘들다. 그는 어려서부터 교회에 다니면서 접하였던 여러 사상적 영향으로 바른 삶에 대한 고민과 사회에 대한 관심이 남달랐다. 그 결과 그는 부모님의 뜻과 달리 한국신학대학교에 진학하였으며 대학 재학 중에도 한국기독총학생회(KSCF)에 가입하여 중추적인 역할을 맡게 된다.

> 어느 날 기독교회관에 볼일이 있어 들렀는데, 그때 한국 기독학생회총연맹이라는 진보적인 학생운동 단체가 빈민촌에 살면서 운동을 한다는 이야기를 들었습니다. ……(중략)…… 이것이야말로 한국 사회에서 꼭 필요한 운동이며 기독교인이라면 몸 바쳐서 해야 할 일이라고 생각하고 뛰어들게 되었습니다. 기독교 용어로 하나님의 구속사에 동참하는 것, 땅의 백성인 민중과 함께 아름다운 세계를 건설하는 것이 가장 올바른 것이라는 깨달음을 얻었습니다. 그동안 고민했던 철학적 물음의 답을 얻게 된 것입니다(황주석, 2007: 179-180).

이후 YMCA에서 직책을 맡아 여러 사회 활동을 전개하였는데, 이러한 상황들을 고려하면 그가 펼쳤던 사회교육 활동의 주요한 사상적 배경은 기독교적 사랑의 실천이라 할 수 있다. 다만, 그는 기독교의 형식적 교리에 대한 무조건적 수용보다 올바른 삶에 대한 해답을 기독교의 근본 정신에서 찾았으며, 그 해답을 사회교육을 통해 실현하기 위해 노력하였다(황주석, 2007: 154).

여성성에 근거한 생활가치 추구

황주석은 20세기까지는 남성우위의 시대라고 생각하였다. 남성 중심의 세상은 권력의 독점, 억압, 착취, 지배, 전쟁의 시대로 상징되며, 그로 인해 인류는 위험에 처했다고 보았다. 그는 이러한 위험을 극복하기 위한 대안을 여성에서 찾고, 여성성이라는 새로운 의미를 부여하였다. 여성성은 단순한 성별을 뛰어넘는 가치를 지닌다. 지금까지의 민중운동이 남성성에 근거하여 생존가치를 추구했다면 시민이 주체가 되는 새로운 사회운동은 여성성에 근거하여 생활가치를 추구해야 한다는 것이다.

> 생활가치는 무엇입니까? 생명가치, 지속가능한 삶, 쉽게 말하면 일용할 양식의 가치입니다. 소유에서 존재로의 전환, 무위자연의 가치입니다. 생활은 활기차고 싱싱한 삶입니다. 부(富)영양이나 빈(貧)영양으로는 이를 이룰 수 없습니다. 인정, 신뢰, 격려, 희생, 사랑의 영성이 함께 있어야 합니다. 생활가치는 영과 육에 모두 관계된 것입니다(황주석, 2007: 31).

그는 여성성의 가치를 해방과 자유, 참여와 자치, 생활과 협동을 지향하는 정신으로 규정하였다(황주석, 2007: 12). 여성성은 황주석이 추구한 새로운 가치 지향 운동의 토대로, 운동 초기에는 날카로운 면이 드러나지만 결국 운동이 성숙하게 되면 부드러움과 포용력을 가지게 된다고 보았다.

자치적으로 운영되는 지역공동체 구현

황주석이 추구한 사회운동의 터전은 마을이었다. 마을은 공동체의 원리를 토대로 존재해 왔다. 생활공동체뿐만 아니라 경제공동체로서 마을은 혈연을 떠나 식구와 같은 결속력이 있었다. 그는 근대에 들어와 마을의 모습과 가치는 점차 사라져 갔지만 오늘날 지역공동체의 중요성이 다시 커지고 있다고 보았다. 20세기 후반 들어 아파트 이름을 비롯한 곳곳에서 '마을'이란 용어를 사용하기 시작하는 현상을 보며 그는 공동체를 향하는 인간의 본성이 그 해체의 끝에서 자기도 모르게 새로운 공동체 '마을'을 희구하고 있음을 간접적으로 보여 주는 것이라고 했다(황주석, 2007: 14).

그런데 그가 추구하는 현대적 의미의 마을은 자치를 기반으로 하는 지역공동체였다. 주민들의 생활나라는 자결과 자치로 이루어진다는 것이다(황주석, 2007: 39).

> 자치란 사회 안에서의 자유입니다. ……(중략)…… 자치권은 인간에게 천부인권
> 입니다. 자치에 대한 갈망은 인간이 사회를 이루고 사는 이상 결코 사라지지 않을
> 생존을 위한 욕구입니다. 하물며 삶의 질을 높이고 자기를 실현해 갈 수 있는 사회
> 를 만드는 단계에서 자치란 무엇보다 소중한 것입니다. 자치야말로 민주주의의 토
> 대이며, 사회를 사회답게, 인간을 인간답게 만드는 힘이기 때문입니다. 자치하는
> 인간이 바로 주체적인 인간이며, 자치하는 사회가 바로 책임 사회이며, 자치하는 정
> 치가 이뤄질 때 비로소 민주주의가 꽃으로 피어나는 것입니다(황주석, 2007: 40).

이와 같이 황주석에게 있어서 자치적인 지역공동체의 형성은 사회교육의 궁극적인 지향점이었다.

대중이 주체가 되는 시민사회 구현

황주석은 사회운동의 원천을 대중에서 찾았다. 그는 학생운동 시절부터 이슈 중심보다 과제 중심의 운동을 추구하였고, 이후 YMCA를 중심으로 실천했던 사회운동 역시 그 대상은 노동자와 주부 등의 일반 대중이었다. 그는 우리 시대 사회운동의 가장 중요한 과제는 건강한 대중성을 회복하고, 시민이 주체가 되는 운동으로 거듭나는 것이라 하였다(황주석, 2007: 24).

> 우리가 지향하는 조직운동의 방식은 사실 수십, 수백만의 대중조직을 담는 것입니다. 거대한 집단일수록 소공동체가 중심이 되어야 합니다. 소공동체운동이 지향하는 것은 대중운동입니다. 대중조직을 '풀'이라고 하는데, 우리의 운동은 큰 호수, 댐을 만드는 운동이어야 합니다. 창조적 소수인 몇몇 뛰어난 사람들의 조직이 아닌 일반 시민들, 동네 주민들, 아줌마들을 모으는 것입니다(황주석, 2007: 91).

이와 같이 황주석의 사회교육실천에 중요한 원리인 소모임, 소공동체는 결국 일반 대중이 주체가 되는 시민사회를 지향한 것이었다.

▪ 사회교육의 본질

황주석은 사회운동가이자 누구보다도 사회교육의 개념과 원리를 깊이 이해한 사회교육 실천가이기도 하였다. 그의 사상 속에 나타난 사회운동과 사회교육의 관계, 그리고 그의 사상에 반영된 교육관의 특성 등을 살펴보면 다음과 같다.

진정한 사회운동을 위한 기초로서의 사회교육

황주석은 기존의 사회운동이 사회 변화 자체를 위해 개인을 수단으로 동원하거나 활용하는 방식에 대해 반대하였다. 대신 사회운동이 인간 성장 중심의 사회교육적 운동이 되어야 함을 강조하였다.

> 사회운동 안에서 다양성과 민주적 원칙은 약해지고, 대중은 동원되고 관람객으로 전락했습니다. 사회운동은 운동의 가장 중요한 핵심인 사람의 성장과 변화에 별 관심을 두지 않았으며, 시급한 이슈를 중심으로 제도 개선과 상부 구조를 개혁해 나가는 데 주안점을 두었습니다. 국가의 운영이나 사회운동도 반석 위에 집을 지을 준비를 전혀 하지 않았던 것입니다. 이것이 역사의 비극을 되풀이하게 만든 중요한 원인입니다. 우리 시대 사회운동의 가장 중요한 과제는 건강한 대중성을 회복하는

것, 시민이 주체가 되는 운동으로 거듭나는 것입니다. 즉, 사회운동은 인간성장 중
심의 운동, 사회교육적 운동이 될 때 그 진정성을 확보하게 될 것입니다(황주석,
2007: 23-24).

이와 같이 그는 개인을 수단시하는 사회운동을 거부하고 사회운동의 가장 중요
한 과제는 시민이 주체가 되고 성장하는 운동을 하는 것이라고 보았다. 그리고 이
렇게 시민이 주체가 되며 시민의 성장과 변화에 관심을 두는 사회운동을 사회교육
적 사회운동으로 보았다. 그런 면에서 볼 때 그에 의하면 사회교육은 진정한 사회
운동의 전제가 된다.

사회운동을 통한 개인의 성장 과정으로서의 사회교육

황주석은 개인이 사회운동에 참여하는 과정 자체를 하나의 교육적 과정으로 보
았으며 개인이 사회운동 과정에서 얻게 되는 경험의 교육적 가치와 효과를 중시하
였다.

진정한 사회운동은 교육과 같습니다. 아이들이 해결하지 못하는 문제를 풀기 위
해 '찍기 과외'를 시키면 그 아이가 언제 깨달을 수 있을까요? 깨달음과 이해를 통
해서만 바르게 성장할 수 있습니다. 오늘 못 푼 문제를 내일 이해해서 풀면 그 문제
를 해결함과 동시에 다른 유사한 문제를 풀 수 있는 능력을 갖추게 됩니다. 개인과
같이 사회와 대중도 이러한 성숙의 열매를 공유하며, 물려주고 물려받습니다.
1970년대 노동운동에서는 이런 말이 있었습니다. "싸우지 않고 올라간 임금보다
싸우면서 깎인 임금을 더 소중하게 생각하라."(황주석, 2007: 20)

앞에서 황주석이 말한 사회운동을 통한 성장은 일종의 무형식적 학습이라고 볼
수 있다. 이와 같이 그는 사회운동 자체를 중요한 교육적 성장의 소재이자 과정으
로 인식하는 사회교육자로서의 안목을 가지고 있었다.

의식화와 조직화의 통합으로서의 사회교육

황주석은 의식화와 조직화를 동시에 추구하는 것을 사회교육의 본질로 파악했다. 물론 이러한 인식에는 앞에서 살펴본 바와 같이 사회 변화를 지향하는 사회교육관이 전제되어 있다. 그의 사회교육실천에 나타난 의식화는 현장의 조직 속에서 이루어질 때 효과적이며, 의식화는 개인의 변화로 끝나는 것이 아니고 다양한 조직의 구성과 성장, 그리고 조직들 사이의 연대로 확장되어야 함을 보여 준다. 황주석에게 사회교육은 의식화만을 의미하는 것이 아니라 조직화도 포함하는 것이라고 볼 수 있다. 한편, 그는 의식화와 조직화의 통합이 가장 효과적으로 이루어지는 사회교육의 방법이 소집단의 활용이라고 생각하였다.

대중을 우선시하는 교육으로서의 사회교육

황주석은 사회 변화의 시작과 완성을 대중에서 찾았다. 그는 정치적 투쟁이 주를 이루었던 대학 시절부터 민중의 자발적인 조직화를 통한 지속적이고 근본적인 변화를 추구하였다.

> 사회 변화와 발전의 기본 요인은 여전히 대중의 몫이며, 대중이 자존을 회복하지 않고서는 역사의 발전은 없습니다. 이것이 대중노선의 기본 정신입니다(황주석, 2007: 41).

그는 기독학생운동기에는 빈민층을, 1980년대는 노동자를, 1990년대는 주부 및 지역주민을, 2000년대는 가정구성원을 중심으로 하는 사회교육에 집중하였다. 시대에 따라 사회교육의 구체적인 대상은 변했지만 전반적으로 평범한 대중을 우선시했다는 점에서 공통적이다. 기본적으로 그는 사회교육을 대중을 위한 교육으로 인식하였던 것이다.

◼◼ 사회교육의 실천 원리

황주석은 주로 사회운동 차원에서 사회교육을 실시하였다. 황주석이 사회교육을 실시하는 데 있어 적용한 실천 원리가 무엇인지를 구체적으로 살펴보면 다음과 같다.

사회단체 기반의 사회교육 실천

황주석은 주로 사회단체를 기반으로 사회운동의 차원에서 사회교육을 실천하였다. 그중에서 가장 중요한 토대가 되었던 단체는 YMCA이다. 그는 군 복무를 마친 후 마산 YMCA의 총무로서 본격적으로 사회운동을 시작하였고, 이후 수원과 부천의 YMCA를 거치면서 사회교육을 통한 사회운동을 전개하였다. 말년에는 한국 YMCA 전국연맹에서 활동하였다. 즉, YMCA는 황주석이 평생을 바쳐 실천한 사회교육의 바탕이 되었다. 그는 YMCA라는 단체를 통해 사회교육을 실천한 이유를 다음과 같이 밝히고 있다. 먼저, 한국 사회의 변화를 위해 가장 필요한 것은 대중 조직사업을 담아낼 그릇이 필요하다는 점이다. 둘째는 산업선교의 재정이 외국 원조에 의존하지 않는 조직, 즉 재정 자립이 되는 조직이 필요하였는데, YMCA가 그러하였다는 것이다. 셋째는 전국적인 조직망을 가진 단체가 필요했는데, YMCA가 그런 조건을 갖추고 있었다는 것이다(황주석, 2007: 189-192).

이처럼 황주석은 대중을 기반으로 하는 합법적 시민사회단체가 사회교육을 적극적으로 실천할 수 있는 발판이 될 수 있음을 인식하고 이를 적극적으로 활용했다. 이는 사회단체와 사회교육의 관계 정립에 시사하는 바가 크다.

학습자의 자발성과 자율성 강조

황주석의 사회운동은 처음부터 끝까지 노동자와 주부 등 그 대상들의 자발적인 참여를 통해 이루어졌다. 당시 민중운동은 대체로 엘리트 학생 혹은 교회 목사 등의 지도층이 일방적으로 끌어가는 형태가 주를 이루고 있었다. 하지만 황주석은 참여자의 자발성과 자율성이 없는 조직은 오래가지 못하고 추진하는 힘도 약할 것이라는 믿음을 가지고 그들이 자발적으로 참여할 수 있도록 다양한 노력을 기울였다. 이를 통해 형성된 마산의 '사랑의 Y형제단'은 그의 신념이 맞았다는 것을 확인시켜 주었다. 이후 부천YMCA에서 주부를 대상으로 한 생협 '등대' '촛불대학' 등 다양한 활동의 성공 역시 그들의 자발적인 참여가 밑바탕이 되었다.

　　자발성, 자율성이 없는 곳에서는 교육이 일어날 수 없습니다. 따라서 민중의 의식화, 조직화를 위해 소집단 운동론을 받아들였고, 그것이 발전하기 위해서는 철저하게 자율적이지 않으면 안 된다는 판단이 섰습니다. 이러한 판단이 '사랑의 Y형제단'으로 나아가게 한 것입니다(황주석, 2007: 157-158).

　　YH 경험을 통해 소집단 운동의 성공을 체험하고 '아카데미에서 배운 것이 맞다'는 확신을 갖게 되었습니다. 의식화, 성숙화가 성공하기 위해서는 그 모임이 자발적이어야 하며, 그것을 훼손하는 경향에 맞서야 한다는 것이 나의 운동 원칙이 되었습니다(황주석, 2007: 159).

이와 같이 그는 사회교육에 있어 무엇보다도 학습자의 자발성과 자율성을 강조하였으며, 이것은 소집단 운동의 활성화를 위한 밑거름이 되었다.

소집단을 통한 의식화와 조직화의 추진

황주석은 사회운동의 기초를 소집단에서 찾았다. 당시 사회운동은 박정희 정권에 저항하는 정치적 투쟁과 민중을 조직화하는 민중지향적 운동으로 양분되어 있었으나 민청학련 사건 이후 반독재 투쟁을 주장하는 세력이 왕성해지고 상대적으로 민중조직운동 세력은 약화되어 갔다. 하지만 황주석은 그런 환경 속에서도 '대중, 민중의 의식화 및 조직화는 역사 진보의 바탕이다'라는 신념으로 민중을 의식화하고 조직화하여 사회를 변화시키는 방법을 고수하였으며, 그 구체적인 방법을 소집단운동에서 찾았다.

> 우리가 말하는 대중조직은 수백 수천의 조직이 아니다. 수십만 수백만의 조직이
> 다. 이 대중조직은 생활에 뿌리박은 많은 소공동체를 바탕으로 삼고 그것이 서로
> 결합된 피라밋 형태의 조직이다. 결국 수십 수백만의 대중조직의 비밀은 소집단의
> 형태와 운영에 있다. 노동운동 · 농민운동 · 학생운동 · 주부운동의 모든 부문에
> 서, 환경 · 경제 · 정치의 모든 영역에서, 전국 모든 지역 곳곳에서 이런 소공동체
> 가 수도 없이 만들어져야 한다(황주석, 1993: 96).

이런 생각을 바탕으로 그가 마산YMCA에서 시도하였던 '사랑의 Y형제단'과 부
천 YMCA의 생협 '등대' 등은 황주석을 우리나라의 대표적인 소집단 사회교육전
문가로 자리매김하게 하는 구체적인 예다. 그는 생협 '등대'의 경우 개인 구성원
한 명 한 명을 '촛불'이라 불렀고 가까운 지역에 사는 촛불들로 구성된 소모임을
'등대'라고 불렀다. 행정구역상 같은 동에 있는 등대들이 모여 '마을'을 이룬다.
분과는 구성원들이 관심사별로 모여 연구하고 기획하는 일종의 참모조직이다. 이
러한 소집단들의 활용은 의식화와 조직화를 추구하기 위한 사회교육의 구체적인
실천 방법이었다.

의식과 상징의 활용을 통한 사회교육실천

황주석은 사회교육실천 과정에서 의식(儀式)과 상징을 매우 중요하게 활용하였
다. 그는 사회운동 단체나 소집단에서 교육 프로그램을 운영할 때 반드시 의식을
포함시키고자 하였다. 이러한 의식을 통해 회원들의 마음을 하나로 모으고 모임의
정체성을 확립하고자 하였던 것이다. 이 과정에서 상징도 효과적인 수단으로 활용
되었다.

> 프로그램은 재료를 다듬는 공정이라고 했습니다. 나중에 우리가 조직을 만들 때

그 조직이 굴러가기 위해 필요한 아주 정교한 것까지 이 공정 동안에 다듬어야 한다는 것입니다. 바로 낯선 것들을 익숙하게 만드는 과정입니다. 그 첫 번째가 바로 상징성입니다. 조직이 움직이는 데 상징이 가지고 있는 힘은 여러분들이 상상할 수 없을 정도로 큽니다. 여러분은 상징을 살리는 작업을 처음부터 해야 합니다. ……(중략)…… "여기 모인 사람들이 촛불대학이 끝나고 나서도 촛불처럼 살자는 것이 교육목표입니다. 우리를 촛불이라고 부릅시다."라고 하면 처음에는 특별한 대안이 없기 때문에 그대로 받아들이고, 익숙해지면 그것으로 그냥 갑니다. 그러면 우리는 상징이 가진 힘을 통해 등대와 촛불의 의미를 되살리면서 그 조직을 굴려가고 움직여 나가고, 어떤 목적을 향해서 활동할 수 있도록 도울 수 있습니다. 이런 것이 상징이 가진 힘이기 때문에 상징을 교육기간, 촛불대학 기간 동안에 충분히 거부감 없이 받아들일 수 있도록 만들라는 것입니다(황주석, 2007: 139-140).

여기서는 '촛불'이라는 상징의 활용이 회원들의 결속과 사명감 증진에 큰 효과가 있었음을 보여 주고 있다. 이처럼 그는 의식과 상징을 사회교육 조직 내부의 정체성 형성과 통합을 위한 방법으로 적절히 활용하였다.

■ 사회교육자의 요건

황주석은 평생 사회교육자의 삶을 살았으며 이론을 통해서도 사회교육자의 사명과 역할에 대해 강조하였다. 그의 이론과 실천을 통해 나타난 사회교육자의 요건에 대해 살펴보면 다음과 같다.

비판적 사회의식에 기초한 실천력

황주석의 사회교육사상에 비추어 볼 때 사회교육자에게 요구되는 조건 중의 하나는 삶 속에서 정의롭지 못한 이슈를 발견하고 이를 남들과 공유하며 해결하고자 하는 실천력이다. 이와 관련된 그의 주장을 살펴보면 다음과 같다.

우리에게 필요한 전문성은 이론이 아니라 이를 실천하는 힘입니다. 우리는 사상
가적 삶을 살아야 합니다. 사상은 동네 아주머니도 가질 수 있습니다. 평범하기 이
를 데 없는 사람들이지만 사상을 가진 이들이 모이면 그들의 일상생활에서, 길거리
에서 이슈가 넘쳐납니다. ……(중략)…… 작은 골목에서 찾아낸 이슈가 전국으로
퍼지고 세계로 연결됩니다. 바로 동네 안에 국가가 있고 세계가 있는 것입니다. 일
상의 삶과 주변에서 느낀 '불편해, 이상해, 어색해'가 다수에게 공명을 일으키는
것이 시민사회 대중운동의 출발점입니다(황주석, 2007: 113-114).

　그런 점에서 황주석의 사회교육사상에 비추어 볼 때 사회교육자는 누구보다도 지
역주민이나 학습자들이 겪고 있는 삶의 작은 문제와 교육적 요구에 민감하게 반응
하고 이를 해결하고자 앞장서는 사명감과 실천력을 겸비한 인물이라고 할 수 있다.

□ 주민자치연구 모임 황주석 회장

"자치모임은 생활민주화 원동력"

"지방자치시대엔 노동자·농민 못잖은 새
로운 사회개혁 세력이 등장하기 마련입니
다. 바로 '주민'이죠. 아줌마와 슈퍼마켓 주
인, 세탁소 아저씨들이 그 주역입니다. 주민
들의 생활에 뿌리박은 자치공동체의 중요성
은 여기에 있습니다."

올해로 모임 3년째에 접어든 수도권주민
자치연구모임의 회장 황주석(48)씨는 "어용노
조와 민주노조의 대립처럼 관의 입김으로부
터 독립한 주민들의 자치모임이 더욱 중요해
지는 시기"라고 강조했다. 신도시 아파트단지
는 그런 점에서 연구자의 중요한 관심 대상이
다. 아파트 주민자치회가 마을의 주거환경과
교육문제 뿐 아니라 공동의 놀이문화까지 아
우르는 일상의 공동체를 실현하는 바탕이 되
기 때문이다.

"그간의 사례를 분석해보면 자치회가 바
뀌면 마을의 분위기도 바뀌죠. 주민들의 자
치 소모임과 자치조직이 활성화될수록 이웃
과 더 가까이 어울리고 마을일도 공동으로
처리하게 됩니다. 중앙정부와 자치단체를
민주화하는 데에도 주민들이 큰 몫을 해내

고요." 그런 점에서 집단민원운동은 아주 낮
은 차원의 주민자치 활동이지만 생활에 뿌
리박은 자치의 소모임들은 생활을 민주화하
는 원동력이 된다는 것이다.

최근 일본의 주민자치 활동사례를 보고온
황씨는 "지역마다 '길 만들기'라는 마을 가
꾸기 운동이 한창인데 길을 닦고 축제를 여
는 지역활동을 주민 스스로 하면서 공동체의
정을 나누는 모습이 인상적이었다"고 말했다.

경기 안양에서도 지난해부터 비슷한 활동이 이
뤄지고 있다. 마을을 순찰하면서 쓰레기·주거
환경 등 문제를 주민이 공동으로 고쳐나가거나
관청에 개선을 요구하는 '동네 한바퀴 순찰함' 운
동이 그것이다. 황씨는 이런 생활자치의 활동에
큰 기대를 걸고 있다. 생활자치가 주민자치의
초석이란 믿음 때문이다.

연구모임엔 서울·인천·수원·성남 등
수도권의 시민단체와 교수·시의원 등 모두
45명이 참여해 매달 한번씩 지방자치시대에
주민자치가 나아갈 참모습에 관한 의견과
정보를 나누고 있다.

오철우 기자

1997년 3월 14일 한겨레신문에 소개된 황주석

http://newslibrary.naver.com/viewer/index.nhn?articleId=1997031400289111005&editNo=6&printCount=1&publish
Date=1997-03-14&officeId=00028&pageNo=11&printNo=2827&publishType=00010

생활 현장에 대한 전문적인 이해와 경험

황주석은 단순히 기법에 충실한 전문가가 아니라 사회 각 부문에서 사람들이 처한 상황과 요구를 실질적으로 이해하고 경험을 함께 나누는 전문가가 필요하다고 주장하였다. 즉, 교육방법도 중요하지만 무엇보다 내용적인 면을 이해하는 교육전문가가 필요하다는 것이다.

> 정치적인 운동을 통한 사회 구조의 변화는 궁극적인 목표다. 따라서 그곳으로 가는 길은 당장이 아니라 상당히 오랜 기간의 노력이 있어야 다가갈 수 있다. ……(중략)…… 지금까지 우리 사회운동은 전술 소집단들 하나하나가 자신을 전략사령부라고 착각하고 섣불리 다른 영역과 부문을 지휘·통제하려 해 왔다. ……(중략)…… 앞으로 우리는 진정한 프로페셔널들로 구성된 전략사령부를 구성해야 한다. 이러한 전략사령부가 생겨날 수 있으려면 먼저 각 부문·영역 운동이 성숙한 단계로 접어들어야 할 것이고 거기서 훈련되고 숙련된 운동의 지도부가 배출되어야 할 것이다(황주석, 1993: 87-88).

같은 맥락에서 그는 많은 청년, 학생들이 주민운동, 생활운동, 지역운동, 시민운동에 깊은 관심을 가지고 참여해 들어와서 현장에서의 구체적 실천에 근거한 운동을 성실하게 배우고 그 안에서 전문가로 단련되어 가기를 진심으로 희망했다(황주석, 1993: 88). 사회교육의 관점에서 이는 사회교육전문가가 단지 운동이나 교육의 기법만이 아니라 그 현장과 대상에 대한 깊이 있는 이해와 실천 경험을 가져야 함을 의미한다.

소집단 구성과 조직 간의 연대를 위한 전문성

앞에서 살펴보았듯이 황주석은 무엇보다도 사회의식을 가진 수많은 소집단이 형성되고 이 소집단들이 서로 연대해야 한다고 강조하였다. 사회교육의 차원에서 이는 바로 전국 각지와 각각의 영역에서 수많은 사회문제해결형 학습동아리들이 형성되는 것이다. 황주석의 소집단을 통한 사회운동을 사회교육과 연결 짓는다면, 오늘날의 사회교육자에게는 지역 단위 포괄적 학습동아리와 세부 분야 전문적 학습동아리들의 구성과 네트워크에 필요한 전문성이 요구된다. 일반강의식 프로그램의 참여자들이 과정을 마친 후에도 학습동아리 활동에 참여할 수 있도록 학습동아리의 구성과 유지를 지원하는 것, 학습동아리 리더를 위한 교육을 지원하고 학습 자료와 정보를 제공하며 학습동아리를 통한 학습 성과를 발표하거나 공유할 수 있도록 돕는 것, 더 나아가 이러한 각 학습동아리들이 다른 학습동아리나 유관 조직들과 연대할 수 있도록 지원하는 능력이 사회교육전문가에게 요구된다(오혁진, 2006).

황주석 사회교육사상의 의의

황주석은 한국신학대학교에 입학하여 소외 계층에 관심을 가지고 사회운동을 시작한 이후 주로 YMCA를 중심으로 노동운동과 시민운동, 지역공동체운동에 앞장선 사회운동가이자 사회교육자였다. 말년에는 사회 변화의 기본 단위는 가정이라 여기고 가정을 중심으로 하는 사회교육 활동을 전개하였다. 황주석은 시대적 요구에 부응하여 사회적 약자의 편에서 건전한 사회 변화를 추구했던 사회운동가였지만 누구보다도 사회교육의 본질과 가치를 이해하고 있었던 사회교육자이기도 하였다. 황주석은 사회의 변화와 시대적 요구에 맞추어 사회운동을 추구하되 사회교육의 원리를 적용하기 위해 노력한 대표적인 사회교육사상가라고 할 수 있다. 여기서 황주석의 사회교육사상이 현대 사회에 주는 의의를 살펴보면 다음과 같다.

첫째, 황주석의 사회교육사상은 시민운동과 사회교육의 동반자적 관계를 현대적인 맥락에 맞게 보여 준 전형적인 사례라고 할 수 있다. 세계 각국에서 사회교육은 시민운동과의 연계 속에서 발전하였다(Jarvis, 1993). 우리나라의 YMCA나 흥사단도 그러한 예라고 볼 수 있다. 시민사회가 더욱 성숙해짐에 따라 시민교육은 점차 학습자들의 자발적 참여와 집단적 학습을 중요시하였는데, 프레이리(Paulo Freire)의 문화 서클운동, 마이클 호튼(Myles Horton)의 하이랜더, 스웨덴의 스터디 서클운동 등이 그 사례다(Freire, 2009; Oliver, 1987; 오혁진, 2012). 황주석의 사회교육 실천은 바로 이러한 현대적인 시민교육의 추세를 반영하는 한국의 대표 사례라고 할 수 있다.

둘째, 황주석의 사회교육사상은 도시 중심 지역사회 교육의 현대적 모델을 제시했다는 점에서 의의가 크다. 우리나라 사회교육의 역사에서 지역공동체의 형성과 발전은 매우 큰 비중을 차지하고 있다(오혁진, 2006). 지역공동체는 많은 사회교육자들에게 실천의 중요한 장으로 인식되어 왔다. 당시 사회운동의 흐름이 주로 정치사회 문제에 초점을 둔 거대 담론에 치우친 경향이 있었던 반면, 황주석은 철저히 지역공동체 내의 생활 문제에 관심을 두었다. 그가 마산YMCA를 거쳐 부천 YMCA에서 추구하였던 사회교육은 지역의 노동자와 주부, 주민의 자발적인 참여를 토대로 지역의 생활 중심 문제들에 대한 해결책을 찾는 데 가치를 두고 있었다. 즉, 지역사회를 원천으로 지역에 뿌리를 두고 지역주민의 자발적인 참여로 이루어진 지역밀착형 사회교육의 본보기라 할 수 있다. 황주석이 추구했던 지역공동체 사회교육은 오늘날 이루어지고 있는 마을만들기와 같은 지역사회개발사업과 다양한 지역공동체 지향적 사회교육을 실천하고자 하는 실천가들에게 많은 시사점을 주고 있다.

셋째, 황주석의 사회교육사상은 소집단을 통한 의식화와 조직화 통합의 선도적인 모델을 제시하였다는 점에서 의의가 크다. 사회교육에서 의식화와 조직화는 매우 중요한 과제라 할 수 있다. 황주석은 사회 변화를 이루어 내기 위해서는 의식화뿐만 아니라 조직화도 필요하다고 생각하였다. 그가 추구한 의식화와 조직화는 참여자의 자발성을 기반으로 한 소집단을 중심으로 이루어졌다. 특히, 소집단에의 의식과 상징의 활용은 황주석 사회교육사상의 특징이라고 할 수 있다. 그가 의식화, 조직화 차원에서 실천했던 소집단의 구성과 의식 및 상징의 활용은 오늘날 사회교육 현장에서 적극 수용하여야 할 중요한 요소임에 틀림없다.

이와 같이 황주석이 추구한 사회운동에는 민중이 있었고 교육과 학습을 위한 소집단이 있었으며, 생활가치를 존중하는 시민사회와 지역공동체가 있었다. 그는 이념보다 생활에서 주제를 찾았으며, 중앙보다 지역을 기반으로 했다. 특히, 소집단을 육성하여 그것을 기반으로 세력을 점차 확대해 나가는 방법, 다시 말해 철저히 대중조직을 구성한 뒤 점차 세력을 확장함으로써 궁극적으로 사회 변화를 지향한 점은 황주석 사회교육사상의 가장 큰 의의라고 할 수 있다. 이는 사회교육에서 중요하게 다루어야 할 과제인 개인의 변화와 사회 변화의 통합, 교육적 가치와 사회적 가치의 통합, 의식화와 조직화의 통합을 위한 이론적, 실제적 기초를 제공한다 (오혁진, 2012). 그런 점에서 그의 사회교육사상을 더욱 구체화하여 시민교육과 지역사회교육에 적용하기 위한 노력이 요구된다.

결론: 한국 사회교육사상의
특질과 현대적 의의

    지금까지 10명의 한국 사회교육사상가들을 대상으로 각각의 생애와 사회교육 사상을 구체적으로 살펴보았다. 각 사회교육사상가들의 삶 속에서 학교 형태의 사회교육, 사회단체나 조직을 통한 사회교육, 지역공동체 형성과 마을만들기 형태의 사회교육, 일과 학습이 병행된 사회교육, 학습공동체 형태의 사회교육, 언론을 통한 사회교육, 대중강연 형태의 사회교육 등의 다양한 사회교육 활동이 이루어졌다.

    각 사회교육사상들은 나름대로의 특징을 지니고 있다. 또한 시대별로 강조된 교육 목적과 교육 내용에는 다소 차이가 있었다. 그럼에도 불구하고 한국 사회교육 사상가들 사이에는 전반적인 공통점도 있다. 다음에는 한국 사회교육사상가들의 사상을 좀 더 일반화하여 한국 사회교육사상의 시대별 특질과 사회교육사상의 구성 요소별 특질이 무엇인가를 정리해 보고자 한다. 또한 한국의 사회교육사상이 현대에 주는 의미와 앞으로의 과제에 대해 제시해 보고자 한다.

한국 사회교육사상의 시대별 특질

먼저, 각 사회교육사상가들의 사회교육사상이 한국 근현대사 시대별로 어떠한 특질을 나타내는지를 살펴보면 다음과 같다.

■ 구한말

이 시기 사회교육의 지향점은 외세의 침탈이 거세지는 상황 속에서 자주적이고 근대화된 국가를 형성하는 것이었다. 이를 위해 서구의 기독교적 이념이 토대를 이루었다. 그들은 평등교육을 지향하며 공교육체제의 시급한 도입을 촉구하는 한편 직접 사회교육을 통한 교육적 실천에 앞장섰다. 그 시기에는 대중 집회와 민족계몽단체, 신문을 통해 민중의 각성을 촉구하는 민중계몽적 사회교육 원리가 대세를 이루었다. 이 시기 사회교육자에게 가장 필요한 요건은 대중 집회의 구성과 대중연설 능력 등이었다. 이 시기에는 조직적인 사회교육보다는 대중 집회 형식의 사회교육이 많이 이루어졌기 때문이다. 점차 사회교육을 주로 실시하는 사회단체가 늘어남에 따라 계몽단체의 구성과 운영, 단체 회원의 교육을 위한 능력도 요구되었다.

■ 일제강점기

이 시기에는 국권을 빼앗긴 상황에서 교육을 통한 독립 역량의 배양이 가장 큰 과제였다. 사회교육사상가들은 사회교육을 통해 민족의 계몽과 실력 양성, 민족지도자의 양성, 이상촌 또는 모범농촌의 건설을 추진하였다. 사회교육사상가들은 정규 학교교육이 일제에 의해 통제되고 있는 상황에서 민족의 독립 역량 배양과 농민들의 빈곤 문제 해결의 방법을 다양한 형태의 사회교육에서 찾았다. 그런 면에서 이 시기 사회교육은 일제에 의해 실시되는 학교교육의 대안적인 성격이 강했다. 이 시기 사회교육사상가들은 민족계몽을 강조하면서도 편협한 민족주의의 틀에 갇히는 것에 대해서는 대체로 비판적인 입장을 취하였다. 즉, 세계보편주의의 틀 안에서 민족교육을 추진했던 것이다. 또한 이 시기 사회교육사상가들은 전통적인 인성교육 이외에도 실무기술교육도 중시하여 덕·체·지의 전인교육을 지향하였다. 민족교육, 평민중심교육, 전인교육, 이상촌운동, 공동체 지향적이라는 의미에서 덴마크의 그룬트비히 사회교육사상의 영향을 많이 받기도 하였다.

이 시기 사회교육사상가들은 학습자들과의 공동체적 삶의 교류를 사회교육의 주요 원리로 추구하였으며 인격을 바탕으로 한 솔선수범을 교육의 원리로 실천하였다. 또한 이 시기에는 YMCA, 흥사단, 오산학교와 같이 교육기관이 독립운동 및 이상촌운동을 위한 조직을 겸하는 경우도 많았다. 이에 따라 사회교육에서 중시되는 의식화와 조직화의 결합이 이 시기부터 본격적으로 사회교육 실천원리로 부각되기 시작했다. 특히, 도산 안창호의 경우는 교육을 독립을 위한 핵심요소로 인식하면서도 독립전쟁의 필요성을 배제하지 않았다는 점에서 사회 변화를 위한 교육의 가능성과 한계에 대해 균형 잡힌 인식을 하고 있었음을 알 수 있다.

■ 국가 재건기

이 시기 사회교육사상가들의 일차적인 관심은 해방 이후 한국전쟁을 거치는 과정에서 이념적인 갈등과 경제적 파탄을 극복하고 일반 대중을 중심으로 건전한 국가의 토대를 형성하는 데 있었다. 그들은 해방 이후 문해교육이 중시되는 상황에서 민족의 언어와 역사의 중요성을 강조하였으며, 학교교육이 여전히 주지주의적 전통과 엘리트 중심에 머물러 있는 것을 비판하며 생활 및 지역사회, 특히 농촌과의 연계성을 강조한 대안적 사회교육을 실천하였다.

정치이념적인 측면에서 이 시기 사회교육사상가들은 민주주의를 지향하되 공산주의에 대한 비판과 아울러 자본주의의 한계에 대해서도 날카롭게 비판하는 중도적인 입장을 취하였다. 사회교육자의 요건으로는 유기적 지도자로서의 리더십, 평민의 언어와 역사에 대한 존중, 교육적 사명감 등이 강조되었다. 특히 함석헌, 이찬갑과 같은 사회교육사상가들은 해방 이후 우리 정부에 의해 국민교육이 확대되며 국가통제의 양상이 나타나기 시작하는 상황에서 공교육제도의 형식성과 정치성을 비판하였으며 이러한 제도적 교육의 대안으로서의 사회교육을 주장하였다.

■ 경제발전 및 민주화운동기

우리나라가 경제적으로 고도의 성장을 이루는 반면, 역대 군사정권에 의한 민주주의의 파괴와 국가주의의 강화, 인구의 도시 집중과 빈부 격차의 심화 등이 이루어지는 상황에서 사회교육사상가들은 기독교적 인간 해방, 민주화, 도시 빈민의 인간화, 평화적 남북통일, 국가주의를 초월한 세계주의 구현, 생태공동체의 형성, 주체적인 지역자립공동체의 구현 등과 같은 선진적인 가치를 지향하였다. 특히 배민수와 김용기는 그룬트비히의 삼애정신과 맥을 같이하여 지역공동체 형성과 지역의 경제적 자립에 이바지하기 위한 농촌지도자 양성에 매진하였다.

한편, 이 시기의 사회교육사상가들은 국가 권력이 학교교육과 사회교육에 영향을 미치는 것을 비판하며 사회의 민주화를 추구하는 대안적인 사회교육을 추구하였다. 또한 빈부 격차가 심화되는 상황에서 농민은 물론 노동자, 도시 빈민의 삶과 함께하며 그들이 주체적으로 삶을 변화시킬 수 있는 인간 해방과 의식화 중심의 사회교육을 추진하였다. 이들 사회교육사상가들은 사회교육 실천가가 갖추어야 할 요건으로 교육과 정치, 교육과 금력과의 관계를 인식하고 비판할 수 있는 사회과학적 안목을 강조하였다. 또한 권력의 탄압에 굴복하지 않고 민중과 교류하며 그들의 권익 향상을 위해 앞장설 수 있는 용기와 역사적 소명감 등을 중시한 점도 이 시기 사회교육사상의 두드러진 특징이라고 할 수 있다. 특히, 함석헌과 허병섭 등은 상대적으로 도시 빈민과 노동자를 중심으로 민중주도적인 사회교육을 강조했다는 점에서 차이가 있다. 또한 황종건은 제도권 학교교육의 단절성과 폐쇄성, 편협성을 비판하면서 교육의 수직적·수평적 통합을 강조하는 평생교육 이념을 확산하는 데 기여하였다.

■ 시민사회 성장기

민주화운동의 결과로 권위주의 정권이 물러난 상황에서 사회교육사상가들은 사회교육을 통해 우리 사회 전반에 걸쳐 민주주의가 확산하고 시민사회가 성숙할 수 있도록 노력하였다. 그들은 전통적인 복지적 차원의 '평생교육' 이념을 구현하기 위한 국가의 역할을 강조하는 한편, 무분별하게 퍼지는 사회교육의 상업화에는 우려를 표명하며 사회교육철학의 확립을 강조하였다. 교육의 목적과 내용 측면에서는 민족주의나 민주화와 같은 커다란 주제보다는 생활 문제의 해결과 도시형 지역학습공동체 형성을 주요하게 다루었다. 이를 위해 교육 방법에서도 일방적인 강의나 지도보다는 학습자들이 함께 모여 대화와 토론을 통해 자신의 문제를 해결하도록 지원하는 소집단 중심의 사회교육 활동을 중시하였다. 이에 따라 학습자의 구체적 생활 현장에 대한 전문적 이해, 학습자와의 교류 능력, 소조직 구성 및 운영의 전문성 등이 사회교육자의 중요한 요건으로 부각되었다. 특히 허병섭은 민중이 스스로 경제적 문제를 해결하기 위한 생산자협동조합형 사회교육의 모델을 보여주었으며, 황주석은 지역학습공동체를 통한 의식화와 조직화의 통합 원리를 실천적으로 보여 주었다는 점에서 의의가 있다.

■ 복지 및 세계화 병행기

이 시기의 사회교육사상가들은 대부분 만년에 병고 등으로 활발한 활동을 하기 어려웠던 시간이었으며, 그들이 작고한 이후에도 이런 추세가 계속되고 있기에 이 시기를 대표하는 사회교육사상가들의 사상을 정확히 추론하기는 어렵다. 그러나 전반적으로 위의 사회교육사상가들은 전통적인 의미의 사회복지 확립과 신자유주의적인 경제적 세계화가 동시에 진행되는 상황에서 신자유주의를 비판하고 전통적인 사회복지지향적 사회교육의 확산을 강조하였다. 국가와 자본에 의해 평생학습이 통제되어 무분별한 제도화가 이루어지고 교육의 상품화 현상이 확산되는 것에 대해 비판적인 입장을 취했다고 볼 수 있다. 반면, 생태주의를 강조하는 사회교육이 지속적으로 강조되었으며 대중의 일상생활 속에서 삶의 개혁과 연대를 위한 사회교육이 더욱 강조되었다. 한편으로 진정한 의미의 국제협력을 위한 사회교육의 역할도 강조되었다. 그런 면에서 이 시기 사회교육사상가들은 국제이해력, 보편적인 인류애를 추구하며 신자유주의와 양극화에 대한 사회적 비판의식을 갖추면서 사회교육 전반에 관한 전문성을 갖춘 사회교육자가 필요함을 강조했다고 볼 수 있다.

표 결-1 한국의 시기별 사회교육사상의 특질

시 기	주요 사회교육사상가	사회교육의 토대 및 지향점	사회교육의 본질	사회교육 실천원리	사회교육 실천가의 요건
구한말	이상재 안창호	• 근대국가 건설 • 평등한 공동체 • 서도서기의 이념	• 민중계몽 수단으로서의 사회교육 • 사회평등의 기제	• 자발적인 의식의 각성 지향	• 뛰어난 연설, 교수법 • 조직구성의 전문성
일제 강점기	이상재 안창호 이승훈 배민수	• 교육을 통한 민족의 개조와 독립 • 세계주의를 지향하는 민족교육 • 모범농촌 건설 • 평민지향적 인간 존종	• 독립을 위한 핵심 요소로서의 사회교육 • 민족계몽 수단으로서의 사회교육 • 교육과 산업의 연결서의 사회교육	• 전인교육 • 실무지향적 교육 • 솔선수범의 원리 • 리더 양성 강조 • 교육과 조직운동과의 연계	• 수양과 실천 겸비 • 뛰어난 연설, 교수법 • 정의적 측면 잘 활용 • 공동체 구성원과 함께 하는 삶 • 조직구성의 전문성 • 추진력과 실천력

국가
재건기
	배민수
	함석헌
	이찬갑
	김용기
		• 자본주의 한계
		  극복
		• 공산주의의 극복
		• 농촌개발
		• 건전한 국가토대
		  성립
			• 근대교육의 형식
			  성, 제도화 비판
			• 제도권 교육의 대
			  안으로서의 사회
			  교육
				• 평민지도자양성중
				  심의 사회교육 실천
				• 민족의 역사와 말
				  의 중요성 강조
				• 농촌실무교육 강조
					• 유기적 지도자로
					  서의 리더십
					• 평민의 언어와 역
					  사에 대한 존중
					• 교육적 사명감

경제
발전 및
민주화
운동기
	함석헌
	김용기
	황종건
	허병섭
	황주석
		• 기독교적 인간해방
		• 민주주의 구현
		• 도시 빈민의 인간화
		• 평화적 남북통일
		• 국가주의를 초월한
		  세계주의 구현
		• 생태공동체의 형성
		• 주체적인 지역자립
		  공동체의 구현
			• 사회와 밀접한 관
			  계를 갖는 교육
			• 민중지향적 교육
			• 사회교육을 통한
			  사회변혁의 가능성
			• 평생교육의 하위
			  개념으로서의 사
			  회교육
				• 국가권력의 교육
				  지배 극복
				• 정신과 종교의 강화
				• 민중주도 및 민중
				  문화 중심의 교육
				  강조
				• 인격의 성숙과 조
				  직화의 조화
				• 민중의 생활 속에
				  침투하는 비정규
				  적 교육
					• 교육과 정치와의
					  관계 인식
					• 역사적 소명감
					• 민중과의 교류
					• 민중의 상황과 요
					  구에 대한 민감성
					• 사회과학적 안목

시민
사회
성장기
	황종건
	허병섭
	황주석
		• 시민사회의 성숙
		• 생활가치 지향
		• 지역시민공동체
		  구현
		• 평생교육 이념 구현
			• 공공재로서의 사
			  회교육
			• 국가적 책무로서
			  의 사회교육
			• 사회운동 활동의
			  교육적 가치
			• 진정한 사회 변화
			  요건으로서의 사
			  회교육
				• 사회교육철학 강조
				• 학습자의 삶 속에
				  서의 만남과 이해
				  강조
				• 대화와 토론 강조
				• 소집단을 통한 의식
				  화와 조직화 추진
					• 의식과 상징 강조
					• 사회교육철학의
					  확립
					• 구체적 생활현장에
					  대한 전문적 이해
					• 학습자와의 교류
					  능력
					• 소조직 구성 및 운
					  영의 전문성

복지 및
세계화
병행기
	황종건
	허병섭
	황주석
		• 신자유주의 극복
		• 세계주의 지향
		• 생태적 공동체 형성
			• 무분별한 교육제
			  도화의 대안으로
			  서의 사회교육
			• 교육의 상업화 대
			  안으로서의 사회
			  교육
				• 민중교육과 생태
				  교육의 연결
				• 대중을 기반으로
				  한 사회교육 실천
					• 국제이해력
					• 사회적 비판의식
					• 사회교육 전반에
					  관한 전문성

한국 사회교육사상의 세부 주제별 특질

여기서는 한국 사회교육사상가들의 사상을 종합하여 주제별로 한국 사회교육사상의 일반적인 경향과 특징을 살펴보고자 한다.

■ 사회교육의 토대 및 지향점

한국의 사회교육사상가들이 사회교육 실천을 위한 토대로 삼거나 사회교육 실천을 통해 지향했던 가치들에 대해 살펴보면 다음과 같다.

첫째, 바람직한 인간과 사회의 모습에 관한 종교적 신념이다. 사회교육사상가들이 토대로 삼거나 지향하는 궁극적 가치에는 종교적 신념에서 비롯된 것이 많았다. 특히, 근현대 한국 사회교육사상사 차원에서 의미 있는 족적을 남긴 사회교육사상가들 중에는 기독교인들이 많았다. 개화기 이후 전체 인구에서 기독교인들이 차지하는 비중이 작았던 시기에도 사회지도층에서 기독교인이 차지하는 비중은 매우 높았으며 이후 기독교 인구의 급속한 팽창과 더불어 3 · 1운동, 정부 수립 등에 미친 기독교의 영향력이 매우 컸다는 점을 고려할 때 한국 사회교육사상가들 중에 기독교인이 많았다는 점은 결코 우연이 아니라고 할 수 있다. 사회교육사상가별로 전체적인 사상체계에서 기독교가 차지하는 위상이나 구원관, 내세관, 사회관 등에 대한 구체적인 신념에는 다소 차이가 있었지만 그들의 신앙관은 비교적 내세지향적, 개인 구원 중심, 기복적 경향보다는 현실참여적, 사회 구원, 공동체 지향적인 모습이 강했다. 그런 면에서 그들은 상대적으로 사후 내세를 위한 천국보다는 현실 속에서 '하나님 나라'를 구현하는 데 관심이 많았다. 즉, 내세를 부인하지는 않더라도 현실 속에서 해야 할 기독교인으로서의 책임을 강조하였던 것이다. 도덕성에 기초한 하나님 나라 구현, 사회참여적 기독교 세계관의 구현, 점진적이고 평화로운 하나님 나라의 구현, 평민중심의 기독교 인간관 구현, 기독교 정신에 기초한 인간 해방 등의 가치가 이에 해당된다.

둘째, 사회교육사상가들은 민족과 국가에 대한 책임을 강조하였다. 특히, 구한말과 일제강점기의 사회교육사상가들은 민족주의에 입각하여 사회교육을 통한 민족의 개조와 독립을 강조하였다. 해방 이후 비민주적 정부가 '민족주의'와 '국가주의'를 강조하며 학교교육과 사회교육을 정치적으로 활용하려는 경향이 강해짐에 따라 사회교육사상가들이 이에 대해 일반적으로 비판적인 입장을 취하게 되었지만 민족이나 국가의 기본적인 가치까지 거부했다고 보기는 어렵다. 그들은 사회교육을 통해 건전한 민족의식을 형성하고 민주적이고 복지가 잘 이루어진 국가를 형성하는 데 관심을 가졌다. 특히, 함석헌은 남북이 분단된 상황에서 개성과 조화를 이루는 남북통일의 국민적 성격 형성에 많은 관심을 기울였다.

셋째, 민주적인 시민사회의 형성이다. 사회교육사상가들은 일반적으로 민주적인 가치를 지향하였으며 사회교육을 통해 성숙한 시민사회를 만들기 위해 노력하였다. 평등한 유기적 공동체의 구현, 대공주의에 입각한 민주시민교육, 서구 자본주의와 공산주의의 한계 극복, 평민지향적인 인간중심 사상, 자립적인 근대 시민국가 건설, 권력의 부당한 지배가 없는 사회 구현, 열린 자치적 공동체 구현 등이 여기에 해당된다.

넷째, 인류 보편적 가치를 추구하는 세계주의의 지향이다. 사회교육사상가들은 대체적으로 사회교육을 통해 편협한 민족주의나 국가주의를 초월하여 세계가 하나 되는 세계 평화를 추구하였다. 이른바 'Think globally, act locally'의 원리를 추구했다고 볼 수 있다. 국가주의를 초월한 세계주의 구현, 인류 보편적 가치를 추구하는 열린 공동체 형성 등이 여기에 해당된다.

다섯째, 자립적 지역공동체의 형성이다. 사회교육사상가들은 전반적으로 지역공동체의 형성과 발전, 지역생태공동체 형성 등에 적극적인 입장을 취하였다. 일제강점기 이후의 이상촌운동, 농촌 중심의 지역사회개발 및 농촌생태공동체 형성은 물론, 도시에서의 빈민공동체 형성, 주민자치공동체 형성, 마을만들기 등이 사회교육자들의 주된 관심이었다. 복합적인 생활공동체 구성, 지역의 학교화·학교의 지역화, 도시중심 문명의 극복과 농촌문명 갱신, 농촌의 갱생과 생태공동체 구현, 소외 계층을 우선적으로 배려하는 지역공동체, 자연을 사랑하는 생태공동체의 형성, 주체적인 지역자립경제의 구현, 주민 주도적인 지역사회개발, 자치적으로 운영되는 지역공동체 구현 등이 그 구체적인 목적이었다.

▪️ 사회교육의 본질

한국의 사회교육사상가들이 인식하고 있었던 사회교육의 본질을 사회교육학 차원에서 중요하게 다루어야 할 몇 가지 이슈를 중심으로 정리해 보면 다음과 같다.

사회교육의 개념적 관계성

사회교육사상가들은 일반적으로 사회교육을 학교교육과의 상대적인 관계성 속에서 인식했다. 즉, 그들은 일반적으로 사회교육의 개념을 학교교육이 아닌 학교교육 이외의 조직적인 교육 활동이라고 정의했다. 또한 사회교육사상가들은 소박한 수준이었지만 현대의 평생교육 개념과 유사하게 교육은 평생을 거쳐 이루어지는 것이라는 교육관을 내재하고 있었다. 이런 맥락에서 사회교육사상가들은 오늘날의 넓은 의미의 '평생교육'과 '사회교육'을 구별하여 '사회교육'을 '학교교육'과 더불어 '평생교육'을 구성하는 교육 영역으로 전제하고 있었으며 '평생교육' 개념이 내포하고 있는 교육의 항상성과 편재성에 대해 인식을 같이 했다고 볼 수 있다.

사회교육의 이념

사회교육사상가들은 학교교육과 사회교육의 관계의 차원에서 일반적으로 학교교육의 보완으로서의 사회교육보다는 학교교육의 대안으로서의 사회교육을 강조하였다. 이른바 대안교육으로서의 사회교육을 강조했던 것이다. 그들은 일반적으로 기존의 학교교육이 기회의 측면에서 불평등하게 제공되거나 내용의 측면에서 기득권 집단이나 계층에게 유리하게 선정된다는 비판적인 입장을 취하였다. 사회 교육사상가들이 우선적으로 고려했던 교육의 대상은 양반이나 특권층, 엘리트가 아닌 '민중' '씨올' '빈민' '시민' '주민' '이주민' '개발도상국가 국민' 등으로 불리는 소외되거나 힘없는 일반 평민들이었다. 사회교육사상가들은 이들이 학교교육의 차원에서 교육의 기회적인 면에서나 교육의 내용적인 면에서 필연적으로 불이익을 받고 있기에 이를 극복하기 위해 대안적인 사회교육이 필요하다는 입장을 취하고 있었다.

교육의 소재 및 내용과 관련해서도 사회교육사상가들은 교과를 중시하는 학교 교육의 일반적인 성격과는 달리 생활중심의 교육관을 가지고 있었다. 그들은 '삶 속에서 이루어지는 교육'으로서의 사회교육을 강조하였다. 따라서 주지주의적인 지식들보다는 주로 현실적인 삶의 문제 해결과 직결된 교육 내용을 다루었으며, 문화적인 측면에서는 상류층 중심의 고급 문화보다는 평민 중심의 실생활 문화가 중요하게 다루었다.

사회교육에서 교육적 가치와 사회적 가치의 관계

사회교육사상가들은 교육의 본질적 가치와 관련하여 많은 경우 사회교육의 내재적 가치보다는 수단적 가치에 더 큰 비중을 두었다. 시대에 따라 다르지만 사회 교육사상가들은 민족계몽과 국가의 독립, 삶의 질 개선, 민주화, 인간 해방, 지역 공동체 형성, 사회정의 실현, 국가의 발전, 세계 평화의 구현 등과 같은 사회 변화를 위한 유용한 수단으로써 사회교육을 중시하였다. 그러나 사회교육사상가들이 모두 사회교육의 수단적 가치만을 강조한 것은 아니었다. 사회교육의 내재적 가치를 강조한 이들도 일부 있었다. 특히, 황종건, 허병섭, 황주석 등과 같이 교육학적 기초를 갖춘 사회교육사상가들은 사회 변화를 위한 교육의 수단적 가치 못지않게 개인의 성장과 학습자의 자발성을 중시하고 사회운동 경험의 교육적 의미를 강조하는 등 사회교육이 갖는 교육 본연의 가치를 중시하였다.

사회교육을 통한 사회 변화의 가능성과 한계

개인별로 다소 차이는 있지만 사회교육사상가들은 대체로 사회교육을 통한 사회문제 해결과 사회 변화의 가능성에 대해 비판적 낙관론의 입장을 피력한다. 물론 그 변화는 혁명에 의한 것과 같은 급진적인 것이 아니라 의식 함양과 조직 구성을 통한 점진적인 것이었다. '민중교육은 해방을 도울 수 있는 교육' '빈곤 문제를 타파하기 위한 농촌 의식교육' '교육 선교를 통한 개인과 사회의 변화 추구' '아래로부터의 변화와 공동체 학습을 통한 사회 변화 추구' 등은 사회 변화를 추구하기 위한 사회교육사상가들의 생각을 표현한 것들이다. 그들은 이러한 교육을 통해 인간을 변화시키고 사회 변화를 이룰 수 있다는 신념을 가지고 있었다.

한편, 대부분의 사회교육사상가들은 교육을 통한 사회 변화의 실질적인 어려움에 대해서도 인식했다고 볼 수 있다. 그들은 교육을 통한 인간의 성장과 사회 변화의 추구가 매우 어렵고 힘든 과정임을 숱한 실패와 좌절을 통해서 경험했다고 볼 수 있다. 또한 사회교육사상가들 중에는 교육만으로 사회 변화를 이룩할 수 없다는 것을 인식한 경우도 많았다. 교육이 아무리 잘 이루어진다고 해서 사회 변화가 바로 이루어지는 것은 아니라는 것이다. 따라서 사회교육사상가들 중에는 교육자로서의 역할에만 머물지 않고 직접 조직을 구성하고 사회 활동에 참여하는 사회운동가의 역할을 병행한 경우가 많았다. 그것은 때로 소집단이나 시민단체를 조직하거나 때로는 도산 안창호와 같이 궁극적으로 독립을 위해서는 교육이나 실력 양성만이 아니라 독립전쟁이 필요함을 주장한 경우도 있었다. 즉, 교육은 사회 변화에 필수적이지만 충분하지는 않다는 인식인 것이다.

그러나 사회교육사상가들은 사회 변화가 교육만이 아니라 집단적인 사회운동과 실천과의 병행을 통해서 이루어지는 것이라고 하더라도 사회운동이 교육적일 때 진정한 사회 변화를 실현할 수 있다는 입장을 취한다. 즉, 구성원들이 사회문제를 스스로 인식하고 사회운동에 주체적으로 참여하며 조직화의 필요성과 방법을 익히며 함께 문제해결의 방법을 찾고 책임을 나눌 수 있도록 교육적으로 성장할 때 진정한 사회 변화가 이루어질 수 있다는 것이다. 그런 점에서 그들은 결국 사회 변화를 위한 사회교육의 가능성에 모든 기대를 걸고 그를 위해 노력한 '사회교육 바라기'라고 할 수 있다.

사회교육에서 학습자 존중의 의미

사회교육에서 '학습자 존중'은 가장 기본적인 원리이다. 페다고지에 대비되는 안드라고지, 자기주도학습, 임파워먼트 등은 사회교육의 가장 핵심적인 키워드로 인식되고 있다. 그러나 구체적으로 학습자 존중의 의미와 방법이 무엇인가에 대해서는 다양한 의견이 가능하다. 이와 관련하여 사회교육사상가들은 학습자 존중의 가장 중요한 조건으로 '학습자의 삶과 함께하기'와 '학습자와의 활발한 상호작용'을 제시한다. 그들은 먼저 학습자의 환경을 이해하고 그들과 함께하기 위해 다가가는 입장을 취하였다. 학습자의 삶 속에서 학습자를 이해하고 수용하려는 자세를 취했던 것이다. 따라서 학습자의 특징과 환경을 고려한 눈높이 교육이 가능했다. 또한 그들은 일반적으로 대화법을 통해 학습자의 의사를 존중하고 개인의 모순된 가치나 의식을 스스로 고쳐 나갈 수 있는 교육 방법을 중시하였다.

그러나 사회교육사상가들이 오늘날의 안드라고지의 원리처럼 학습자를 절대적으로 수평적인 관계로만 인식한 것은 아니었다. 사회교육사상가들이 학습자를 계몽의 대상으로 인식한 경우도 적지 않았다. 그렇지만 많은 사회교육사상가들은 어떤 식으로든 이전보다 학습자를 더 존중하려는 자세를 취하였다. 예를 들어, 허병섭은 학습자 스스로 말하게 하라며 모든 것을 스스로 하면 가난은 멀어지고 희망이 다가올 수 있다고 주장하였다. 또한 학습자의 경험을 중요한 학습자원으로 인식하면서 그들과의 대화를 중시하였다. 학습자의 연령층에 알맞은 프로그램과 교육환경 제공은 그 결과로서 자연스럽게 따라오는 것이었다.

사회교육에서 교육평등의 의미

사회교육사상가들은 사람들에게 교육 기회의 차별이 없어야 하지만 우선적으로는 소외 계층을 중심으로 사회교육이 실행되어야 한다고 생각하였다는 점에서 공통점이 있다. 초창기 학교교육의 기회가 심한 차별을 받는 단계에서 사회교육의 평등이란 교육의 기회 자체를 최대한 교육 소외계층에게 확대하는 것이었다. 따라서 사회교육사상가들의 교육 대상은 일차적으로 빈민, 노동자, 농민, 여성, 비문해자, 외국인 등이었다. 그 후 점차 사회교육의 기회가 양적으로 확대됨에 따라 교육평등의 의미가 더욱 복잡해지고 세련되는 경향을 나타낸다. 즉, 교육평등이란 국민 모두에게 물리적으로 똑같은 양의 교육 기회를 제공하는 것이 아니라 각자가 자신의 능력을 최대한 개발할 수 있도록 보장해야 한다는 논리로 발전한다.

사회교육 제도화에 관한 국가의 역할

사회교육의 역사상 과거의 사회교육은 학교교육의 혜택을 받지 못한 소외 계층을 위한 교육이었던 반면, 현재의 사회교육은 평생학습 차원에서 인적자원개발을 위한 국가적인 관심사가 되고 있다. 사회교육 차원에서 교육평등의 제도적 구현, 교육의 질적 제고, 교육 예산 지원을 위해서는 국가의 개입이 있어야 한다. 이에 따라 사회교육에 대한 국가의 개입은 더욱 커져 가고 있는 추세이다. 이와 관련하여 사회교육사상가들은 사회교육에 대한 국가의 역할에 대해 기대와 우려를 함께 나타내고 있다.

일제강점기의 경우 시대적 특수성에 의해 국가의 개입에 대해서는 부정적이었지만 독립국가에 의한 사회교육의 지원까지 부인한 것은 아니었다. 해방 이후 사회교육사상가들은 점차적으로 학교교육의 무상교육화는 물론 사회교육의 경우도 모든 계층이 평등하게 교육을 받을 수 있도록 하기 위한 국가의 역할을 강조하였다. 그러나 사회교육사상가 모두 사회교육이 국민을 통제하기 위한 정치적인 도구로 전락하는 것에 대해서는 우려를 표했다고 볼 수 있다. 특히, 민주화가 덜 이루어진 시기에 사회교육사상가들은 사회교육에 대한 국가의 지원과 책임을 강조하면서도 현 단계에서 사회교육이 권위적, 비민주적 정부에 의해 악용될 수 있음을 우려했다. 보다 최근에는 국가에 의한 사회교육의 제도화와 자본주의의 확산이 동시에 진행됨으로써 일어나는 폐해를 경계하기도 하였다. 이에 따라 많은 사회교육사상가들이 사회교육의 무분별한 제도화에 대한 비판의식을 표명하였다. 그들은 교육을 통해 특정한 이데올로기를 주입하거나 국가의 일방적인 교육이 이루어지지 않도록 하기 위한 노력이 필요함을 직간접적으로 주장하고 있다. 그들은 이미 국가의 개입이 크면 재정적으로 도움은 되지만 체제유지적인 사회교육이 될 가능성이 높고, 반면 국가의 개입이 적으면 국가의 영향에서 벗어나 독립적인 체제를 구축할 수 있지만 재정적인 한계를 극복하기 어렵다는 딜레마를 간파했다고 볼 수 있다.

■ 사회교육의 실천 원리

사회교육사상가들은 사회교육 과정에서 그들이 지향하는 목적을 달성하기 위한 여러 가지 실천원리를 적용하였다. 이를 대별하면 다음과 같다.

첫째, 사회교육사상가들은 개인 변화와 사회 변화를 연계하는 교육 원리를 추구하였다. 즉, 교육을 통한 개인 변화에만 그치는 것도 아니고 개인 변화 없이 사회 변화만을 추구하는 것도 아니라 이 양자의 연계를 강조한 것이다. 의식화와 조직화의 통합, 인격의 성숙과 조직화의 조화, 혁명의 부작용을 해소하기 위한 정신과 종교의 강화, 인격 훈련과 단결운동의 조화 강조, 교육을 통한 조직 및 네트워크 형성 추구, 사회단체를 기반으로 한 사회교육의 실천, 사회교육 관련 조직의 구성 및 활용 등이 여기에 해당된다.

둘째, 사회교육사상가들은 전반적으로 의식과 실용이 결합된 전인적 사회교육의 실천을 매우 중시하였다. 지금까지의 교육이 주로 의식을 강조한 것에 비해 그들은 실용적인 교육과의 조화를 강조하였다. 즉, 실무적인 능력의 배양, 소득 증대와 교육의 결합, 노작교육의 원리 추구 등이 여기에 해당된다.

셋째, 사회교육사상가들은 교육의 과정에서 공동체적 학습을 강조하였다. 즉, 교육의 과정에서 소규모 공동체의 구성을 통해 긴밀한 상호작용이 가능하고 구성원 간의 연대감을 높일 수 있는 학습을 중시하였다. 자치 조직을 통한 무형식 학습

장려, 소집단의 구성과 연대를 통한 의식화와 조직화의 추진, 지역공동체 사회교육의 접근 방식과 무관한 공동체성의 지속적 강조, 공동체적 의식과 상징을 통한 사회교육 실천, 주체적인 자기 개조와 협동적인 동맹 수련의 조화 등이 여기에 해당된다.

넷째, 사회교육사상가들은 상대적으로 학습자의 주체적 참여와 자발성을 강조하였다. 여기서 상대적이라 함은 그 당시 주류가 되었던 국가주도적 학교교육에 비해 상대적으로 그렇다는 의미다. 사회교육사상가들 중에서는 다른 원리들에 비해 이 원리에 대해서는 비교적 두드러지지 않는 경우도 있다. 특히, 현대적 관점에서 보면 상당히 교수자 중심적인 입장을 취한 경우도 있다. 공동체 안에서의 상호작용을 중시하면서도 학습자를 계몽의 대상으로 간주하는 경우도 있었다. 그럼에도 불구하고 사회교육사상가들은 그 시대의 일반적인 교육 양상에 비해 상대적으로 학습자의 주체성과 자발성을 강조하였다. 자발적인 의식의 각성 지향, 솔선수범을 통한 교육의 원리, 학습자 삶 속에서의 만남과 이해 강조, 학습자의 주체성을 존중하는 대화와 토론 강조, 신문스크랩 및 독서를 통한 자기 성찰 강조, 활동 여건에 따른 지역공동체 사회교육의 접근 방식 변환, 모든 교육 형태와 교육 방법을 총체적으로 활용한 사회교육 실천 등이 여기에 해당된다.

다섯째, 사회교육사상가들은 민중문화 중심의 사회교육 실천을 추구하였다. 민중 주도 및 민중문화 중심의 교육 강조, 민중의 생활 속에 침투하는 게릴라식 교육, 민족의 역사와 말의 중요성 강조, 교육평등 추구 및 주체적인 평민 양성, 대중을 기반으로 한 사회교육 실천, 민중교육과 생태교육의 연결 등이 여기에 해당된다.

■ 사회교육자의 요건

한국 사회교육사상가들의 실천과 사상에 나타난 사회교육자의 요건을 종합해 보면 다음과 같다.

첫째, 사회교육자 개인의 성숙한 인격이다. 사회교육사상가들은 교육자로서의

전문성을 갖추기 전에 먼저 한 인간으로서의 성숙한 인격을 직접 갖추었거나 이론
적으로 그러한 점을 강조하였다. 안창호의 예에서 잘 나타나듯이 바람직한 사회교
육자가 되기 위해서는 스스로 수 · 언 · 행을 통해 도덕적인 품성을 가져야 한다.
성실과 정직은 기본이고 기본적으로 강직하고 타협하지 않는 성격이 요구된다.

둘째, 사회교육에 대한 확고한 교육철학과 사회과학적 안목이다. 사회교육사상
가들은 높은 사회적 이상과 사명을 바탕으로 사회교육 활동에 대한 확고한 목표
의식과 역사적 소명감을 가지고 있었다. 이를 바탕으로 함석헌이 강조했던 것처럼
'본때 있게 죽을 각오' 도 할 수 있었던 것이다. 또한 사회교육사상가들은 단지 주
어진 교육 환경에 순응하는 것이 아니라 교육과 사회, 교육과 정치 등의 관계에 대
한 비판적 안목을 가지고 있었다. 특히, 권력과 자본의 교육 지배에 대한 정확한
사회과학적 인식을 바탕으로 이를 극복하기 위한 프로그램과 방법을 개발하기 위
해 노력하였다.

셋째, 학습자에 대한 애정과 교류이다. 사회교육사상가들은 학습자를 먼저 생각
하고 공식적, 형식적인 교수학습 관계가 아닌 친교와 협동의 경험을 쌓는 자세를
갖추고 있었다. 이를 바탕으로 사회교육사상가들은 학습자들의 구체적 생활 현장
에 대해 이해할 수 있었으며 주민과 학습자의 상황과 요구에 대해 민감하게 반응
할 수 있었다. 학습자들과 눈높이를 맞추고 학습자의 주체성을 존중하며 겸허한
교류를 추구하는 것, 공동체 구성원과 삶을 함께 하는 것이 여기에 해당된다.

넷째, 조직의 구성과 운영을 위한 전문성과 리더십이다. 먼저, 사회교육사상가
들은 의식화와 조직화를 연계하였기에 학습과 실천을 위한 조직의 구성과 관리를
위한 전문성을 갖추고 있었다. 공동체 조직의 형성 및 관리 능력, 소집단의 구성과
조직 간의 연대를 위한 전문성 등이 그것이다. 또한 사회교육사상가들은 학습자들
의 입장에서 조직을 이끌어 가기 위한 유기적 리더십을 갖추고 있었다. 그들의 리
더십은 민주적이었으며 시대적 · 사회적 요구에 맞춰 유연성이 있었다.

이밖에 뛰어난 교수자로서 설득력 있는 연설이나 강연 기법, 프로그램 및 사업
기획 능력, 상담 능력 등도 사회교육사상가들이 제시한 요건에 포함된다.

한국 사회교육사상의 현대적 의미와 과제

이 책에서 다룬 10인의 한국 사회교육사상가 중에는 사회적으로 널리 알려지지 않은 인물도 있고 사회교육자로서보다는 독립운동가, 정치가, 사회운동가, 시민운동가 등으로 더 유명한 인물도 있다. 그러나 이른바 정치, 사회적인 측면에서 지명도가 높다고 해서 사회교육적인 면에서도 특별히 더 위대하다고 볼 수 없고, 사회교육 측면에서 의의가 매우 크다고 해서 사회적으로도 꼭 유명한 것만은 아니다. 단지 이 책은 사회교육 차원에서의 그들의 업적과 사상적 성격, 우리에게 주는 시사점을 다양하게 살펴보기 위함이다. 이런 맥락에서 사회교육사상사 연구가 현대 사회교육의 발전을 위해 제공하는 시사점과 이에 따른 우리의 과제가 무엇인가를 정리해 보면 다음과 같다.

■ 사회교육의 궁극적 가치에 대한 재고찰

사회교육의 궁극적인 가치는 무엇인가? 독립, 민주화, 빈민운동, 지역공동체 형성, 세계 평화 등 시대에 따라 사회교육사상가들이 지향하는 구체적인 과제는 달랐지만 궁극적으로 개인의 자유로운 성장과 보편적인 사회 정의의 실현이었다고 볼 수 있다. 여기서 소개된 사회교육사상가들은 시대의 요청에 부응하였고 시대적 아픔을 외면하지 않았다. 그들은 교육을 통해 보다 나은 사회를 만들기 위해 노력하였다. 그들이 교육에만 전념했는지의 여부와는 관계없이 그들은 일단 교육을 통해서만 진정한 사회 변화가 이루어진다고 확신하였다. 때로는 사회 변화가 혁명이나 전쟁, 자연재해, 국제 동향 등의 외적 요인에 의해 갑작스럽게 이루어지는 경우가 있다고 하더라도 그들은 교육을 통한 인간 의식의 성장만이 진정한 사회 변화를 가져올 수 있다는 신념을 가졌던 것이다. 현대 사회에도 사회교육이 갖는 궁극적 가치는 바로 개인의 성장과 사회의 변화를 별개로 인식하는 것이 아니라 하나로 통합한다는 것이다. 개인의 성장과 사회적 적응에 지나치게 무게 중심을 두고 있는 작금의 평생학습 관련 동향을 고려할 때 이에 대한 깊이 있는 성찰이 요구된 다. 개인의 성장을 통해 사회의 변화를 추구하는 것은 현대 사회에서도 여전히 추 구해야 할 사회교육의 궁극적 가치라고 할 수 있다.

■■ 사회교육을 위한 국가의 건전한 역할 강화

오늘날 사회교육은 국가에 대해 무엇을 기대해야 하는가? 사회교육의 발전을 위 해서는 사회교육과 국가 간에 바른 관계가 정립되어야 한다. 일제강점기에는 우리 국민을 위한 국가가 아예 없었고, 해방 후 상당히 오랜 기간 국가는 사실 독재적, 권위적 정부의 전유물이었다. 따라서 사회교육사상가들은 대체로 국가에 대해 비 판적인 입장을 취해 왔던 것이 사실이다. 그들이 수행하는 사회교육 실천에 대해 지원을 요구하기는커녕 오히려 꺼려하는 입장을 취하기도 하였다. 그러나 그들이 본질적으로 국가 자체에 대해 반대만 하는 입장이었다고 보기는 어렵다. 그들이 꿈꾸었던 것 중의 하나가 일반적으로 해방된 독립국가, 민주국가였다고 한다면 그 들은 사회교육의 발전에 대한 국가의 건전한 역할에 대해 기대하는 바가 없지 않 았다고 볼 수 있다. 현대의 경우 여기에 소개된 사회교육사상가들이 활동했던 시 대보다 좀 더 민주화되었기에 국가의 역할에 대해 좀 더 강조할 여지는 충분히 있 다고 볼 수 있다. 특히, 국민에게 사회교육의 기회를 평등하게 제공하며 학습권을 보장하는 것은 교육복지의 차원에서 국가가 수행해야 할 의무라고 할 수 있다.

■■ 국가 권력과 자본의 위협 극복

과거 사회교육사상가들이 교육에 대한 국가의 행태에 대해 비판적인 안목을 가 졌듯이 현대의 사회교육실천들도 이에 대해 경계를 늦추지 않아야 한다. 현대 국가는 이전에 비해 어느 정도 정치적으로 민주화되고 시민사회가 성장하면서 국민의 참여를 보장하고 있다. 그러나 현대는 국가 전체 차원에서 이전보다 훨씬 자본의 지배와 영향력이 커지는 상황이다. 모든 영역에서 거대 자본이 직접적인 영향을 미치고 있다. 이로 인해 교육의 상품화, 교육의 경제적 도구화, 경제적 효율성을 제고하기 위한 교육의 표준화와 교육 기회의 차별화가 심화되고 있는 실정이다. '사회교육' '평생학습'의 경우도 예외는 아니다. 이미 오래전부터 사회교육 분야에 불어닥친 이러한 현상에 대해 많은 국내외 사회교육사상가들이 우려의 목소리를 내었다. 현대 사회는 이제 국가에 대해 상반되는 두 개의 힘이 각축을 벌이는 시대가 되었다. 하나는 거대한 자본의 힘이고 하나는 시민사회의 힘이다. 과거 시민사회의 힘을 키워 부당한 정치 권력의 통제에서 벗어나는 데 기여했던 사회교육은 이제 다시 시민사회의 힘을 키워 거대 자본의 권력을 제어하는 데 앞장서야 할 과제를 안고 있다. 사회교육을 통한 시민사회의 힘으로 국가를 움직이지 못할 때 국가는 자본의 영향력 아래에 놓이게 되며 결국 사회교육은 자본의 지배를 받게 될 것이다.

■ 사회교육에서의 학습자 존중의 올바른 적용

현대 사회에서 학습자를 존중한다는 것은 무엇을 의미하는가? 학습자를 존중한다는 것은 사회교육의 기본 원리이기는 하지만 이것이 곧 사회교육자로서의 철학과 지향점을 포기하고 무조건 학습자의 요구에만 부응하는 '서비스 맨'이 되어야 한다는 것을 의미하는 것은 아니다. 학습의 중요성이 커지는 시대라고 해서 그만큼 교육의 역할이 작아진다는 것을 의미하는 것은 아닌 것이다. 학습할 것이 많아지고, 학습의 양상이 복잡해지고, 학습이 삶에 미치는 영향이 커지고 있기에 이를 도와 제대로 된 학습을 가능하게 하는 교육의 역할도 더 커져야 한다고 볼 수 있다. 일반 경영학에서 말하는 '고객 존중'과 교육에서의 '학습자 존중'은 같은 점이 많으면서도 상당히 다르다. 학습자 존중은 투철한 교육철학 위에 정립되어야 한다. 물론 이전과 똑같은 교육철학이 적용될 수는 없더라도 학습자 존중을 한다고 해서 교육철학 자체가 불필요해지는 것은 아니다. 오히려 이전보다 더 세련된 교육철학이 요구된다. 지식 기반 사회, 평생학습 사회라고 해서 학습자 존중이 일반 마케팅에서의 고객서비스와 똑같을 수는 없다. 거기에는 무엇이 과연 진정한 의미의 학습자 존중인가에 대한 교육전문가로서의 교육철학이 먼저 정립되어 있어야 한다.

■ 사회교육 실천가의 전문성에 대한 재고찰

현대 사회에서 사회교육자가 갖추어야 할 조건은 무엇인가? 현대의 사회교육자들은 단순히 기술적인 요건보다 더 본질적인 요건을 충족하여야 한다. 일반적으로 인식되는 '전문성'의 의미에 대해서도 재검토가 필요하다. 최근 평생교육 관련 분야가 전문화, 제도화되어 가는 현상과 관련하여 사회교육 실천가의 전문성으로 주로 새롭고도 다양한 실무적 기법이 강조되고 있는 실정이다. 사회가 복잡해지고 다양해짐에 따라 그러한 실무적 의미의 전문성은 당연히 요구된다. 그런 전문성을 갖추지 못할 때 시대에 뒤처지게 되는 것은 너무나 당연하다. 그러나 그러한 실무적 전문성보다 더 중요한 것은 사회교육자로서의 철학과 자세라고 할 수 있다. 먼저 사회교육자는 예나 지금이나 교육의 본질을 이해하고 교육과 사회와의 관계를 이해하며 교육에 대한 사회의 바람직한 지원과 폐해를 구분할 수 있는 안목이 요구된다. 그리고 교육적으로 바람직하지 않은 것에 대해서는 비판하고 대항할 수 있는 용기가 필요하다. 그리고 누구보다 학습자, 특히 교육적으로 소외된 이를 사랑하는 마음과 자세는 사회교육자의 필수요건이다. 시대에 따라 구체적인 전문성, 기법은 달라질 수 있으나 이러한 교육철학과 인간 이해의 덕목은 시간을 초월하여 요구된다. 이러한 점은 현대 사회에서 평생교육사 양성을 비롯한 다양한 사회교육 전문가 양성에 중요하게 반영되어야 한다.

지금까지 한국 사회교육사상의 특질과 현대적 의의를 종합적으로 다루었다. 우리나라의 근현대사의 시대마다 그 시대적 과제에 충실하게 응답한 사회교육사상가들이 있었다. 그들은 열악한 환경 속에서도 그 시대적 과제를 수행하기 위해 사회교육자로서 최선을 다했다. 그런 의미에서 그들은 각 시대를 대표하는 사회교육사상의 '아이콘'이라고 할 수 있다. 그들은 단지 한 시대와 영역만을 대표하는 것이 아니라 시대와 영역을 뛰어넘어 보편적인 사회교육의 이념을 제시한 거장들이라고 할 수 있다. 그들이 주로 활동했던 시대는 서로 달랐지만, 공통적으로 사회교육적 가치관이 뚜렷하였고 민중, 주민, 빈민, 시민 등으로 표현되는 평범한 사람들과 함께하며 그들의 행복을 위해 노력하였다. 그들은 때로 사회적인 기준으로 크게 성공한 경우도 있었으나 큰 좌절을 경험한 경우도 많았다. 그럼에도 그들은 확고한 신념을 가지고 자신에게 부여된 사회교육의 사명을 다하기 위해 노력하였다.

오늘날의 사회교육은 무엇을 지향해야 하는가? 오늘날의 사회교육은 과거의 사상적 전통을 계승하면서도 현대와 미래 사회의 현실에 맞는 새로운 사회교육사상을 정립해 나가야 할 과제를 안고 있다. 만약 과거의 사회교육사상가들이 오늘 현대를 살고 있다면 어떤 입장을 취할까? 그들은 지식 기반 사회의 도래, 다문화, 세계화, 지구온난화, 문명의 충돌, 양극화, 남북한 갈등 등 시대적 흐름과 문제에 대해서는 누구보다 먼저 대처하며 선도적인 입장을 취했을 것으로 보인다. 특히, 정치, 경제, 사회적으로 불평등을 야기하는 신자유주의나 편협한 민족주의, 양극화, 지역 간 격차, 생태계 파괴 등에 대해서는 적극적으로 반대했을 것이다. 그들은 기본적으로 교육평등과 사회평등을 강조하고 교육이 사회정의 실현에 좀 더 이바지할 수 있기를 기대할 것이기 때문이다. 사회교육사상가들은 과거 농업이 중심이 된 시대, 공업이 중심이 되는 시대에도 그 시대의 정의를 위해서 사회교육 차원에서 노력하였다. 오늘날의 지식 기반 시대, 세계화의 시대에도 사회정의를 위해서 사회교육이 해결해야 할 과제는 너무나도 많다. 사회교육이 사회 변화를 위한 만병통치약이라는 과대망상증은 없어야겠지만 사회교육만이 진정한 사회 변화를 이룰 수 있는 초석이라는 희망을 갖고 꾸준히 노력해야 한다.

그런 면에서 이 시대는 새로운 사회교육사상가를 요구하고 있다. 이와 관련하여 사회교육의 새로운 지향점, 시대정신을 반영한 사회교육의 실천 원리, 시대 요구에 적응할 수 있는 사회교육자의 요건이 무엇인지에 대한 진지한 성찰과 용기와 인내가 요구된다. 이러한 과정을 통해 자연스럽게 현대 사회를 대표하는 사회교육 사상가도 출현할 수 있을 것이다. 현대 사회는 평생학습이 대세가 되어 가고 있으나 점차 평생학습의 향유보다는 평생학습의 강요가 심해지는 사회가 되고 있다. 과거 사회교육운동가들이 꿈꾸었던 '평생교육의 이상'과 실제로 나타나고 있는 '평생학습의 현실'은 큰 차이를 나타내고 있다. 이러한 시대에 교육적 혜안과 사명감, 그리고 전문성을 갖춘 사회교육자의 역할이 그 어느 때보다 중요하다. 아무쪼록 겉으로는 화려하나 속으로는 더 척박해져 가는 이 시대에 뱀처럼 지혜롭고 비둘기처럼 순결한 사회교육사상가가 많이 출현하기를 기대한다.

부록

한국의 주요 사회교육실천가의
사회교육 활동과 사상

- 이상재
- 안창호
- 이승훈
- 배민수
- 함석헌
- 이찬갑
- 김용기
- 황종건
- 허병섭
- 황주석

■ 이상재

주요 사회교육 활동			
교육 관련 행정	**강 연**	**사회단체**	**언 론**
• 학부·법무 참사관과 내각 총서 및 중추원 1등의관을 역임하며 한글교과서 편찬사업, 근대식 학교 설립의 실무 담당 • 외국어학교 교장 역임	• 독립협회 만민공동회에 참여하며 민중계몽을 위한 강연 활동 전개	• 독립협회 참여(1896) • YMCA에 외국어 특별과 및 실업교육과정 개설(1905) • 조선민립종합대학 설립을 위한 조선교육협회 설립(1920) • 흥업구락부(1925) 결성	• 조선일보 사장 취임(1924) 후 친일지의 인식 개선을 위한 활동 전개
사회교육사상			
사회교육의 지향점	**사회교육의 본질**	**사회교육의 실천원리**	**사회교육자의 요건**
• 도덕성에 기초한 하나님 나라 구현 • 민족의 독립과 근대적 시민국가 건설 • 평등한 유기적 공동체의 구현	• 사회 변화를 위한 근본적 토대로서의 교육 • 사회평등 기제로서의 사회교육 • 민중의 자발적인 의식화 과정으로서의 사회교육	• 신앙에 기초한 전인적 인격 형성 • 지육의 상대적 강조 • 실용적 공업교육 실시 • 교육을 통한 조직 구성 및 네트워크 형성	• 성숙한 인격 • 학습자와의 공감대 형성 능력 • 공동체 조직의 형성 및 관리 능력

■ 안창호

주요 사회교육 활동			
학교 형태	강 연	사회단체	언 론
• 점진학교 설립(1899) • 미국 체류 기간 중 야학 활동 • 대성학교 설립(1908), 동명학원 설립(1924)	• 만민공동회를 통한 강연 활동 • 미국 체류 시절 교포가정 방문 및 순회강연, 중국에서의 이상촌 건설 추진	• 독립협회 가입(1897) • 공립협회설립(1904), 신민회 조직(1907) • 대한인국민회(1908) • 청년학우회 조직(1909) • 흥사단 조직(1913) • 수양동우회 결성(1926)	• 『공립신보』, 『신한민보』의 창간 및 『동광』 잡지 발간(1926)
사회교육사상			
사회교육의 지향점	사회교육의 본질	사회교육의 실천원리	사회교육자의 요건
• 민족의 독립과 개조 • 민주주의와 대공주의의 실현 • 세계주의의 구현	• 사회변혁을 위한 핵심요소로서의 사회교육 • 사회변혁을 위한 불완전요소로서의 사회교육 • 개인과 사회의 통합적 개조로서의 사회교육	• 인격 훈련과 단결운동의 강조 • 실무 능력의 강화 • 주체적 자기 개조와 협동적 동맹 수련의 조화	• 성실하고 정직한 수양과 실천 • 겸양의 민주적 리더십 • 교육과 조직화의 연계 능력 • 정의적 요소의 교육적 활용 능력 • 뛰어난 연설과 강의 능력

■ 이승훈

주요 사회교육 활동			
학교 형태	**이상촌운동**	**사회단체**	**언 론**
• 강명의숙 설립(1907) • 오산학교 설립(1908)	• 오산 용동에서 이상 촌 건설(1895~1897) • 용동자면회 조직(1922)	• 신민회 결성(1907), 태극서관 운영, 조선 교육학회 창립(1923)	• 동아일보 사장 취임 (1924) 및 언론 활동 전개
사회교육사상			
사회교육의 지향점	**사회교육의 본질**	**사회교육의 실천원리**	**사회교육자의 요건**
• 기독교 사상의 구현 • 민족주의의 함양과 독립 • 평민의 행복과 자립 • 복합적 생활공동체 구성	• 교육과 산업의 연결 로서의 사회교육 • 사회적 인식 제고 과 정으로서의 사회교육 • 독립운동 방편으로서 의 사회교육	• 교육적 가치와 경제 적 가치의 통합 • 공동체적 관계 속에 서의 교육실천 • 자치조직을 통한 교육 및 학습활동 장려 • 교육실천을 위한 협 력과 연대	• 솔선수범의 실천 능력 • 학습자에 대한 일체감 과 배려 • 추진력과 조정 능력

▪️ 배민수

주요 사회교육 활동			
교육기관	순회강연	사회단체	언론 및 출판
• 고등농사학원 참여(1934), 기독교농민학원(1954), 기독교여자농민학원(1964), 삼애농업기술학원(1967) 설립 및 운영	• 기독교농촌연구회를 통한 농촌계몽 활동(1926) • 장로교 농촌부의 순회농촌수양회 활동 • 미국 전역 강연 및 설교 활동	• 대한국민회조선지부(1915), 장로교 총회 농촌부(1934), 금융조합연합회(1953)를 통한 농촌강연 및 부흥사업	• 장로교 농촌부 『농촌통신』, 『성공백문』, 『농촌총서』, 『협동조합론』 등 발간 활동
사회교육사상			
사회교육의 지향점	사회교육의 본질	사회교육의 실천원리	사회교육자의 요건
• 사회참여적 기독교 세계관의 구현 • 세계평화주의 구현 • 서구 자본주의의 한계 극복 • 공산주의의 극복 • 민족주의 정신의 고수	• 삶의 문제 해결 수단으로서의 사회교육 • 사회 변화를 위한 온건한 수단으로써의 사회교육	• 현장 지도자 양성 중심의 사회교육 실천 • 직업교육과 의식계몽교육의 조화로운 실천 • 공동체 지향적인 조직 운영 • 운동지향적인 소규모 조직의 활	• 시대적, 사회적 상황에 따른 사회교육 접근 방식의 유연성 • 사회교육 활동에 대한 확고한 목표의식과 사명감 • 유기적 지도자로서의 리더십

▪️ 함석헌

주요 사회교육 활동			
학교 형태	**생활공동체**	**언 론**	**집회 및 강연**
• (오산학교) 송산농사학원(1940) 구화고등공민학교	• 기독교적 생산공동체 씨올 농장(1957) 운영	• 『성서조선』 창간 (1927), 『사상계』 집필 『씨올의 소리』 창간 • 성서연구집회	• 삼선개헌반대투쟁위원회 결성(1971) 및 각종 시국강연
사회교육사상			
사회교육의 지향점	**사회교육의 본질**	**사회교육의 실천원리**	**사회교육자의 요건**
• 씨올 의 성숙 • 권력의 부당한 지배가 없는 사회의 구현 • 열린 자치적 공동체의 구현 • 남북통일을 위한 국민적 성격의 형성 • 국가주의를 초월한 세계주의의 구현	• 평생교육의 일환으로서의 사회교육 • 평등하게 누려야 할 권리로서의 사회교육 • 사회와 밀접한 관계를 갖는 사회교육 • 평민주체적 교육으로서의 사회교육 • 사회 변화 가능성 확대 과정으로서의 사회교육	• 씨올 의 교육적 가능성과 한계 인식 • 권력과 자본의 교육 지배 극복을 위한 노력 • 교육에서의 정신적 · 종교적 요소의 강화 • 민중주도 및 민중문화 중심의 교육 강조 • 인격 성숙과 조직화의 조화 • 생활 속에 침투하는 게릴라식 교육의 지향	• 역사적 소명감 • 모범적 인격 • 교육과 정치와의 관계에 대한 비판적 인식 • 사명수행을 위한 헌신의 자세 • 민중에 대한 애정과 존중

■ 이찬갑

주요 사회교육 활동			
이상촌운동	학교 형태	독서운동 및 자료열람	저 술
• 용동에서 자면회, 청년회, 소비조합운동 (1931~1935) 전개	• 풀무학원 설립(1958) 및 운영	• 신문 스크랩 제작과 도서수집 • 독서운동 전개 • 마을도서관 추진	• 민족·국어 사랑의 신문스크랩 활동(1937) • 『다시 새날의 출발』 출간(1950)
사회교육사상			
사회교육의 지향점	사회교육의 본질	사회교육의 실천원리	사회교육자의 요건
• 평민중심의 기독교 인간관 구현 • 지역의 학교화, 학교의 지역화 구현 • 농촌문명의 갱신과 생태주의 구현	• 제도권 교육의 대안으로서의 사회교육 • 평생에 걸친 깨우침으로서의 사회교육 • 개인의 각성을 통한 사회 변화 수단으로서의 사회교육	• 외적인 교육 조건보다 건전한 교육철학 강조 • 민족의 역사와 말의 중요성 강조 • 노작교육의 원리 중시 • 평민 양성을 위한 교육평등의 추구 • 신문 스크랩 및 독서를 통한 자기 성찰의 강조	• 현실과 타협하지 않는 교육적 사명감 • 학습자에 대한 사랑과 열정 • 철저함과 솔선수범의 교육실천력 • 시사 자료의 분석과 활용 능력

■ 김용기

주요 사회교육 활동		
이상촌운동	**교육기관**	**강연 및 저술**
• 봉안 이상촌 건설(1933~1945), 삼각산 농장 개척(1945~1950), 용인 에덴향 건설(1952~1954), 가나안 농장 건설(1954~1961)	• 제1가나안 농군학교 설립(1962), 제2가나안 농군학교 설립(1973), 가나안농군사관학교 설립(1982)	• 전국 순회강연 • 저술 활동
사회교육사상			
사회교육의 지향점	**사회교육의 본질**	**사회교육의 실천원리**	**사회교육자의 요건**
• 기독교적 하나님 나라의 구현 • 소외 계층을 우선적으로 배려하는 지역공동체 형성 • 생태공동체의 형성 • 주체적 지역자립경제의 구현 • 인류보편적 열린공동체 형성	• 삶과 앎의 통합으로서의 사회교육 • 인격 변화와 사회 변화 통합으로서의 사회교육 • 공동체학습으로서의 사회교육	• 시대를 초월한 공동체성의 지속적 강조 • 활동 여건에 따른 지역사회교육 접근방식의 변환 • 전인적 사회교육의 강조 • 교육 형태와 교육 방법의 총체적인 활용	• 농민을 위한 초지일관의 교육적 사명감 • 솔선수범의 자세 • 주민의 상황과 요구에 대한 민감성 • 탁월한 강연 및 설득 기법

■ 황종건

주요 사회교육 활동			
성인기초교육	**인문교양·시민교육**	**지역사회개발교육**	**사회교육제도 및 기구의 발전**
• 거제도 포로수용소 문해교육 실천 • 한국문해교육협회 설립 • 해외원조 활동(베트남, 라오스, 몽골, 중앙아시아, 중국 등) • 유네스코 및 ASPBAE 활동	• 계명대학교 사회교육원을 통한 사회교육의 전개 • 사해동포주의 및 국제이해교육을 피력하며 시민의 의식화를 강조한 저술 활동	• 지역사회 변화와 교육 • 사회개발과 교육혁신에 관한 저술 활동 • 계명대학교 지역사회연구소 활동 • 한국지역사회학교후원회 활동	• 사회교육법 제정 참여 • 사회교육연구회 조직 • 한국사회교육협회 설립참여 • 사회교육 관련 국제기구 참여
사회교육사상			
사회교육의 지향점	**사회교육의 본질**	**사회교육의 실천원리**	**사회교육자의 요건**
• 민주사회 건설 • 세계주의적 평화구현 • 평생교육 이념에 입각한 평생학습사회 구현	• 평생교육의 하위영역으로서의 사회교육 • 사회 변화를 위한 유용한 수단으로서의 사회교육 • 공공재로서의 사회교육 • 국가적 책무로서의 사회교육	• 사회교육에서 교육철학의 중요성 강조 • 학습자의 주체성 강조 • 인문학적인 사회교육 강조 • 조직 구성 및 상호 교류를 통한 사회교육 실천	• 높은 사회적 이상과 사명 • 인간에 대한 애정과 진솔한 교류 • 사회교육 전문가로서의 교육학적 지식과 교육기법

■: 허병섭

주요 사회교육 활동			
사회단체	지역교회	노동운동	생태공동체
• 수도권 특수지역선교 위원회를 기반으로 한 야학, 무료 진료 활동, 내집마련운동 • 한국기독교 민중교육 연구소(1981)	• 동월교회의 노동자를 위한 야학 개설(1979) • 국내 최초의 탁아방 '똘배의 집' 설립(1982)	• 노동자 공동체인 '월 곡동 건축일꾼 두레' (1990) 설립	• 생태주의 대안학교 푸른꿈고등학교에서 활동 • 대안대학인 녹색대학 설립 참여
사회교육사상			
사회교육의 지향점	사회교육의 본질	사회교육의 실천원리	사회교육자의 요건
• 기독교적 인간 해방 • 생태적 삶의 원리구현 • 민주주의적 공동체 구현 • 주민 주도적 지역사회 개발	• 제도권 교육 대안으로서의 사회교육 • 사회적 수단보다 인간의 주체적 가치 우선으로서의 사회교육 • 노동의 전인적 가치 체득으로서의 사회교육	• 학습자의 삶 속에서의 만남과 이해 강조 • 학습자의 주체성을 존중하는 대화와 토론 강조 • 민중문화 중심의 교육 내용 선정 • 민중교육과 생태교육의 연결 • 교육학적 전문성의 비판적 활용	• 학습자의 삶 속에서의 만남 • 사회과학적 안목 • 민중학습자의 구체적 존재 형태에 맞춘 교육실천 능력

▪▪ 황주석

주요 사회교육 활동			
기독학생운동	노동운동	대중시민운동	가정자치운동
• 빈민아동·청소년 대상 공부방 및 야학 운영	• 태양금속 학습조직 운영 • 한일합섬 '사랑의 Y형제단' 결성	• 부천 YMCA에서 '아기스포츠단' 운영, '등대' 조직, 주부아카데미 및 독서모임 조직	• 선헌식 및 선분식 운영, 가정자치운동 전개
사회교육사상			
사회교육의 지향점	사회교육의 본질	사회교육의 실천원리	사회교육자의 요건
• 기독교 정신의 구현 • 여성성에 근거한 생활가치 추구 • 자치적으로 운영되는 지역공동체 구현 • 대중이 주체가 되는 시민사회 구현	• 진정한 사회운동을 위한 기초로서의 사회교육 • 사회운동을 통한 개인의 성장과정으로서의 사회교육 • 의식화와 조직화의 통합으로서의 사회교육 • 대중을 우선시하는 교육으로의 사회교육	• 사회단체 기반의 사회교육 실천 • 학습자의 자발성과 자율성 강조 • 소집단을 통한 의식화와 조직화의 추진 • 의식과 상징의 활용을 통한 사회교육 실천	• 비판적 사회의식에 기초한 실천력 • 생활 현장에 대한 전문적인 이해와 경험 • 소집단 구성과 조직 간의 연대를 위한 전문성

••• 참고문헌 •••

서론

김석완(2013). 교육사상의 학문적 정체성. 교육사상연구, 27(1). 한국교육사상연구회. 29-51.

손인수(1987). 한국교육사상사의 전개과정과 전망. 한국교육사학, 9. 한국교육사학회. 34-60.

신용국(1989). 한국교육사 연구의 현황. 한국교육사학, 11. 한국교육사학회. 11-36.

안경식(2013). 교육사상 연구방법으로서 사상가 연구에 대하여. 교육사상연구, 27(1). 한국교육사상연구회. 121-146.

안상헌(1999). 한국 평생교육체제의 사회적 기능. 사회교육학연구, 5(1). 한국사회교육학회. 245-269.

양흥권(2012). 신자유주의적 세계화와 평생교육의 과제. 평생교육학연구, 18(2). 한국평생교육학회. 103-130.

오혁진(2009). 개념 정의 분석을 통한 평생교육학과 사회교육학의 학문적 정체성 탐색. 평생교육학연구, 15(4). 한국평생교육학회. 119-142.

오혁진(2010). 사회교육의 일반적 발달단계에 기초한 한국 사회교육사 시대구분 연구. 평생교육학연구, 16(4). 한국평생교육학회. 81-105.

오혁진(2012). 신 사회교육론. 서울: 학지사.

오혁진, 김미향(2010). 한국 사회교육사의 연구동향 및 성과 검토. 평생교육학연구, 16(4). 한국평생교육학회. 191-221.

이정연(2003). 구한 말 통속교육 및 사회교육의 도입에 관한 연구. 평생교육학연구, 9(1). 한국
평생교육학회. 83-115.

이종만(2002). 평생교육의 법제화 과정 및 개정방향. 한국농업교육학회지, 34(1). 한국농업교육
학회. 103-116.

전상진, 최순종(2011). 교육과 현대사회의 종교: 평생학습에 대한 종교사회학적 분석. 청소년
문화포럼, 28. 한국청소년문화연구소. 146-163.

정은해(2000). 교육사 연구방법론. 서울: 원미사.

정재철(1981). 한국교육사연구의 제 영역. 한국교육사학, 3. 한국교육사학회. 57-84.

차하순(1995). 시대구분의 이론과 실제. 차하순 외, 한국사 시대구분론. 서울: 소화. 11-75.

팽영일(2013). 교육사상 연구의 방법과 한계. 한국교육사상연구회 학술논문집 2013. 한국교육
사상연구회. 50-66.

한숭희(2001). 민중교육의 형성과 전개. 서울: 교육과학사.

한준상 외(2000). 근대 한국 성인교육사상. 서울: 원미사.

황종건 외(1966). 한국의 사회교육. 서울: 중앙교육연구소.

Bergevin, P. 강선보 외 역(2006). 성인교육철학. 서울: 원미사.

Brookfield, S. D. 기영화 외 역(2009). 성인학습을 위한 비판이론. 서울: 학지사.

Carlson, R. A.(1969). History and social science: complementary approaches to adult education. Maryland: ERIC.

Jarvis, P.(1987). *Twentieth century thinkers in adult education*. London: Croom Helm.

Kelly, T.(1992). *A history of adult education in Great Britain*. University of Liverpool.

Legge, D.(1986). The place of the history of adult education in the study of adult education and in the training of adult educators. International conference on the history of adult education. Oklahoma.

Long, H. B.(1986). History: Its place in the study of adult education. International conference on the history of adult education. Oklahoma.

Long, H. B.(1991). *Early innovators in adult education*. London: New Fetter Lane.

Ohliger, J.(2009). Lifelong learning as nightmare. *Challenging the professionalization of adult education*.(Grace & Rocco. edit.) San Francisco: Jossey-Bass.

Stubblefield, H. W.(1988). *Towards a history of adult education in America: the search for a unifying principle*. Croom Helm.

01 이상재의 사회교육사상

김권정(2010). 월남 이상재의 기독교 민족운동. 숭실사학. 숭실사학회. 5-43.

김명구(2003). 월남 이상재의 기독교 사회운동과 사상 연구. 연세대학교 박사학위논문.

김성수, 엄정식(2003). 월남 이상재의 체육사상 연구. 한국체육과학지, 12(1). 한국체육과학회.
    3-9.

김유동(1927). 월남 이선생 실기. 서울: 월남이선생실기출판소.

김을한(1976). 월남 이상재 일대기. 서울: 정음문고.

김종해(1972). 이상재 선생 해적이. 나라사랑(8). 서울: 외솔회.

김주경(1970). 월남 이상재의 교육사상. 연세대학교 교육대학원 석사학위논문.

김중기(1995). 참가치의 발견: 성서윤리의 틀. 서울: 예능.

신용하(1986). 독립협회와 월남 이상재. 월남 이상재 연구. 서울: 로출판.

신일철(1986). 개화기지식인 이상재론. 월남 이상재 연구. 서울: 로출판.

월남이상재선생동상건립위원회(1986). 월남 이상재 연구. 서울: 로출판.

유도진(1986). 월남 이상재의 사회교육사상. 월남 이상재 연구. 서울: 로출판.

유준기(2006). 월남 이상재의 생애와 항일 민족독립운동. 신학지남(73). 서울: 신학지남사.

이병호(1981). 민족 수난기의 거목 이상재 선생. 기독교사상(25). 서울: 대한기독교서회.
    30-37.

이승현(2004). 이상재의 국가건설 사상: 독립협회 활동기를 중심으로. 정신문화연구(27).

이신행(1986). 청년운동가 월남 이상재. 월남 이상재연구. 서울: 로출판.

이윤구(2010). 월남 이상재의 한마음 정신. 뉴스천지.

이필구(2000). 월남 이상재의 교육사상연구. 인하대학교 교육대학원 석사학위논문.

전영우(1988). 이상재의 집회 사회에 대하여. 논문집(6). 수원대학교. 25-37.

전택부(2000). 월남 이상재의 삶과 한마음 정신. 서울: 조선일보사.

전택부(2001). 월남 이상재의 생애와 사상. 서울: 연세대학교출판부.

최낙성(1989). 월남 이상재의 교육사상. 중앙대학교 교육대학원 석사학위논문.

한승희 외(2002). 민주시민교육의 개념과 쟁점: 민주시민교육 기초조사분석연구사업보고서. 서울:
    민주화운동기념사업회.

02 안창호의 사회교육사상

김대용(2000). 안창호의 성인교육사상. 한준상 외, 근대 한국성인교육사상. 서울: 원미사.

김삼웅(2013). 투사와 신사 안창호 평전. 서울: 현암사.

김신일(1993). 식민통치하의 도산의 교육운동. (도산사상연구회 편) 변혁기의 개혁운동과 도산사상. 서울: 연구사. 99-124.

김정환(1986). 도산 교육사상의 발전적 계승책. 도산사상연구, 제1집. 113-161.

김태길(1993). 오늘의 시점에서 도산을 되돌아본다. (도산사상연구회 편) 변혁기의 개혁운동과 도산사상. 서울: 연구사. 15-41.

박만규(1993). 개혁운동과 도산의 사회사상. (도산사상연구회 편) 변혁기의 개혁운동과 도산사상. 서울: 연구사. 165-182.

박명규(1984). 도산 안창호의 사회사상. 신용하 편, 한국현대사회사상. 서울: 지식산업사.

박명규(1993). 도산의 민주적 조직론. (도산사상연구회 편) 변혁기의 개혁운동과 도산사상. 서울: 연구사. 251-278.

박영국(2013). 1920년대 중반 동명학원의 설립과 운영. 국민대학교 석사학위논문.

박의수(2010). 도산 안창호의 생애와 교육사상. 서울: 학지사.

박의수, 이순복(2012). 흥사단 운동의 특징과 교육사적 의의. 한국교육학연구, 18(3). 안암교육학회. 293-314.

신일철(1986). 민족성 개혁의 선구자. (이만근 편) 도산여록. 서울: 흥사단출판부. 118-131.

안병욱(1986). 대한민국 임시정부와 안창호. (이만근 편) 도산여록. 서울: 흥사단출판부. 132-149.

안창호(1988). 한국 청년에게 고하는 글. 서울: 청목문화사.

안창호(2012). 나의 사랑하는 젊은이들에게. 서울: 지성문화사.

양호민(1993). 도산 정치사상의 현대적 구현. (도산사상연구회 편) 변혁기의 개혁운동과 도산사상. 서울: 연구사. 43-72.

유재천(1993). 도산 사회사상의 현대적 구현. (도산사상연구회 편) 변혁기의 개혁운동과 도산사상. 서울: 연구사. 73-98.

유형진(1968). 교육과 주체성. 한국교육의 이론과 실제. 서울: 교학사.

윤병석, 윤경로 편(1997). 안창호 일대기. 서울: 역민사.

윤병욱 편(2012). 도산의 향기, 백 년이 지나도 그대로. 서울: 기파랑.

이명화(2008). 도산의 교육관과 초기 미주 한인사회의 교육. 한국독립운동사연구, 13(1). 독립기념관 한국독립운동연구소. 37-86.

이석희(1993). 도산의 시민사회운동론. (도산사상연구회 편) 변혁기의 개혁운동과 도산사상. 서울: 연구사.

이순형(1975). 도산 안창호의 이상촌 건설 운동. 제주대학교 논문집, 7(1). 제주: 제주대학교.

이태복(2006). 도산 안창호 평전. 서울: 동녘.

임중빈(1993). 도산 안창호 그 생애와 정신. 서울: 명지사.

장을병(1993). 도산의 민주주의. (도산사상연구회 편) 변혁기의 개혁운동과 도산사상. 서울: 연구사. 225-234.

조동걸(1993). 민족운동가로서의 도산. (도산사상연구회 편) 변혁기의 개혁운동과 도산사상. 서울: 연구사. 207-222.

한기언(1986). 도산 안창호. (이만근 편) 도산여록. 서울: 흥사단출판부. 98-117.

흥사단사편찬위원회(1964). 흥사단 50년사. 서울: 대성문화사.

흥사단중앙수련원(2004). 도산 안창호와 흥사단운동. 서울: 흥사단출판부.

흥사단출판부(1984). 도산 안창호. 서울: 흥사단출판부.

柳久雄(임상희 역)(1985). 교육사상사: 생활·노동·교육. 서울: 백산서당.

Dewey, J.(1949). *The school and society*. The University of Chicago Press.

Freire, P., & Horton, M. (프락시스 역) (2006). 우리가 걸어가면 길이 됩니다. 서울: 아침이슬.

Jarvis, P.(2001). *Twentieth century thinkers in adult & continuing education*. London: Kogan Page.

03 이승훈의 사회교육사상

강대헌(1994). 남강 이승훈의 교육사상연구. 경희대학교 교육대학원 석사학위논문.

김기석(2005). 남강 이승훈. 경기: 한국학술정보(주).

김선양(1988). 남강 이승훈의 교육사상. (남강문화재단 편) 남강 이승훈과 민족운동. 서울: 남강문화재단출판부.

백승종(2002). 그 나라의 역사와 말. 서울: 궁리출판.

백승종 외(2013). 기독교 학교에 길을 묻다. 예영커뮤니케이션.

서굉일(1988). 1920년대 사회운동과 남강. (남강문화재단 편) 남강 이승훈과 민족운동. 서울: 남강문화재단출판부.

오혁진(2007). 일제하 이상촌운동을 통해 본 평생학습도시 사업의 실천원리. 평생교육학연구, 12(2). 23-47.

윤경로(1988). 신민회와 남강의 경제활동 연구. (남강문화재단 편) 남강 이승훈과 민족운동. 서울: 남강문화재단출판부.

이경림(2001). 오산학교의 교육이념과 실천 연구: 정주시대의 남강, 교직원, 학생들의 활동에 대한 분석. 인천교육대학교 교육대학원 석사학위논문.

이교현(2001). 남강 이승훈의 생애와 사상에 대한 해석학적 접근. 한국교원대학교 석사학위
논문.

이시용(1988). 남강 이승훈의 교육사상. 논문집, 22(1). 인천교육대학교. 255-272.

이혜주(1986). 남강 이승훈의 교육사상에 대한 소고. 대구보건대학논문집, 9. 대구보건대학.
711-722.

전성호(2004). 남강 이승훈의 교육사상 연구. 춘천교육대학교 석사학위논문.

전제현(1988). 남강 선생의 인격과 일화. (남강문화재단 편) 남강 이승훈과 민족운동. 서울: 남
강문화재단출판부.

조기준(1988). 남강 이승훈 선생의 기업활동. (남강문화재단 편) 남강 이승훈과 민족운동. 서울:
남강문화재단출판부.

조현(2010). 이제야 죽을 자리를 얻었구나. 기독교 사상, 618. 대한기독교서회. 186-193.

최관경(1990). 남강 이승훈의 교육사상. 부산교육대학논문집, 26(1). 부산교육대학교. 247-278.

함석헌(1988). 남강 이승훈 선생의 생애. (남강문화재단 편) 남강 이승훈과 민족운동. 서울: 남
강문화재단출판부.

04 배민수의 사회교육사상

강민경(2013). 일제하 한국의 기독교 사회주의 연구: '기독교농촌연구회' 주도 인물들의 사
상과 활동을 중심으로. 이화여자대학교 석사학위논문.

김명구(1998). 일제하 장로교 농촌운동: 배민수의 활동을 중심으로. 연세대학교 석사학위논문.

김병희(2008). 유재기의 예수촌 사상과 농촌운동. 계명대학교 박사학위논문.

김성수(2003). 배민수의 기독교 농촌운동과 사상적 배경. 연세대학교 석사학위논문.

김영철(2003). 해방 전 배민수의 농촌운동 연구. 연세대학교 석사학위논문.

김한원(2003). 배민수의 하나님나라의 사상적 특징. 연세대학교 석사학위논문.

민경배(1987). 한국기독교사회운동사. 서울: 대한기독교출판사.

민경배(2001). 배민수 목사의 사상과 활동. 제7회 배민수 기념강좌 강연 요지문: 연세대학교
연합신학대학원. 51-57.

민경배(2008). 한국교회의 사회사(1885~1945). 연세대학교출판부.

방기중(1998). 일제하 배민수의 기독교 농촌운동론: 장로교 농촌운동의 정치사상적 접근. 동
방학지, 99. 연세대학교 국학연구원. 191-236.

방기중(1999). 배민수의 농촌운동과 기독교사상. 서울: 연세대학교출판부.

방기중 편(2000). 복음주의와 기독교 농촌운동: 배민수목사저작집. 서울: 연세대학교출판부.

배민수(1935a). 복음주의와 기독교농촌운동. 농촌통신, 제1호. 1935. 3. 1. 장로교총회농촌부.

배민수(1935b). 복음주의와 기독교농촌운동. 농촌통신, 제2호. 1935. 4. 2. 장로교총회농촌부.

배민수(1935c). 복음주의와 기독교농촌운동. 농촌통신, 제3호. 1935. 5. 10. 장로교총회농촌부.

배민수(1935d). 복음주의와 기독교농촌운동. 농촌통신, 제5호. 1935. 7. 1. 장로교총회농촌부.

배민수(1935e). 우리가 요구하는 농촌의 지도자. 농촌통신, 제6호. 1935. 8. 1. 장로교총회농촌부.

배민수(1935f). 지도자 양성사업의 첫 결실. 농촌통신, 제7호. 1935. 9. 1. 장로교총회농촌부.

배민수(1958). 그 나라와 한국농촌. 서울: 대한예수교장로회총회 종교교육부.

배민수(2003). 그 나라와 한국농촌. 서울: 한국장로교출판사.

배민수 저, 박노원 역(1999). 배민수 자서전: 누가 그의 왕국에 들어갈 수 있는가. 연세대학교출판부.

백봉기(2003). 배민수 삼애정신의 기독교윤리학적 의미: 라인홀드 니버의 윤리를 중심으로. 연세대학교 석사학위논문.

서정민(2006). 배민수의 '그 나라'와 신학적 사회운동: 1920-30년대를 중심으로. 신학논단, 43. 연세대학교 신과대학. 533-549.

신화철(2012). 사회적 목회와 설교 연구: 배민수 목사와 김기석 목사를 중심으로. 연세대학교 연합신학대학원 박사학위논문.

안철암(2005). 배민수의 농촌 교육사상 연구: N.F.S. Grundvig의 영향을 중심으로. 연세대학교 석사학위논문.

연규홍(1999). 기독교연합봉사회 50년사(1949~1999). 대전: 기독교연합봉사회.

연세대학교교육연구소(1994). 한국 농촌발전과 교육의 역할: 제2회 배민수 기념강좌. 서울: 연세대학교 교육연구소.

연세대학교 연합신학대학원(2005). 제9회 배민수 목사 기념강좌: 배민수 목사의 신학과 농촌운동. 서울: 연세대학교 연합신학대학원.

오천석(2013). 대한국민회를 논함. 역사와 세계, 44. 효원사학회. 385-410.

오혁진(2008). 그룬트비히 교육사상에 기초한 한국 사회교육의 전개과정과 의의. 평생교육학연구, 14(4). 한국평생교육학회. 1-28.

이명재(2003). 1910년대 배민수의 민족운동 연구. 연세대학교 석사학위논문.

이은직(2003). '그 나라와 한국농촌'에 나타난 배민수의 신학사상과 그 형성배경. 연세대학교 석사학위논문.

이장옥(2005). 배민수의 사회적 성화사상 연구. 연세대학교 석사학위논문.

정봉기(2003). 배민수의 생애와 십자가정신. 연세대학교 석사학위논문.

정창화(2013). 일제하 장로교회의 농촌운동(1928~1937): 농촌부 총무 배민수를 중심으로. 장로회신학대학교 석사학위논문.

주명식(2003). 배민수의 민족의식 형성과 민족운동 변화 연구. 연세대학교 석사학위논문.

주진호(2005). 그람시를 통해 본 지식인과 교육. 교육연구, 19. 공주대학교 교육연구소.

주태익(1977). 이 목숨 다 바쳐서: 한국의 그룬트비히 허심 유재기전. 서울: 선경도서출판사.

최재건(2008). 배민수 목사의 미국에서의 활동. 신학논단, 51. 연세대학교 신과대학. 111-138.

최재건(2009). 배민수의 항일활동과 항일노선의 변천. 신학논단, 57. 연세대학교 신과대학. 123-149.

한규무(2010). 1950년대 기독교연합봉사회의 농민학원 설립과 운영. 한국기독교와 역사, 33. 한국기독교역사연구소. 109-131.

한규희(2003). 배민수의 식산계부흥사업 추진 배경과 그 영향. 연세대학교 석사학위논문.

홍계순(1966). 우리나라와 기독교여자농민학원. 새가정, 1월호 통권 134호. 새가정사. 102.

황해국(2011). 삼애 배민수 목사의 사회적 성숙성 연구-심리전기적 방법론을 중심으로-. 연세대학교 박사학위논문.

05 함석헌의 사회교육사상

강종일(2014). 함석헌 사상으로 바라본 한국의 현실과 중립통일. 함석헌 학회 2014 추계 학술발표회 발제문: 함석헌 사상과 오늘의 한국사회. 서울: 함석헌학회.

강해영(1996). 교육개혁가로서의 함석헌 교육사상연구. 경상대학교 교육대학원 석사학위논문.

김상웅(2013). 저항인 함석헌 평전. 서울: 현암사.

김성수(2005). 함석헌 평전. 서울: 삼인.

김조년(2001). 함석헌의 씨올 교육 사상 연구. (함석헌 기념사업회 편) 함석헌 사상을 찾아서. 서울: 삼인.

박재순 편(2013). 함석헌 씨올 사상. 서울: 제정구기념사업회.

안경식(2013). 교육사상 연구방법으로서 사상가 연구에 대하여. 교육사상연구, 27(1). 121-146.

안병무(1982). 순수와 저항의 길. 씨올 · 인간 · 역사(함석헌선생팔순기념문집). 서울: 한길사.

오혁진(2012). 신 사회교육론. 서울: 학지사.

윤영천(2014). 함석헌의 시-동정과 치유. 함석헌 학회 2014 추계 학술발표회 발제문: 함석헌 사상과 오늘의 한국사회. 서울: 함석헌학회.

이영미(2007). 함석헌의 교육사상- '씨올' 교육을 중심으로-. 감리신학대학교 신학대학원 석사학위논문.

이은미, 진성미(2014). 시민교육의 확장을 위한 평생교육의 의의: 지역사회기반 시민교육을 중심으로. 시민교육연구, 46(3). 195-221.

이해학(2002). 인간 함석헌과 사회운동. 사단법인 함석헌기념사업회.

임경주(1999). 함석헌의 씨올 사상에 나타난 교육론. 중앙대학교 석사학위논문.

전상진, 최순종(2011). 교육과 현대사회의 종교: 평생학습에 대한 종교사회학적 분석. 청소년문화포럼, 28. 한국청소년문화연구소. 146-163.

전죽표(1994). 함석헌의 교육사상. 한국교원대학교 교육대학원 석사학위논문.

함석헌(2009). 함석헌 저작집 1: 들사람 얼. 서울: 한길사.

함석헌(2009). 함석헌 저작집 2: 인간혁명. 서울: 한길사.

함석헌(2009). 함석헌 저작집 3: 새 나라 꿈틀거림. 서울: 한길사.

함석헌(2009). 함석헌 저작집 4: 민중이 정부를 다스려야 한다. 서울: 한길사.

함석헌(2009). 함석헌 저작집 5: 생각하는 백성이라야 산다. 서울: 한길사.

함석헌(2009). 함석헌 저작집 6: 죽을 때까지 이 걸음으로. 서울: 한길사.

함석헌(2009). 함석헌 저작집 7: 하나님의 발길에 채여서. 서울: 한길사.

함석헌(2009). 함석헌 저작집 8: 씨올에게 보내는 편지 1. 서울: 한길사.

함석헌(2009). 함석헌 저작집 9: 씨올에게 보내는 편지 2. 서울: 한길사.

함석헌(2009). 함석헌 저작집 10: 오늘 다시 그리워지는 사람들. 서울: 한길사.

함석헌(2009). 함석헌 저작집 11: 세계의 한길 위에서. 서울: 한길사.

함석헌(2009). 함석헌 저작집 12: 평화운동을 일으키자. 서울: 한길사.

함석헌(2009). 함석헌 저작집 13: 우리 민족의 이상. 서울: 한길사.

함석헌(2009). 함석헌 저작집 14: 새 시대의 종교. 서울: 한길사.

함석헌(2009). 함석헌 저작집 15: 펜들힐의 명상. 서울: 한길사.

함석헌(2009). 함석헌 저작집 16: 한국 기독교는 무엇을 하려는가. 서울: 한길사.

함석헌(2009). 함석헌 저작집 17: 성서적 입장에서 본 세계역사. 서울: 한길사.

함석헌(2009). 함석헌 저작집 18: 먼저 그 의를 구하라. 서울: 한길사.

함석헌(2009). 함석헌 저작집 19: 영원의 뱃길. 서울: 한길사.

함석헌(2009). 함석헌 저작집 20: 인생의 시. 서울: 한길사.

함석헌(2009). 함석헌 저작집 21: 두려워 말고 외치라. 서울: 한길사.

함석헌(2009). 함석헌 저작집 22: 진실을 찾는 벗들에게. 서울: 한길사.

함석헌(2009). 함석헌 저작집 23: 수평선 너머. 서울: 한길사.

함석헌(2009). 함석헌 저작집 24: 씨올의 옛글풀이. 서울: 한길사.

함석헌(2009). 함석헌 저작집 25: 함석헌과의 대화. 서울: 한길사.

함석헌(2009). 함석헌 저작집 26: 퀘이커 300년. 서울: 한길사.

함석헌(2009). 함석헌 저작집 27: 예언자 사람의 아들 예수 · 날마다 한 생각. 서울: 한길사.

함석헌(2009). 함석헌 저작집 28: 바가바드기타. 서울: 한길사.

함석헌(2009). 함석헌 저작집 29: 간디자서전. 서울: 한길사.

함석헌(2009). 함석헌 저작집 30: 뜻으로 본 한국역사. 서울: 한길사.

함석헌기념사업회 편(2001). 함석헌 사상을 찾아서. 서울: 삼인.

Bergevin, P. 강성보 외 역(2006). 성인교육철학. 서울: 원미사.

Brookfield, S. D. 기영화 외 역(2009). 성인학습을 위한 비판이론. 서울: 학지사.

IFG, 이주명 역(2002). 더 나은 세계는 가능하다: 세계화 비판을 넘어 대안으로. 서울: 필맥.

국회도서관 http://www.nanet.go.kr

한국교육학술정보원 http://www.riss.kr

함석헌 학회 http://blog.daum.net/ham-society

06 이찬갑의 사회교육사상

강영택(2010). 대안교육의 사상적 기반으로서 이찬갑의 교육사상에 대한 연구. 한국교육,
     37(4). 한국교육개발원. 5-23.

김광선(2008). 아나키즘 교육론의 대안학교 실천사례에 관한 연구: 발도르프, 풀무, 간디학교
     를 중심으로. 성신여자대학교 석사학위논문.

김도태(1950). 남강 이승훈 전. 서울: 서울시교육회.

김은숙(1983). 내가 배운 선생님. 이찬갑 저. 산 믿음의 새 생활. 홍성군: 시골문화사. 452-453.

김조년(1998). 지역이 학교요, 학교가 지역이다 - 풀무학교와 지역사회공동체. 서울: 내일을 여는 책.

남강문화재단(1988). 남강 이승훈과 민족운동. 서울: 남강문화재단출판부.

배유태(2006). 기독교적 대안학교에 관한 모형 연구: 세인고등학교, 풀무농업고등기술학교
     사례를 통해. 한일장신대학교 석사학위논문.

백승종(2002). 그 나라의 역사와 말: 일제시기 한 평민 지식인의 세계관. 서울: 궁리출판.

서굉일(1988). 1920년대 사회운동과 남강. 남강 이승훈과 민족운동. 서울: 남강문화재단출판부.
     243-289.

오혁진(2008). 그룬트비히 교육사상에 기초한 한국사회교육의 전개과정과 의의. 평생교육학연구,
　　14(4). 한국평생교육학회. 1-28.

이기범(1983). 학원이 존재하는 한. 이찬갑 저. 산 믿음의 새 생활. 홍성: 시골문화사. 451.

이번영(1983). 철저하신 선생님. 이찬갑 저. 산 믿음의 새 생활. 홍성: 시골문화사. 440-443.

이병환, 김경식(1999). 대안 학교로서의 풀무학교 탐색. 중등교육연구, 43. 경북대학교사범대
　　학부속 중등교육연구소. 55-72.

이찬갑(1983). 산 믿음의 새 생활. 홍성: 시골문화사.

이찬갑(1994). 산 믿음의 새 생활(증보). 홍성: 시골문화사.

주옥로선생회갑문집간행회(1980). 진리와 교육. 부천: 풀무.

주호창(1983). 이제는 탈바꿈의 때. 이찬갑 저. 산 믿음의 새 생활. 홍성: 시골문화사. 446-450.

최어성(1999). 풀무농업고등기술학교의 교육에 관한 연구: 주옥로의 교육사상을 중심으로.
　　공주대학교 석사학위논문.

최태사(1983). 믿음 애국 겸손 철저. 이찬갑 저. 산 믿음의 새 생활. 홍성: 시골문화사. 391-393.

홍순명(1998). 풀무학교의 생명교육. 제5회 배민수기념 강좌. 연세대학교 교육연구소.

홍순명(2006). 홍순명 선생님이 들려주는 풀무학교 이야기. 서울: 부키.

07 김용기의 사회교육사상

가나안복민연구소 편(1997). 가나안복민운동. 경기: 가나안농군학교.

강선보(2005). 그룬트비히의 성인교육사상. 한국교육학연구, 11(1). 한국교육학회. 25-52.

김용기(1970). 이렇게 살 때가 아닌가. 서울: 창조사.

김용기(1975). 참 살 길 여기 있다. 서울: 창조사.

김용기(1978). 그분의 말씀을 따라. 서울: 창조사.

김용기(1987). 나의 한길 60년. 서울: 규장문화사.

김용기(1998). 가나안으로 가는 길. 서울: 규장.

김조년(2004). 일가 김용기 선생의 친환경적 사상과 환경운동. 제5회 일가사상세미나 자료집.
　　서울: 일가기념사업재단.

김지자(2002). 사회운동가로서의 일가선생. 제3회 일가사상세미나 자료집. 서울: 일가기념사업
　　재단.

박진환(2001). 일가 선생의 삶과 사상에 있어서의 농촌개발: 가나안농군학교와 새마을교육
　　을 중심으로. 제2회 일가사상세미나자료집. 서울: 일가기념사업재단.

방정은(2008). 일가 김용기의 지역공동체 평생교육자적 특성에 관한 연구. 동의대학교 석사

학위논문.

오세택(1989). 一家 金容基의 生涯와 思想 研究. 고신대학교 석사학위논문.

오혁진(2006). 지역공동체와 평생교육. 서울: 집문당.

오혁진(2007). 일제하 이상촌 운동에 나타난 평생학습도시의 실천원리. 평생교육학연구, 13(2). 한국평생교육학회. 23-47.

이만열(1998). 한국농민운동사의 관점에서 본 일가의 생애. 일가 김용기 선생 10주기 세미나 자료집. 서울: 일가기념사업재단.

이상오(2000). 김용기의 성인교육사상. 한준상 외 근대 한국성인교육사상. 서울: 원미사.

이상오(2002). 일가운동의 과제: 일가운동의 특성과 성공요인- 그 이후. 제3회 일가사상세미나 자료집. 서울: 일가기념사업재단.

이석재(1999). 일가 김용기의 농촌 이상촌 건설운동에 관한 연구. 목원대학교 석사학위논문.

이정배(2003). 일가 김용기 장로 복민주의의 생명신학적 이해. 종교연구, 제33호. 한국종교학회. 41-69.

일가기념사업재단(2002a). 일가강좌 개설을 위한 그룹 스터디 토론 자료집 제1권. 서울: 일가기념사업재단.

일가기념사업재단(2002b). 일가강좌 개설을 위한 그룹 스터디 토론 자료집 제2권. 서울: 일가기념사업재단.

일가기념사업재단(2003). 일가강좌 개설을 위한 그룹 스터디 토론 자료집 제3권. 서울: 일가기념사업재단.

일가회 편(1988). 가나안의 편지(영인 합본 제1집). 서울: 규장문화사.

일가회 편(1990). 가나안의 편지(영인 합본 제2집). 서울: 규장문화사.

임영철(1993). 역사로 본 한국민족정신교육. 경기도: 가나안문화사.

조동걸(1983). 일제하 한국농민운동사. 서울: 한길사.

한규무(1997). 일제하 한국기독교 농촌운동: 1925~1937. 서울: 한국기독교역사연구소.

한규무(1998). 복민운동의 등장과 영향. 일가 김용기 선생 10주기 세미나 자료집. 서울: 일가기념사업재단.

홍순명(2002). 더불어 사는 평민을 기르는 풀무학교 이야기. 서울: 내일을여는책.

황종건(2001). 사회교육자로서의 김용기. 평생교육연구, 7(1). 서울대학교 교육연구소. 1-18.

IFG, 이주명 역(2002). 더 나은 세계는 가능하다: 세계화 비판을 넘어 대안으로. 서울: 필맥.

Mander, J., Goldsmith, E. 편, 윤길순, 김승욱 역(2001). 위대한 전환: 다시 세계화에서 지역화로. 서울: 동아일보사.

08 황종건의 사회교육사상

노일경(2000). 한국 사회교육학의 성립과정과 이념적 지향성에 관한 연구. 서울대학교 석사
　　학위논문.

왕칭린(2005). 교육의 빛을 발산하는 황교수. 금교. 2005년 5월. http://www.cn-kr.org.

황종건(1955). "교육자와 직업의식". 동아일보 1955년 6월 15일자.

황종건(1960). 미국교육의 진보주의와 본질주의. 교육평론, 26. 교육평론사.

황종건(1961). 교육사회학. 재동문화사.

황종건(1966). 성인교육의 개념과 그 형태. 중앙교육연구소.

황종건(1967). 페스탈로찌의 생애와 사업. 새교육, 19(2). 대한교육연합회.

황종건(1968). 한국의 사회교육: 그 의의와 현황. 자유공론, 18. 자유공론사.

황종건(1974). 공업화에 따르는 지역사회의 변화와 교육에 관한 연구. 계명대학교 박사학위
　　논문.

황종건(1977). 평생교육의 의의. 서울여대, 7. 서울여자대학교.

황종건(1978). 한국의 사회교육. 서울: 교육과학사.

황종건(1980). 평생교육의 이념과 그 방향의 모색. 지역사회교육연구, 5. 계명대학교 지역사회
　　교육연구소. 1-38.

황종건(1984). 지역사회와 문화원의 사회교육기능. 전국문화원, 1(3). 55-58.

황종건(1986). 협회활동 10년의 회고. 사회교육연구, 11. 한국사회교육협회.

황종건(1987). 민주주의와 교육. 사회교육연구, 12. 한국사회교육협회.

황종건(1991). 사회교육과 사회교육학. 사회교육학서설. 한국교육학회 사회교육연구회. 서울:
　　교육과학사. 37-38.

황종건(1994a). 사회교육의 이념과 실제(황종건교수정년기념논문집). 정민사.

황종건(1994b). 대학 '평생교육' 문 더 넓혀야. 덕성여대 평생교육원 개원 10주면 심포지엄.
　　연합뉴스.

황종건 외(1962). 사회교육(현대교육총서 11). 현대교육총서출판사.

황종건 외(1966). 한국의 사회교육. 서울: 중앙교육연구소.

히고 코우세이(2009). 황종건의 사회교육 이론과 실천 연구. 중앙대학교 박사학위논문.

小林文人(1995). 黃宗建さんの沖縄訪問 語錄 －1995/2/25～28－TOAFAECニュース第1号
　　『東京・沖・東アジア・社會敎育のひろば』(1995年 6月 2日).

小林文人(2006). 黃宗建先生の急逝を悼む. 南の風 第１６８６号(2006年 7月 23日).

小林文人(2008). 海をこえる友情２５年 その歩みきし道をいま－山に眠る黃宗建先生を訪ね
て－. 東アジア社會教育研究 第13号.

黃宗建, 小林文人, 伊藤長和(2006). 韓國の社會教育・生涯教育－市民社會の創造に向けて. エイ
デル研究所.

東京, 沖縄・東アジア社会教育研究會 TOAFAEC(1999). "この人－先達の自分史"黃宗建氏 自分
史をかたる(1)－金濟泰氏の証言も－. TOAFAEC 『東アジア社會敎育研究』 第４号.

東京, 沖縄・東アジア社会教育研究會. TOAFAEC(2000). "この人－先達の自分史"黃宗建氏 自分
史をかたる(2)－金濟泰氏とともに－. TOAFAEC 『東アジア社會敎育研究』 第５号.

09 허병섭의 사회교육사상

강지호(2010). 기독교교육의 새로운 패러다임 연구: 기독교민중교육에 대한 반성적 고찰을
통하여. 한신대학교 석사학위논문.

권순연(1993). 빈곤운동의 재조명: 협동조합을 통한 탈빈곤 운동의 활성화를 중심으로. 한국
개발연구, 15(2). 한국개발연구원.

안상헌(2008). 자율화・다양화 시대 평생교육사의 정체성. 평생교육학연구, 14(3). 한국평생교
육학회. 77-98.

오혁진(2008). 그룬트비히 교육사상에 기초한 한국 사회교육의 전개과정과 의의. 평생교육학
연구, 14(4). 한국평생교육학회. 1-28.

이경자(2000). 한국적 지역사회조직의 사회행동 모델 사례연구: 수도권도시선교위원회를 중
심으로. 신라대학교 석사학위논문.

이돈희(2004). 교육정의론. 서울: 교육과학사.

정민승(2010). 평생교육사의 전문직 정체성 형성의 조건. 평생학습사회, 6(2). 한국방송통신대
학교. 151-167.

제2의건국범국민추진위원회 편(2000). 생태적 삶을 지향하는 자연주의 농군: 허병섭. 미래와
의 약속: 신지식인 우수사례집. 제2의건국범국민추진위원회.

최병천(1986). 달동네에 피어나는 미래의 꿈－돌산마을 '똘배의 집' 이야기. 새가정, 362. 서
울: 새가정사. 76-82.

한수연(2009). 평생학습도시 평생교육사의 교육적 갈등에 관한 연구. 동의대학교 석사학위
논문.

한숭희(2001). 민중교육의 형성과 전개. 서울: 교육과학사.

한완상, 허병섭 외(1985). 한국민중교육론. 서울: 학민사.

한준상 외(2000). 근대한국성인교육사상. 서울: 원미사.

허병섭(1982). 성서와 가난한 사람들. 새가정, 320. 서울: 새가정사. 52-57.

허병섭(1984a). 빈민지역과 교육선교. 기독교사상, 28(5). 서울: 대한기독교서회. 51-62.

허병섭(1984b). 서평: 사회개혁과 교육. 기독교사상, 28(6). 서울: 대한기독교서회. 199-202.

허병섭(1986). 빈민, 공단지역의 목회모델. 기독교사상, 30(11). 서울: 대한기독교서회. 49-54.

허병섭(1987). 스스로 말하게 하라. 서울: 한길사.

허병섭(1990). 하월곡동 빈민지역운동. 도시·주민·지역운동. 서울: 도서출판 한울. 117-129.

허병섭(1992). 일판 사랑판. 충남: 현존사.

허병섭(1994). 일꾼 두레의 문제점과 생산공동체 운동. 도시와 빈곤, 4. 한국도시연구소. 1-22.

허병섭(2000). 생명을 지키는 파수꾼. 새가정, 515. 서울: 새가정사. 44-48.

허병섭(2001). 빈민운동의 한 시각-하월곡동 지역을 회고하며. http://cafe.daum.net/dongwol.

허병섭(2004a). 흙에서 배우는 생태적 삶과 공동체. 환경과 생명, 39. 환경과 생명을 위한 모임. 19-29.

허병섭(2004b). 교회 밖에도 소중한 동지들이 있습니다. 기독교사상, 48(2). 서울: 대한기독교서회. 36-41.

허병섭(2008). 지역사회의 생태, 환경문제와 교회의 대처방안. 교회사회사업, 8. 한국교회사회사업학회. 119-142.

허병섭 외(1999). 하나님 나라와 대안공동체. 신학사상, 106. 한국신학연구소. 5-32.

허병섭, 이정진(2001). 넘치는 생명세상 이야기. 서울: 함께읽는책.

홍은광(2010). 프레이리, 한국 교육을 만나다. 서울: 학이시습.

황대권(2007). 바우 올림: 황대권의 신앙 편지. 서울: 도솔.

KBS(2004). 인물현대사: 한 알의 밀알이 땅에 떨어져-꼬방동네 허병섭.

Cervero, R. M., & Wilson, A. L.(2001). *Power in practice: adult education and the struggle for knowledge and power in society*. San Francisco: Jossey-Bass.

Freire, P.(1986). (김쾌상 역) 실천교육학. 서울: 일월서각.

Freire, P.(2009). (남경태 역) 페다고지. 서울: 그린비.

Mayo, P.(1999). *Gramsci, Freire and adult education*. London: Zed Books Ltd.

10 황주석의 사회교육사상

김기환(2010). 황주석의 사회운동에 나타난 사회교육 원리에 관한 연구. 동의대학교 석사학위 논문.

김은미(1994). 민중운동과 시민운동의 분리와 연대. 이화여자대학교 석사학위논문.

김은임(2000). 지역사회 주민공동체 활성화 방안에 관한 연구: 부천생활협동조합을 중심으로. 중앙대학교 석사학위논문.

박민정(1998). 부천지역운동의 내부구조와 변화과정에 관한 연구. 이화여자대학교 석사학위논문.

오혁진(2006). 지역공동체와 평생교육. 경기: 집문당.

오혁진(2012). 신 사회교육론. 서울: 학지사.

최선주(2005). 지역공동체운동의 학습네트워크적 특성에 관한 연구: YMCA 생협 '등대' 사례를 중심으로. 서울대학교 석사학위논문.

최순영(2008). 당신이라는 선물. 서울: 해피 스토리.

황주석(1993). YMCA를 통한 소공동체운동의 교훈. 한국사회운동의 혁신을 위하여. 나라정책연구회 편. 서울: 백산서당. 73-96.

황주석(2007). 마을이 보인다 사람이 보인다. 서울: 그물코.

Freire, P.(2009). (남경태 역) 페다고지. 서울: 그린비.

Jarvis P. (1993). The education of adults and civil society. *Adult Education and the State*. N.Y.: Routledge

Mayo, P. (1999). *Gramsci, Freire and adult education*. London: Zed Books Ltd.

Oliver, L. P. (1987). *Study circles*. Maryland: Seven Locks Press.

••• 찾아보기 •••

인 명

내 용

•••• 저자 소개 ••••

오혁진(Oh, Hyuk-Jin)

서울대학교 영어교육과 졸
서울대학교 대학원 교육학과 석사 및 박사학위 취득
전) 가나안농군학교 교관
　　한국교육개발원 연구위원
현) 동의대학교 평생교육 · 청소년상담학과 교수

〈주요저서〉
평생교육경영학(학지사, 2003)
지역공동체와 평생교육(집문당, 2006)
新 사회교육론(학지사, 2012)

한국 사회교육사상사

The History of Adult Educational Thought in Korea

2016년 1월 25일 1판 1쇄 발행
2016년 9월 20일 1판 2쇄 발행

지은이 • 오 혁 진
펴낸이 • 김 진 환
펴낸곳 • (주) **학 지 사**
　　　　04031 서울특별시 마포구 양화로 15길 20 마인드월드빌딩 5층
대표전화 • 02) 330-5114　　팩스 • 02) 324-2345
등록번호 • 제313-2006-000265호
홈페이지 • http://www.hakjisa.co.kr
페이스북 • https://www.facebook.com/hakjisabook

ISBN 978-89-997-0845-9 93370

정가 **18,000원**

저자와의 협약으로 인지는 생략합니다.
파본은 구입처에서 교환하여 드립니다.

이 도서의 국립중앙도서관 출판시도서목록(CIP)은 서지정보유통지원시스템
홈페이지(http://seoji.nl.go.kr)와 국가자료공동목록시스템(http://www.nl.go.kr/kolisnet)
에서 이용하실 수 있습니다.
(CIP제어번호: CIP2015030743)

교육문화출판미디어그룹 **학 지 사**
학술논문서비스 **뉴논문** www.newnonmun.com
심리검사연구소 **인싸이트** www.inpsyt.co.kr
원격교육연수원 **카운피아** www.counpia.com